マザリング

性別を超えて〈他者〉をケアする

中村佑子

集英社文庫

目次

まえがき　9
第一章　言葉を失った私と、あなたへの私信　17
第二章　女たちの館の孤独　47
第三章　少女たちの変身　80
第四章　無縁としての女性たち　110
第五章　失われた子どもたち　140
第六章　母の彼岸性　168

第七章　脱コルセット　198
第八章　養子——たくさんの手のなかで　230
第九章　父から見たマザリング　262
第十章　虚無としての母　294
第十一章　私たちの母へ　333
あとがき　372
引用資料・参考資料　376
解説　ブレイディみかこ　384

マザリング

性別を超えて〈他者〉をケアする

まえがき

なぜいま母なのか？「母」という言葉を聞いて、抵抗感をもつ人もいると思う。産まない選択肢を選んでいた可能性も高かった私もまた、「母」という言葉に身構えるような感覚をもつ一人だった。そんな私がいま、手垢《てあか》にまみれた「母」という言葉を、解体したいと思っている。そこから何か別の意味を抽出したいと願っている。なぜか？その思考のプロセスが本書そのものだと思うのだが、どうして母たちを取材していこうと思ったのか、その端緒となったいきさつをここに書きおこしてみたい。

妊娠中の私におとずれたのは、霞《かすみ》がかった世界のなかで、小さな息一つ、一陣の風にも、触覚を寄り添わせるような微細な感覚だった。あのときほど、病をかかえながら仕事をしている人、なんらかの痛みをもってこの社会で生きている人のことを近くに感じたことはない。そして生まれてきた赤ちゃんは、それにも増して「弱い」存在だった。うつぶせになるたびに息をしているかたしかめた。その弱い存在と呼吸をあわせるように全身をなげうつことから、母親であることがはじまった。

自然と自分の存在は赤ちゃんの方に投げ出され、それは身体の一部がごっそり奪われるような経験だったが、奪われていることにさえ気づかなかった。目を閉じて見知らぬ水流のなかへ身をひたすようなおぼつかない日々のなか、自分が引き裂かれていくような、「私」が乖離《かいり》していくような感覚にとらわれていた。これまで築きあげてきた自己という表現では捉えきれない者に、自分が変容していた。

かつて母だった者たちも、こうした感覚をもったのだろうか？　しばらくすると、自分と赤ちゃんの自他未分の状態の、この圧倒的な体験を言語化したい、そして他の人の言葉を読みたいと、切実に欲するようになった。しかし、合致する言葉に出会えないいま、あっというまに半年あまりが経った。

そうして一つのことに思い当たった。妊娠出産期の女性たちの言葉、その数が絶対的に少ないということに。当事者ならではの体験談や苦労話、ワンオペ育児や保活がどれだけ大変か、社会的につらい立場に置かれる女性たちに警告を発し、鼓舞する文章には出会った。そうした言葉にはとても勇気づけられたが、私が感じたような、子どもを身ごもり育てる女性たちが直面する存在論的な不安というべきものに当てはまる言葉に、なかなか出会えなかった。

当初は、この時期の女性は現実的なタスクに追われ、抽象的な思考ができなくなっていくのかもしれないと思った。産後の傷も癒えぬまま命をあずかる責任感のなかで、授乳に抱っこ、おむつ替えと、やらなくてはいけないことが多すぎる。核家族化した社会のなかで、先行世代からの学びの場が少なく、孤立しがちな現代の母親たちが出産を経て突然ほうり出される、このカオスな名づけ得ぬ状況に、いつか適切な名前がつけられる日がくるのではないか。思考もまとまらず自分が何を感じているのかもわからなくなっていくなかで、それでも目の前で起こるのは、毎日が「初めて」に満ち溢《あふ》れた赤ちゃんの、喜びや恐れとともにある時間だ。その体験の総量を言葉にしないまま、これまで女性たちは黙って子育てをこなしてきたのかもしれない。記録されていない言葉がある。私は切実に、母になった人の言葉が聞きたいと感じはじめた。そして、本書のもとになる連載がはじまった。

産後うつに陥った人、流産を経験した人、仕事のキャリアを捨てずに綱渡りで子育てをしている人……さまざまな事情を抱えた現代の母親たちと、膝をつきあわせて言葉を探る日々のなかで、ここにはある本質的な問いが潜んでいることが次第にはっきりしてきた。それは、言葉を失うということが、ある種の必然なのではないかということだ。この本質的に言語では形容不能な「母」の発見の詳細は、ぜひ本書をお読みいただけたらと思う。

取材し、書いていくなかで実感としてつかんだ「母」とは何かといえば、それは生命が躍動し「生」の方に振れたり、生命が動きを止め「死」の気配に振れたりする、その振り子の繊細な挙動に応え、ゆらぎつづける存在、とでも言えようか。母なる体験には、生と死、その両義的なもののはざまにあるグラデーションの、全てが詰まっているように感じた。

次第に取材対象者は母になった人だけではなく、母にならなかった人、母にならないと決心している人、養子の子どもを迎えた人、父親……産む／産まないの差や、性差を超えて広がっていった。この論考を通して考えていた「母」とは、旧時代から続くイメージである、自己犠牲を伴う包容力を喚起する母とは異質な概念だ。

現代社会のなかで「母」という言葉には、家父長制に由来するある種の烙印《スティグマ》が押されている。自己犠牲、生産性、社会への貢献、安定感、保護膜……「母」と言った途端、社会的な構造の問題にからめとられてしまう危険を、連載時も、そして連載を終えたいまも感じている。

しかし、母になってみて何よりも実感するのは、大きな虚無に触れるような境界性や、自分のなかに他者が流入してくる、言葉にならない空白の感覚、痛みから世界を見るという、被傷的で過敏な感覚だった。何一つ合理化できるものがない生の起源の場所なのに、母を科学的にアウトソーシングすれば良い、個人としての母を最大限尊重し、母親業は徹底的に合理化できると考える現代主義的な母像もまた、生命自体を合理化しすぎているとき、私には感じられた。そんなに物事をはっきりと線引きし、合理化できないものの総体が「母」であるとも思っていた。

「母」が忌避されるような時代のなかで、母を再発見し、あらためてその孤独や虚無や喜びの総量を、この社会のなかに位置づけたい。それは母のなかに、いまだ語られていない無尽蔵の謎が潜んでいると実感したからだった。母を考えることは、自然と人間との関係を捉え直すことでもある。子どもや、他者からの要請に人間はどう応え得るか。ケアとは何か、その問いに向き合うことでもある。取材に応じてくださった多様な「母」のうちに、この世界に溢れる問いの多くが象徴的に潜んでいると感じていた。しかし、それを語るのに、手垢にまみれた母や母性という言葉を使って本当に良いのだろうか……？

私は「母」に代わる言葉をずっと探していた。そして、出会った言葉に「マザリング」があった。「マザリング」とは、オックスフォード現代英英辞典によれば、「the act of caring for and protecting children or other people」つまり「子どもやその他の人々をケアし守る行為」という意味である。「マザリング」は性別を超えて、ケアが必要な存在を守り育てるもの、生得的に女性でないものや自然をも指すという。取材を重ねながら考えてきたことと、奇妙に符合する偶然を感じながら、二年に及んだ連載のタイトル「私たちはここにいる――現代の母なる場所」を、単行本化にあたって「マザリング　現代の母なる場所」に変更した。さらに文庫化に際し、副題をより広い意味に拡張したく「マザリング　性別を超えて〈他者〉をケアする」とした。

こうした守るべき他者を助けようとする感性のことを、介護の現場で「母性」と呼んでいるということを、最近知った。

介護研究家の三好春樹《みよしはるき》は、「〈介護的人間〉の誕生」という文章のなかで、「何とかしなきゃ」という「健全な倫理感」が介護の現場に溢れていることを指摘する。就職で介護業界に入ってくる若者には、「何とかしなきゃ」という偽らざる思いがある。それを三好は、「『母性』をその根拠としたい」と書いていた。彼が監修した『実用介護事典』にはこう記述がある。

「母性【ぼせい】motherhood　弱い立場の人、困っている人を目の前にするとなんとかしてあげたいと思う、人間が本来持っている性質のこと。（略）介護の世界では、女性にかぎらず広く定義するほうがよい。（略）母性をこのようにとらえると、専門的知識や技術は『母性をより適切に発揮するための手段』といえるだろう」

驚くほど「マザリング」の定義に似ていることがわかる。介護の現場では人が痛み、苦しんでいるときに「何とかしなきゃ」と手を差しのべる。それは人間の本来性にかかわる性質で、その力を「母性」と呼んでしまおうというのだ。それは「母性」がもっている、「他者を生かしたい」という力を、性差を超えて、この現代社会に使い果たそうと宣言しているようでもある。介護事典に書かれているこの意思を、私も深く共有している。

連載を読んでくれた同僚の男性が、こんな感想を漏らしてくれた。「〝傷ついた身体に空いた穴こそが、他者の痛みを感じとるセンシティビティになる〟というのは、共感するということでもあるのかな。それを〝母性〟と呼ぶのなら、確かに性差も年齢も関係ないし、僕のなかにも〝母性〟はある」。

母なる体験とは、自己のなかの空隙が、他者の生命の微細な変化を感じとる体験のすべてだったと言えるが、そこに彼は自分自身の共感の力、感受力とでも呼ぶべきものとの呼応を感じてくれた。

地縁も、人とのつながりも希薄な現代社会において、他者へのセンシティビティに「母」という言葉を使うなら、それはもはや生物学的な女性や、子どもを産んだ人だけではなく、多くの人がもつべき力のようなものとして、捉えられるだろう。

連載を終え、単行本化のための改稿に取り組む半年あまりのうちに、世界の状況は大きく変化した。「コロナ」という単語を発すれば、そこに落胆と不安が入り混じった感情までも付随する、圧倒的な世界共通語が生まれたと言えるだろう。私たちは、よりあいまいで複雑になった新しい世界線のフロンティアに立ちすくんでいる。

個々人の権利と自由を守り、尊重しなければいけないことは変わらず疑いもないが、人間という「種」にとっての自由の意味は変革を迫られている。文明が追いやってきたウィルスや病原菌、不潔なもの、死の影を帯びたものたちが、ひたひたと私たちの背後から迫っているような今、人類は文明が謳歌《おうか》してきた自由の意味を問い直し、自然や環境との新たな紐帯《ちゅうたい》を創造する必要に駆られている。「マザリング」とは、自分や他者の痛みに鋭敏になり、いつ終わるとも知れない計画できない時間を待ちながら過ごすという、文明が退化させてしまった他者に寄り添う感覚を取り戻すプロセスであったと感じている。それは、私たちの文明を問い直す力でもあると言えるだろう。

生の起源を忘れることで成り立つような現代社会のなかで、本書を手にとっていただいたことが、本来人間が豊かに持っていたはずの感覚を思い出し、文明の矛盾とオルタナティブを考える上での問いの共有となるなら、この本を書いた者のよろこびとなります。

第一章　言葉を失った私と、あなたへの私信

私たちはどこにいるのか

昼夜を問わず授乳し、赤ちゃんが自分の手の動きを世界でもっとも驚くべきこととして、あかずに一日中見ていたとき。子どもと一緒に雨を見れば、雨粒はいっせいに語り出し、朝を迎えれば、一日は新しく太陽のもとで生まれたばかりのように感じられた。世界は更新しつづけ、なにもとどまるところはなかった。秩序は秩序として見えてこず、構造を結ばず、たえず溶けだして形を変えた。

あの光のなかで、世界がいつでも動きだしているという感触を感じているとき、私は生きていると実感することができた。と同時にふしぎと死の予感もまた、穏やかで優しいものとして、私たちの隣にあった。あのとき私たちはいったいどこにいたのだろう？あの「場所」が言葉で表せるとしたら……。

文明人であることを剝奪される

産んですぐは出なかったお乳が、首尾よく出るようになったのは、出産後四ヶ月ほど経ったころだった。夜中にぽたぽたとたれてくるお乳が身体をつたって目が覚める。と、ほぼ同時に娘はおっぱいが欲しくて泣き出す。与える側と受けとる側の感覚はいつも同期していた。娘がうんちをして泣き、おむつを替えると、私もどこか別空間でちゃんと用を足してきたように、お腹《なか》がすっきりしている。娘と私は自他未分《じたみぶん》の状態で、どこまでが私で、どこからが娘かわからず、自己同一性の壁は破れていた。この「場所」は非常に動的で、どこか世界の果てとつながっているようだった。茫漠《ぼうばく》たる空間がここに立ち上がっている。それも、空間のどこに自分が位置しているのかわからない。「虚」という言葉が、たえず私の脳裏を横断していった。

空間とは立ち現れてくるときに、その中心はどこにもない、空なるものだ。娘と私とのあいだに立ち現れている空間もまた、どちらが自分でどちらが他人か、境界線はゆらいでたえず変化し、客観的に全体を把握することができない。自分が流動的な存在になったように感じ、永遠に続く虚数のように大きく、無限の場所にいるような心地だった。

出産後半年くらいはずっと家にいたので、その自他未分の「場所」が部屋のなかで展開しているあいだは、私の心は落ち着いていた。しかし、娘を抱っこして街を歩くようになったある日、電車のなかでどうにも泣き止まず、あまり人がいなそうな井の頭《かしら》公園駅で降りて、ホームのベンチで授乳ケープをしてお乳をあげたことがあった。通り過ぎる電車を眺めながら、そのときとても奇妙な感覚にとらわれた。これだけ高度に発達した社会のなかで文明生活を送る私は、頭のなかを複雑化した言葉や論理でいっぱいにしてきた。それなのに、いま授乳ケープのなかで起こっていることは、旧石器時代の人類から変わらない、あるいは子どもを育てるすべての生物と変わらない、あまりにプリミティブな状態なのだ。

今が二〇一七年でも一九四五年でも、七九四年でも紀元前五〇〇〇年でも私はあまり変わらない気持ちで、こうして授乳したての赤ちゃんを腕に抱き、やがてうとうとと一緒に眠りに落ちていたのだろう。私の社会的な存在の衣装や、時代的な属性などはすべて剝《は》ぎとられ、人間だけではないであろう、哺乳類、爬虫類《はちゆうるい》、鳥、昆虫……すべての生き物の感情と、自分がつながりあっていくような不思議さがあった。

文明以前の社会でも変わらずあった、人間という動物種の自然状態に、文明国に育った文明人のはずの私が、突然ほうりだされている。私はゆさぶられた。家のなかでは自足していた時間が行き場を失い、娘と私がいま、この社会のなかでどこにいるのかわからない……。

子どもを産んでから、私はずっと言葉のいらない世界で、言葉を失った状態でいたのだが、赤ちゃんとともに都市を歩きはじめて、ときに人々のあからさまな欲望やクリーンな冷気に傷ついている自分がいた。いまの自分たちにとって息つける場所はなんて少ないのか。この社会の日常を支配しているシステムや、社会を内側から規定している思考のパターンに覆い尽くされて、深く息ができない。

これまで私が在籍していたはずの社会を遠い目で眺め出したとき、私は本当に失語症のような状態に陥った。

本質的に形容不可能なこと

はじめ私は、生まれたての赤子を抱えた母親は、こなさなくてはいけないタスクが多すぎるし、時間ができればうとうと眠ってしまうので、忙しくて言葉が生まれないのだと思っていた。しかし、駅のベンチで授乳をしながら電車を眺めていたこのとき、なんだか事態はもっと複雑で本質的だと思うようになった。

いま私がたずさえている言語で、本当にこの事態を捉えることはできるのだろうか。つまり言語や、言語がもたらす表象によって捉えることができる世界の「外側」や「周縁」にこそ、この「私」の自己同一性が破れた、赤ちゃんと共在する「場」があるのではないかと。

それはプラトンが「コーラ Khôra」と呼んだものと近いものかもしれないと、ある日気づいて『ティマイオス』を手にとった。プラトン独自の宇宙論とも言えるこの対話のなかで、「コーラ」という場所は、万物を生成させる「養い親」の役割を担い、すべての生成の「乳母のようなもの」と言われる。何かが生成する手前で、すべての存在を成り立たせる「基体」となるような場所のことである。

プラトンは「コーラ」のことを、名指すことができないものと言った。コーラとは受容体、場所、空白、空虚とも呼ばれ、言語も届かない存在の地下室だと。

もし「コーラ」の姿がイメージできるのであれば、それは地下深くに静かに流れる水脈のようなものだと思う。ひたひたと、深い場所で流れる水の流れ、それは尽きることのない泉のようにこんこんと湧き、私たちはそこからきて、そこに還《かえ》る。私たちが生まれた原初の記憶には、生の起源とも言うべき〝存在の母型〟が存在する。私は、そのとき抱えていた母胎の「虚」の感覚を言い当てられているような心地になった。

現にフランスの記号学者ジュリア・クリステヴァは「コーラ」のことを、母子が自己溶解を起こす場、言葉を獲得する以前の母子の空間と定義し、それを「アブジェクシオン」と呼んだ。アブジェクシオンとは、「objet＝対象」にならずに、「ab＝分離されているもの」。「サブジェクト＝主体」でも、「オブジェクト＝客体」でもなく、その手前にあって両者自身でもある、融合され、いまだ対象となる手前のもの。また「abject」はフランス語では「おぞましい、嫌悪すべき」という意味でもある。クリステヴァはその名詞形である「アブジェクシオン」に両方の意味をこめた。つまり、主客が溶け合いまだ対象にもならない、おぞましく排除すべきと考えられるものとして「コーラ」を捉えた。

さらにこの話には、もう一展開ある。「コーラ」を母子溶解の場所としたクリステヴァのことを、フランスの哲学者ジャック・デリダはプラトンの意図を矮小化《わいしょうか》すると批判したのだ。しかし、この批判にもまた、何かを「子宮」のメタファーであると語ることを、一段位《くらい》の低い、現実に根づきすぎた比喩であると考える、「母」の場へのレッテル貼りがあるのではないか。

子宮という空隙《くうげき》は、いつか訪れるかもしれない「他者性」にむかって開かれ、その準備が毎月未遂に終わったり、宿った子を失うという可能性をも引き受けている。存在の「有」と「無」の運命を担っているという意味で、それは肉体のなかにあるにもかかわらず、世界には存在せず、名指されもしない場だ。

まさに私がホームのベンチで世界から迷子になったような気持ちがした、あの主客融合の「場所」。誰しもが生まれたときに通過したこの場所の記憶は、「太古の時間」であり、子どもはこの「太古の時間」をいずれ成長したあとに忌避《きひ》することで、そこから抜け出し、一人の「主体」となって、父なる論理と他者のいる世界に入り、記号表象の行われる社会の構成員になる。

一方、母子融合の太古の時間は、普遍的言語で表徴される世界ではなく、声にならないうめきや叫び、身ぶりやハミングなど、言語の裁き以前の世界だ。その「声」は、赤ん坊から母への最初の応答でもある。このそもそもが名状し得ないものを、記号によって硬直化した世界で、どのように記述できるだろうか。妊娠出産期の言葉が少ないのは、ただ女性たちがタスクに追われて忙しいからではなく、この社会システムが要請する「言葉」では、本質的に形容不可能なことだからだと気づいた自分がいた。

クリステヴァが著書『女の時間』で「私たちのアイデンティティの地下室」と呼ぶ、この誰しもがもっている言葉にならない原初の時間は、果たして本当に捨て去るべきものなのか。この言語以前の「場」に、私たちの社会が忘れ去っていることの原型を見出せるのではないか。

濡れたぬるぬる

妊娠出産期は、体液や血、お乳やよだれなど、ぬるぬるする濡《ぬ》れたものとひたすらつきあっていく時間であると言えるが、それら身体的な現実は、忌避されてこそ、現代都市の高度に情報化された社会が成り立っているという実感がある。

乾いているからこそモノは交換され、価値は数値化されるが、濡れてぬるぬるしたものは交換できない。それは貨幣経済の根幹に関わる事態かもしれないが、一方で濡れた身体的なぬるぬるは、バタイユが指摘していたように、性欲動と快楽となって秘匿されることで資本主義を裏で駆動しているとも言える。

濡れたぬるぬるを、快楽の場以外で、日常的にあつかわなければいけないのが、育児と介護である。それはまさに「ゆりかごから墓場まで」。人が生まれ、人が死ぬ営みの総決算の現場である。しかし生と死がもつ原初のリアリティは、この現代都市のなかには居場所をもたない。授乳しながら、自分はいったいどこにいるのだろう？　と感じたのは、この現代都市が生と死の現場を排除することで成立した、すきまのない伽藍《がらん》だからだろう。赤ちゃんを抱えながら、社会に息苦しさや孤絶感を感じていたのは、システムによって固定化された日常に風穴をあけたい、その欲望の裏返しだったと今ではわかる。固定化された社会にゆらめきを見たい。高度に数値化され、意識化されすぎた社会に、無意識をもちこみたい。異相をもちこみ、ゆさぶりたい。そうすれば息がつける。

そしてふと思う。濡れたぬるぬるが排除されることによる絶望感は、女性だけではなく、心身の不安定さを抱え、社会の弱者として周縁に追いやられる者の、行き場のない虚無感とも、また近いものだと。言語的に、本質的に形容不可能な状態とは、心身を病み、身体の現実にひれ伏し、無意識の領野に対して受動的にならざるを得ない、多くの弱き者にとってもまた同じなのだと。

このひどく主観的な感覚を普遍化し「母」を主語として語る危険を、私はたしかに感じてもいる。しかし、それでも書くことで、もしかしたら同じように感じて苦しむ人への「私信」のようなものにはなるかもしれない。そして、こういう身体感覚や時間感覚から「母」を解体し、男性や、あるいははっきりと性を規定しにくい人たち、子どもを産まなかった人、産まないと決めた人、少女や老いた人、病気を抱える人とも一緒に考えていきたいと感じている。

自宅で赤ん坊と二人きりでいる時間は、すべての社会的、時代的な属性を剝ぎとられた、まさに裸の体験だった。この体験から、社会の固定化された日常を内破できないだろうか。一見退行とも言える繭のなかの時間こそ、いまの世界を更新していく「可能態」の役割を果たすのではないか。この地上にいるすべての人が、皆あまねくそこからきた場所。「母なる場所」を語ることは、あなたの母を語ることでもある。

この奇妙で豊饒《ほうじょう》な時間を、これまでみんな黙って体験してきたのだ。どんな風に感じているのか、もっとたくさんの女性たちの声を聞き届けたい。そして自分に起きている感覚をたよりにして、私たちの場所がどんなところなのかを一緒に感じ、考えていきたい。

私はある人の話を聞くことにした。

──水野亜矢子さんのこと──

一瞬一瞬は消えない

二〇一七年秋のその日、私は病院にむかうため、雨が降るなか新大久保《しんおおくぼ》駅からタクシーに乗っていた。街は、外国人観光客をはじめ多彩な人で溢れていて、傘もささずに服を濡らし、笑顔で過ぎ去る人を車窓からぼんやり眺めていた。私自身も最近は、赤ん坊が雨を喜ぶので、外を歩くとき傘をささないことが多くなった。空から水が降ってくるという、大人になった今では当たり前のことを、赤ちゃんとともに改めて体験してみたくなったのだ。本当は、私はずっと昔から、雨の日は傘をささずに歩きたいと思ってきたのかもしれない。

水野亜矢子《みずのあやこ》さんは、子どもを産んでからできた友人で、彼女も私と同じ時期に息子さんを産んでいた。近所の喫茶店で開催されたベビーマッサージ講座で出会ったとき彼女は、ふんわりとした長い髪と、優しい声の持ち主で、静かに微笑《ほほえ》んでその場に座っていた。その日は桜がもう少しで咲きそうなうららかな日で、ずっと家に閉じこもっていた私は、講座が終わって歩いて帰っていくあやさんの、桃色のワンピースが風にそよぐさまを見て、あとについていきたくなってしまった。

その後、街で偶然再会し、そこからゆっくりと彼女の生い立ちを聞いていくことになるのだが、第一印象も、よく知ったいまでも、彼女のイメージは春風のようにやわらかなままだ。そして一つの偶然があった。出会って何回目かで、お互いの誕生日を言い合ったとき、あやさんがハッと息をのんだ。私の誕生日があやさんの亡くなったお母様の誕生日と一緒だったのだ。思いがけない符合に驚き、それからはお互いの家を頻繁に行き来して、子の一歳の誕生日を祝いあい、しばらくして彼女は第二子を妊娠した。

妊娠、出産、子育ての時間で女性が感じている、言葉にならない感情や感覚を記録していきたい。そう思ったとき、はじめに話を聞きたいと思ったのが彼女だった。そのとき彼女は、お腹の子どもが子宮頸管《けいかん》を降りてきてしまう「切迫早産」で、入院していた。

病室を訪ねると、点滴をしながらも、思いのほか元気で顔色の良い彼女がいた。一歳の息子さんを育てながら、日に日に大きくなるお腹をかかえ、これまでどんなことを感じてきたのだろう。あらためてそう問うと、彼女は言った。

「過ぎ去っていく一瞬一瞬は消えずに、この世界のどこかで生きているという気がしているんです」

高校一年生のとき、あやさんはお母さんを癌《がん》で亡くしている。設計士だったという実のお父さんとも幼いころに生き別れ、父の顔は写真でしか知らない。お母さんはあやさんが小学校四年生のとき再婚したが、それまでの母と姉とあやさんの、女性三人の生活がもっとも楽しかったと振り返ることが多かった。お母さんが亡くなってから義父と折り合いが悪くなり、お姉さんとともに家を出て、手を携えて高校を卒業したあやさんは、介護の仕事についた。どうして介護の仕事を選んだのか。

「喜びの大きい仕事だったからだと思います。母に看病をし尽くしたい気持ちがあったけど、学校もあってやり切れなかったんです。その思いを遂げたかったのだと思います」

あやさんは介護職の中でも、夜勤も多くキツいとされている、特別養護老人ホームで働いていた。担当していた方が亡くなったり、家族の現実をかいま見たり、悲しいことにも頻繁に出会うだろう。そう言うとあやさんは、

「死は毎日のように体験しました。でも初めて、ここが自分の居場所だと感じて、いつのまにか母親を失った喪失感がなくなっていたんです。息子を産んでから、よく母に話しかけてしまうんです。いなくなってもその存在は変わらないし、いまも教えてもらっていると感じます」

私は子どものころのことを彼女に聞いた。こんな話からはじめるのは、出産によって、その人の総体が胎児とともに一度解放され、また新たに組織し直すようなところがあると感じるからだ。赤ん坊の顔を覗《のぞ》きこんでいると、同じように覗きこんだであろう自分

の母、そのまた母と、永遠につながる女性たちのまなざしをさかのぼれるような気がしてくる。そうして自分が子どもだったころのことがありありと、目の前に再生されてくる。あやさんの子どものころの記憶で残っているのは、どんな場面だろうか。

「子どものころは、世界のすべてを見てみたいという気持ちがありました。目を閉じているあいだに世界が変化してしまうような気がして、目をつぶったり開けたりしながら冷蔵庫を開けて、中身が変わらないか確かめたりしていたんです。ある日みんなが寝静まったころ、夜の世界を感じてみたくて、パジャマ姿のまま外に出て、道路の真ん中に大の字で横になったことがあって。ほんとうに気持ちが良くて、私が寝ているときの世界はこんななのか！　って思ったんです」

あやさんは、一枚の写真を見せてくれた。赤い長靴を履いて、カメラに向かってやわらかい笑みを浮かべている少女のあやさんがいる。彼女が十歳のころ、まだ病気の影が迫っていなかったお母さんが、笑いながらカメラを構えていたという。よく見ると、静かに脇に下ろしているあやさんの右手のひとさし指は、なぜかピンと立てられている。

「このとき、お母さんが〝写真撮るよー〟と言ったんです。おうちの庭はポカポカで、雨上がりの光が気持ち良くて、だいすきな赤い長靴を履いていて……いまこの瞬間を過ぎ去らせたくないと思ったんだと思います。将来この写真を見た私が、いまこの瞬間の私の気持ちをわかるように、未来の自分へのメッセージだと思って、ひとさし指を立てたのではないかと」

すごいことだと思った。とっさに未来の自分を想って、前進してゆく遥《はる》かな時間に向かって、しるしを刻んだのだ。あやさんは言った。

「時間は過ぎ去っているけれど、実はどこか世界の片隅で、そのときのまま変わらず存在し続けることができるのではないか……。一瞬一瞬、消えずに生きているのではないかと思うんです。いま、言葉にするとそんな気持ちなんです」

過ぎ去らずに世界のどこかに存在している一瞬という感覚は、子育てをしていて、息子を眺めているときにもまた感じることだ、と彼女は言った。

巨大な時間

私のなかで一本の映画のように、子どものころからのあやさんの姿が、何度も再生される。ひとさし指を立てる瞬間、カメラの向こうのお母さん、赤い長靴、道路に寝そべる少女の黒髪がアスファルトにパサリと落ちるさま……。もしかつての記憶とそこにまつわる感情がすべて、いまの自分に流れこんでいるとしたら、どんな気持ちがするだろう。自分のなかに複数の時間が光の束となって押し寄せてくるさまを思い浮かべた。

それは宇宙に浮かぶ恒星を想像させる。星は真っ暗な闇のなかに存在しているが、宇宙が黒いことは、宇宙がビッグバンから始まった有限なものであることの証左であるという説がある。つまり、もし宇宙が無限で時間的にも空間的にも果てがなければ、そこに浮かぶ星々の光はどこにも反射することなく地球に届き、夜空は煌々《こうこう》と明るいはずだというのだ。記憶にもそういうことが言えるのではないだろうか。もし自分が宿している生命が無限だったら（つまり不死だったら）、記憶や時間は、その体験したすべてが輝きはじめ、いまを生きるには眩《まぶ》しすぎてうまくいかなくなるのではないか。記憶は暗闇のなかで、ところどころだけが、星のように明るいので、私たちはいまの生をなんとか生きていける。

あやさんが感じている記憶の総体が、もし並行世界のようにところどころに浮かんでいるとしたら、世界はきっと眩しすぎるだろう。けれども、あやさんはそんな眩しいくらいの光のなかにときおり、自分から身を浸しにいくのかもしれない。あやさんのゆっくりとした話し声を聴きながら、いまここにはいない者とも一緒に生きるような、彼女の時間を思った。

クリステヴァは、こうした無限の時間のことを、女性がもつ「巨大な時間」と言った。それは、「想像空間のようになんでも飲みこみ、無限であり、（略）再生の諸神話を思わせる」時間であり、目的に向かう連続的な時間、つまり歴史の時間とは根本的に異なるものだと（『女の時間』）。ありふれた言葉で言えば、それは永遠性とも言える。無限に膨張し、非連続でとりとめがない。きっと誰が主語で、誰が主体の記憶かも定かでないような、ただ熱量の高い場面がそこにある。

この巨大な「諸神話を思わせる」時間はきっと、すべてのものを飲みこむのだろう。過去も未来も。だから、過去から未来にむかって連続的に並ぶことで私たちの文明を動かす予測可能な時間とは、根本的に異なる。

あやさんの「過ぎ去っていく一瞬一瞬の時間は、消えずにこの世界のなかにある」という感覚は、まさに女性の身体を尽くして彼女が感じた、生《せい》の感覚ではないだろうか。

私自身、陣痛から出産までは、ほぼ二十時間くらい一睡もせず、押し寄せる痛みの大波にただひたすら身を奪われ、身を任せていく過程だったが、産んでみて振り返るとほんの数十分かそこらの時間だった気がした。そして一年半経ったいま思い出すと、その二十時間は、一秒くらいの一瞬の出来事だった気がしてくる。時空間は確実にゆがんでいる。

一方で、産まれた直後の赤ん坊には、この世に送り出された瞬間に、何十億年にわたるこの地上すべての時間が折り畳まれて、なだれこんでくるというイメージをもった。それは解剖学者の三《み》木《き》成《しげ》夫《お》が、人間の赤ん坊は母の胎内で進化の過程を繰り返すと書いたことを想起させる。太古の海から水生生物が陸にあがり、両生類となり爬虫類になり、さらに哺乳類となり……という生命進化の記憶を、胎児は胎内で追体験する。だから産まれたとき赤ん坊は、その苦難を思って泣くのだと夢野久作が言っていると三木は説き、母の胎内で、胎児の顔がフカや爬虫類のようになったりするのをつぶさに研究した。もしその進化の時間を赤ん坊がすべて記憶できたら、どんな風に世界を見るだろうか。赤ん坊は無限とも言える胎内から切り離され、この有限な地上で「無限」を生きたいのに生きられないという状態で、苦しみのうちにありながら、やがて地上の有限性に徐々に適応していくのではないか。

あやさんが息子さんを見るまなざしには、きっと、別の時間にあるような初源的な時間の無限状態が含まれているだろう。それはあやさんが胎内で彼を育んでいた時間と一致し、この社会の中には位置しない時間なのかもしれない。女性が子どもを見つめるとき、そこには虚に近い時間が流れ、日常とは異質な、巨大な何かがすぐそこに迫っているのではないか。

私的領域の盾

あやさんの話を聞いた帰りの新大久保の駅で、泣いている女の人を見た。もう少しで雨はあがりそうで、太陽が雨粒を照らしてキラキラして夢のようだったのに、彼女はくっと顔を下に向けて何かをこらえていた。彼女のなかに、いまうずまくものはなんなのだろう。聞いたとして、それを私は理解できるだろうか。それぞれの感覚は絶対的に違うだろうが、女性たちのなかにうずまく言葉にならない、言葉にしなければ忘れられていく一つの感情を、ここに取り出してみることはできるだろうか。一緒に言葉をたぐり寄せることができるだろうか。

地元の駅に着くと、雨は綺麗《きれい》にあがり、薄い青空がのぞいていた。私は娘が一歳になった四月からの、自分自身の変化について考えていた。娘が保育園に入ったことによって、いわれない不安に直面していたのだ。娘自身が初めて社会というものに接し、そのことで逆に自分がどれだけこの一年間、実社会との接続が切れていたかを思い知って、恐怖と孤独を感じていた。これまで外部と接続していなかった私たちの乳色の時間に、社会が向こうから迫ってきた。

朝、保育園に娘を預けてから、街を一人で歩いていると、まるで沼のなかに一歩一歩、歩を進めているようだった。お迎えまでの時間、身体の真ん中にぽっかり穴が空いたようで、仕事が手につかなくなった。娘を抱っこして、ずっとひっついていたお腹のあたりがすーすーして、何か大切なものが自分のなかから外に出ていくようだった。生命への責任感も強く感じた。よく熱を出す娘のもとへ、誰が駆けつけ、抱き上げればいいだろう。身体を空けていなければと、私は仕事を入れるのをためらうようになった。

一方で、ここで何年も乳色の時間に埋没していたら、自分の仕事の感覚を、まるっきり失うはずだという直感もあった。仕事を通してつながっていた社会と、親密な子どもとの時間。仕事をやめてしまえばいいだろう、あるいは、子どもは他者のなかで大きくなるから大丈夫よ、とさまざまなアドバイスをもらったが、ことはそんなに単純ではなかった。私は社会的な自分と私的な自分の狭間《はざま》に置かれ、引き裂かれ、実際身体中に痛みが走るようになった。

社会的な自分は仕事を計画し、スケジュールを管理し、考えを他者と共有し、自己を発揮してきた。しかしいま自分がいる場所は、動物の生に連なるような生命の時間が流れ、いつ終わるともしれない時間を待機するように生きていた。先のことは見通せないし、いま現在にいつも集中していた。そんなとき電車に乗ったり、渋谷の街を歩いたりすると、そこ知れぬ恐怖のようなものを味わった。ある日自分が iPhone をぎゅっと握りしめ、なぜだかそれを少し体より前に出して歩いていることに気づいた。そのときの私の iPhone には娘の写真や、彼女を日々観察した日記などが入っていて、私的領域の塊だった。私は無意識的に、その私的領域を盾のようにして、都市のなかで自分を守ろうとしていたのかもしれない。そんな混乱の時期に会ったのが、岡本《おかもと》さんだった。

――岡本真梨子さんのこと――

疎外感の解消

二〇一七年秋、待ち合わせ場所の小田急《おだきゅう》ホテルセンチュリーサザンタワーのラウンジに、岡本真梨子《まりこ》さんはぱりっとした白いシャツ一枚で現れた。まるで今しがたスポーツバイクを乗り終えたばかりといった佇《たたず》まいで、身体を楽器のように低く鳴らす声をしていた。髪はアシンメトリーの、短髪という言葉がぴったりのスタイルで、それは岡本さんの吹きぬける風のような、あっさりした雰囲気にとてもよく似合っていた。

友人からの紹介で出会った彼女は、女性のキャリア支援の会社の役員をしていた。三歳の女の子と七歳の男の子、二人のお母さんでもある。子どもを産んだ経験について尋ねると、

「子どものときから感じていた社会からの疎外感が、子どもを産んだことで初めてなくなったんです」

と言った。

彼女はもともと心理学の研究者を目指していたが、立命館《りつめいかん》大学大学院修士課程を修了後に大学を離れ、ある大企業に就職。そこで人事部に配属され、従業員のメンタルヘルスのケアや復職サポートを担当していた。しかし、自身が過労で心身ともに体調を崩し

て会社を退職。その後、研究機関で発達心理学の研究やカウンセラーをしていたが、出産子育てを経てマミートラックを経験したことを機に、女性支援を行ういまの会社に経営陣として参加した。マミートラックとは、出産後、復職した女性が、最前線の仕事からはずされ、妊娠出産前の仕事の質になかなか戻せない状態が続くことを言う。

子どものころから虚弱体質で、匂いや光に敏感で外を歩くのがつねにしんどかったという岡本さん。「かつてはいまほど周知されていなかったけれど、いま発達障害児をカウンセリングすることでわかる。自分もそうだったのだと」。子どものころの記憶で残っているシーンにはどんなものがあるか聞くと、

「幼稚園ではいつも部屋の中で本を読んでいたのですが、ある時、急に外で遊んでいる友だちの声が耳に入ってくるようになった。とつぜん周波数が合ったとでも言うように、これまで気づかなかった外の光に気づいた。そして、楽しそうだなと素直に思って、それから初めて幼稚園の園庭に出て、みんなと遊んだんです。世界の発見、とでも言えるようなシーンで、子どものころの記憶というと、その場面をいつでも思い出します」

両親は十歳のときに離婚し、お母さんが岡本さんと弟を育てた。母は薬剤師をしていて、岡本さんにもつねづね手に職をつけるようにと言い、彼女は理系に進み自然に医師を目指すようになったが、挫折。発達心理学を志したという。研究者を目指していた彼女が実社会に出ようと思ったのは、

「うつや、心を病む人の根幹には、仕事に代表される社会の問題がある。だから痛みが起こってからの対応ではなく、〝未痛〟をこそ目指したい」

という問題意識だったそうだ。

外界への過敏な感覚から、何をしても居心地が悪く、社会からの疎外感、自分がどこか社会のメンバーではないという離人感がつねにあったという。それが、子どもを産んで初めてなくなったのだと。傍目《はため》には、とても頼りがいのある安定感を与える印象をもち、社会から必要とされ、申し分ない学歴を得て、闊達《かったつ》に活躍しているように見える岡本さんだったが、人々の流れに入っていけない劣等感、自分が望む場所で活躍できていないという自責感はずっと消えなかったと語った。それが「母親」という属性を得て、初めて「落ちこぼれ」であるという自意識から脱することができた。

「私も産めた。私でさえ産めた。まともに何かをやり遂げた。この世にずっと居場所のない、浮いた感じがしていたけど、私はここにいていいのだと思えた。やっと人間の一員になることができたと感じました」

いままで感じたことのない、圧倒的な肯定感だったという。

私は「母親」という属性について、かつて自分の母が言っていたことを思い出す。

「妊娠中に街を歩いていると、初めて社会から責められていないって感じたの。お腹が大きいのは、社会的に認められた失業者なんだって」

心身が弱りがちだった母は、学生時代のアルバイト以外、仕事をしたことがなかったが、専業主婦であることで社会的に制裁を受けているように感じ、ひそかに自分自身のことを責め続けていたのを、娘の私は知っている。私には仕事につくようにと子どものころから言い続けた。その焦り、苦しみ、孤独が、いまの私ならよくわかる。彼女は出産を経て、「母」という仕事についたことで、ある意味救われたのだろうと思う。岡本さんもまた「母親」という属性を得たことで、自分が初めてなにがしかを行うことができたと安心し、大きな仕事を果たした達成感のなかで、長年の傷が癒え始めたのだ。

昨今の子育てを巡る言説には、女性にだけ子育てが押しつけられる不平等、子育てによって部屋に閉じこめられる疎外感など、概して妊娠出産に伴う不安や不満がクローズアップされ、そこからの女性の解放を願うものが多い。しかし岡本さんや私の母のように、「母」という属性に安息の地を見つける人もまたいる。

話していて私は一つのことが気になり始めていた。岡本さんは、どこまでも定型的で硬質な言葉を使う人で、最初、彼女にとっての「痛み」という固有の感覚を想像することが難しかった。それで何度も痛みの質について問うたのだが、聞いているうちにその言葉にならなさは、彼女が彼女自身を自分につなぎとめている、開けてはならない大切な箱のようなものだと感じるに至った。

社会に適応できなかった自分の過去を、言葉にしたい、言葉を探したいと思いつつも、そこに個別的な表現を当てないことによって、痛みを経験し続けた自分を守るように世界を切り取ってきた彼女は、子どもを産むことでそんな痛みからも解放されたのかもしれない。

岡本さんの、別れるときの颯爽《さっそう》とした去り際を見て、言葉がその人を作り、支える一方で、表現されない感情は、言葉にされないまま身体に残り、実はその人を守り続けるのだと感じたのだった。

言語とは社会である。フランスの精神分析医ジャック・ラカンの言うとおり、普遍的な父なる「法」であり、言葉を獲得することは人と人が相対的にコミュニケーションできるようにするための、社会参加への抑圧である。無意識でさえ言語的に構造化されているとラカンは考える。しかし痛みという固有の経験や、赤ちゃんとの声なき声のコミュニケーションは、絶対的で個別的な営みだ。そこでは言葉はあとから、あるいは他者には翻訳不可能な形でやってくる。言葉とは、なんと不自由なのか。女性たちの言葉にならない経験の、その言葉にならない厳粛さを一緒に共有したいと思っていた私は、早くもその困難を痛感していた。

轟音が静まりかえるとき

出産によって充足感を得られたという岡本さんの話に触発され、私は産院で会った女性たちのことを思い出していた。新生児授乳室にいた彼女たちはとても静かで、そこに私は身体が落ち着くところに落ち着いた、静寂のようなものを感じていた。

いつか他者をその身に宿す場所、つまり潜在的に「他者化」の可能性をもつ場所である子宮は、妊娠によって潜在性が現実界に転化する。そして、出産を経て実際に自分の内側にあった他者と対面する。それが妊娠出産のプログラムだが、他者性を招き入れることができる場所とは、女性の身体にとってノイズでもある。毎月の生理の前後ではホルモンバランスが崩れ、自分は子宮に端を発するホルモンの乗り物に過ぎないのか、という不安な心地がするものだ。しかし、その他者化の場所が、妊娠出産というプログラムを実際に進んでいくことで、無のような自足の時間にたどり着くということがあるのではないか。産院の授乳室には、新しい生命をむかえた喜びの笑顔だけでなく、そこにはプログラムの過程を精密に終え、本質的に静まり返った女たちがいた。

妊娠期に驚いたことの一つに、自分の身体がもっている強烈なプログラムの力があった。妊娠すると、自動的に生理は止まり、匂いや音などに対してどんどん敏感になり、やがてお腹が大きくなってくる。胎盤から栄養が送られ、羊水が満ちていき、針の先ほどの細胞だった生命は日ごとに大きくなっていく……。私の身体は嬉々《きき》として、そのプログラムを進んでいく。自分の与《あずか》り知らぬところで、ぐんぐんと。私がときおり沈没しそうになっていた渦は、この他者性を宿すというゴールに向かってプログラム化されていた、身体がもともともっていた渦だったのか。生理というのがそもそも、プログラムが行き場を失い、一度新しい命の場所を弊《つい》えさせるという「死」とも言える経験なのだから。

創造のエネルギーを孕《はら》んだ、カオティックで猛々《たけだけ》しいノイズと、精密にプログラム化された静かな無音のような状態、この両翼で進んでいくのが、女性の身体であると言えるのかもしれない。

思想家ボーヴォワールは、女性が直面する月経、出産、育児などの生物学的条件は、女性自身の自己を疎外し、そこにはいかなる「実存」の超越もみられないと捉えていた。こうした女性特有の身体的束縛から自己を解放してこそ、女性は真の実存となることができる。ボーヴォワールは、閉経後こそ女性が真に解放され、自分自身になる時期だとさえ考えていた(『決定版　第二の性Ｉ事実と神話』)。しかし果たして本当にそうだろうか。ここには、女性の権利を社会構造的に考えすぎることの落とし穴のようなものがあるかもしれない。女性はむしろ、自分の身体のなかに他者化の場所をもつことによって「実存的な超越」に触れており、月経、出産、育児を否定せずともそのもので真の実存ではないのか。轟音《ごうおん》と無音を一挙に引き受けている女性の身体というものを許容する場を、社会の方がもたないのではないか。身体が置き去りにされた、現代社会への過剰適応のようなものを、ボーヴォワールにさえ感じてしまう。

私は、娘を保育園にあずけて彼女と離れた時間を過ごすなかで、社会的な自分と、私的な自分とに、引き裂かれるのを感じていたのだったが、社会的な自分に、私的さが覆い被《かぶ》さり駆逐《くちく》するなら、するままにさせておけばよいのだといまは思える。身体的で私的な生命は、社会的な歴史を作るような場に躍り出ることがないということで下位に置かれ、動物とも同列であるとされた。しかし、動物が動物として生きる場で出現する「超越性」というものもまたあるのだ。それが、現代の社会に風穴をあける、批評的な力をもつのではないか。

怪物になる

出産のとき、自宅で破水して病院の陣痛室に入ってから、私はただ「痛み」そのものになってしまった。陣痛のあいだは何か考えている余裕などなく、自分という輪郭が消えてなくなり、規則的にやってくる痛みにさらわれていく。感情も理性も、私が私であるという認識も働かず、ただただ数分おきにやってくる次の痛みへの恐怖にひれ伏し、痛みを散らす方法をなんとかこねくり出す。私の場合はなぜかベランダで育てていた白いクレマチスの花が目の前に浮かんだ。一生懸命、クレマチスの花、その純白さの、白のなかの真白き輝きをまぶたの裏に浮かべて、身体の中心が痛みを捉えることから逃げようとした。それでいっときは解放されるが、また確実にやってくる痛みへの恐れから、何度も吐いた。

分娩室《ぶんべんしつ》に入ってからは、痛みを逃がそうとするすべもまったく効かなくなり、自分がいつ叫んでいるか、うなっているか、もう認識できなかった。なにもコントロールできることはなく、ただ酸素マスクをかぶせようとする助産師さんの手を激しく振り払った記憶だけがある。あとから、あんな風に他人の手を乱暴に振り払ったことなど、これまでの人生でなかったと思い出し、助産師さんに謝ったら、

「理性がふっ飛ぶくらいでないと、赤ちゃんは産まれてこないよ。あの時点で初めてあなたは産む準備ができたのよ」

と彼女は言った。

とてつもない痛みで理性を忘れた私は、痛みそのものという怪物になったのだ。二十時間、身体中に力を入れ続け、一秒も眠っていないのに、そこからさらに二時間おきの授乳で、夜どおし起きていられた力。それは確かに自分が何か異形のものに組織化された瞬間に思われた。

「わたしのなかのフランケンシュタインの魂が叫び声をあげました。(略)その夜は、まんじりともしませんでした。心のなかで動乱が起こり、荒々しく、猛々しい混沌《こんとん》状態

にありました。そこから秩序が生まれてきそうな予感はあるのです」

小説『フランケンシュタイン』で、メアリー・シェリーはこれを怪物を生み出す計画に胸たぎらせる科学者ヴィクター・フランケンシュタインに語らせるが、ほんとうは彼女のうちに燃えさかる、猛々しい創造の力が叫ばせたのだろうと思う。

無事出産が終わったとき、私の身体は深く裂けてしまっていて、一時間の縫合手術を受けた。膿盆《のうぼん》に無造作に入れられた大量の血に染まる脱脂綿。昔だったらお産で死んでいたかもしれない。そう思ったとき、分娩台のまわりにかつて死んだ女たちが集まってくるような気がした。女たちの中には祖母や、曽祖母、そのまた母たちもいて、私のまわりには死んだ女性たちの親しみのこもった感情が漂っていた。彼女たちと近しく、実感をともなってやさしく触れあっているような心地がした。そこにはたぶん子どもに気持ちを残して死んだ女たちもいただろう。もし私も今日、命を落としていたら、この世に風や砂や水紋のようなものとして残って、ずっと娘を見守り続けるのだろうと思った。

連綿とつながる女性たちの営みの、流れのなかにある自分……。これまで自分というものが一時代を生きる、時間的にも有限の、限られた個人でしかないような気がしていた私は、何か大きな、巨大な時間のなかに投げこまれていた。そこから、自己というものはどこまでも吹いていく風の微細《びさい》なゆらぎのような流れのなかにしかないのだと感じるようになる。

私は出産を経て、おぞましいものへの恐怖感がなくなった。暗闇のなかでゆれ動くもの、グロテスクな妖怪の写真、夜中にやっているホラー映画も観られるようになった。ふしぎな変化だ。

一方で娘は、モノの名前をひとしきり覚えたあとに、初めて口にした概念言語が「こわい」だった。知らない道を通って家に帰ろうとしたとき、突然、「こわい」とつぶやくように言ったのだ。それはまだこの世のものか定かではなかった娘が、人間の世界へ一歩躍り出た瞬間だったかもしれない。

「こわい」を知っているから、人は「こわい」をのりこえていけるんだよ。

と、ここまで書いた私は、今からあなたを迎えにいく。

第二章　女たちの館の孤独

胎内回帰幻想？

前章では、母と子のあいだに流れる時間は、社会のなかに居場所をもたないからこそ未来の場所として存在し、硬直化した現代社会の感受性を変化させる可能性があるのではないかと考えたのだが、ここで自己批判を試みてみたいと思う。

母と子の時間は、「胎内回帰」という言葉で表現されるように、「退行」としてこれまでとかく批判されてきた。母のあたたかなピンク色の膜のなかに戻り、包まれ、安心したいという願望、つまり胎内回帰幻想を人はもつ。

「母なる場所」が社会に新たな意味を投げいれるという私の想いは、あるいは「胎内回帰幻想」といっしょくたにして語られる危険性がある。しかし、そこでの「母なる場所」は、疲れた大人の安息の地として、または自分を守護してくれるあたたかな場所として、都合の良いドリーミーな理想像でしか、これまで語られてこなかったように思う。男性にとっての「偉大な、聖なる母」がいつまでも、包容力やいつか帰る場所として理想的に語られるように。だからこそ、母の胎内は批判にもさらされてきた。

たとえば建築家・磯崎《いそざき》新《あらた》は、「きみの母を犯し、父を刺せ」という衝撃的なタイトルの論考によって、母なる時間のことを「体液の充満したけだるさ」として、激しく攻撃する。この論考は、雑誌『都市住宅』で行われたコンペの審査員として、自身と応募者に対して書かれたものだというが、ここで若者をふんだんにアジテートする（『都市住宅』一九六九年一〇月号初出、『空間へ』所収）。

磯崎は、家庭のなかの日常を覆うけだるさを、思考停止を引き起こす快楽であるとし、それを「マイ・ホーム」という空間として分析する。マイ・ホームとは母親の体液の延長として、子どもを外界から保護する、思考停止装置なのだと。

「〈マイ・ホーム〉を容認する肉体的なあるいは生理的な感覚とどのように闘うか、その過程からつかみだされた、攻撃的な提案こそが、この社会の総体を構成する思考のパターンに打撃を与えうる」

つまりぬるぬるした体液の延長としての母子の繭から抜け出して、「攻撃的」につかみとったものこそ、あなたにとっての「思想」なのだと。しかし果たして「思想」とは、体液の繭から脱出し、攻撃的に奪取することでしか得られないものなのだろうか。

まずはじめに考えたいのは、「母子の繭」とは本当に、磯崎の言うような人を守るあたたかい保護膜なのかということだ。もし「母」に保護膜としての役割があてがわれているのだとしたら、それは父権を守り家父長制を支えるために、歴史的に「母」が、保護の役をやっていたということに過ぎない。母や妻が、本当に家庭というものをどのように感じているのか、私であることが剝奪され、他者との境界が奪われる「保護膜」のリアリティについて、磯崎の論では当事者性はまったく考察されない。母親自身が子どもと過ごす時間をどう感じるかが想像されていない。

吉本《よしもと》ばななが出産後に書いた小説『イルカ』には、臨月を迎えた主人公を描写する、こんな表現がある。

「別の世界が自分のわきにぱっくりと口を開けていて、いつでもそこをのぞきこめてしまう、そういう感じだった。別の世界は暗くて、風がごうごう吹いていて、恐ろしい数の無意識の闇とつながっている宇宙空間のような世界だった」

妊娠期の女性というと、外から見ると、何かあたたかい感情のなかにいると思われがちだが、もっと言葉にならない、そら恐ろしいような感覚もそこには同居している。

私自身、妊娠期は一つの生命が大きくなっていくのをただ「待つ」こと、「待機」という状態がもつ巨大な神話的な時間に、静かに舟を漕《こ》ぎ出していくような感覚があった。臨月になると、自分の中心にうごめくエネルギーにうちのめされ、何かとてつもない

――大海のようでもあり、深い夜の森のようでもある――「広さ」のなかに、身体ごと漕ぎ出していくような感覚をもっていた。自分ではどうすることもできないものに、ただひれ伏し、雨粒をうけとる手のひらのように、やさしく開いて、身体ごと未知なるものになげうっていた。

自分を奪われるようでありながら、陶然ともするこの神秘的な感覚は、私の身体に大いなる秘密があることを告げるに十分だった。それは自分の身体のなかにいる別の生命体の、圧倒的なうごめきというものだったろうし、その先にもっと匿名的な「生命」そのものの宇宙が広がっている気がした。

「風がごうごう吹いていて、恐ろしい数の無意識の闇とつながっている」という表現は、まさにそれを言い当てられている気がした。「無意識の闇」は、お腹のなかの赤ん坊だけでなく、そこから回路が開けて、遥かに大きなものとつながっていく。それは自分が生み出す新しい命だけではない、生命が発生したり、命が斃えたりする大きな海のようなものとつながっている。

こうした妊娠期の女性が直面する感覚を、「胎内回帰幻想」という言葉を使って、理想郷のような夢見心地のイメージで語ってきた人々は、このそら恐ろしいような感覚を想像できるだろうか。「マイ・ホーム」のなかの日常や、「胎内回帰」は彼らが考えているほど、パステルカラーでドリーミーな、あたたかで安定した世界ではない。そこは暗黒空間といえる、生死の境界であり、際《きわ》である。

胎児の生命は、まだ「生」の方にきちんと振りきっているわけではない。母からへその緒を通して栄養を摂《と》り、酸素も母親からもらっている胎児は、自発的に「生」の方に矢印をむけているというよりは、生死の振り子がゆれる海を漂っている。だからこそ胎児は圧倒的な生命の強靭《きょうじん》さとはかなさの、両方をもちあわせているが、その子がこの地上に足を踏み入れたとき、身体をわけあうようにしていた母もまた、胎児にひっぱられるようにして、生死の際に身を置くのだ。

もし胎内を基点に社会を批評する可能性を考えるとするなら、それは磯崎の言うように、胎内を脱出して獲得された攻撃的な「思想」というよりも、胎内で母と子によって共有される「無意識の闇」に寄りそった先に生まれた「思想」こそ、本当の意味で「新しさ」を有するのではないか。

女たちの館

歴史的に長いあいだ子育てを担ってきた妻や母にとって、家とはどんな場所だったろう？　そんなにあたたかく退屈で、単純な場所だったとは、私には思えない。家とは、個人の内観の延長という感覚がずっとしている。

フランスの作家マルグリット・デュラスが撮った『ナタリー・グランジェ』という映画がある。一見、静かで何も起こらない映画だ。タイトルともなっている八歳の女の子、ナタリー・グランジェが、教師への反抗が原因で学校を退学になりそうなこと、母親が彼女を山奥の寄宿舎に入れてしまおうと悩み、荷造りをしていること、そして連続殺人を起こしているらしい少年たちが森に逃げこんだというラジオのニュースがかかることくらいしか、「事件」というべきものは起きない。すべての場面が、家のなかと庭でしか展開しない、家が主人公とも言える作品である。

その家を、ルチア・ボゼー演じるナタリーの母と、ジャンヌ・モロー演じるその友人がゆっくりゆっくり、歩き回る。その歩行は、テーブルのパン屑《くず》を皿に集め台所に片付ける、アイロンをかける、あるいは庭でたき火をする、という日常の行為と行為をつなぐものであるはずなのに、足運びはヒョウが獲物に飛びかかる跳躍の前に、全身の筋肉をしならせる、その肉の緊張のようであり、ギリシャの神々が、もし目の前に現れて歩き去るとしたら、こんな風に足を運ぶだろうというような超越的な美しさをもつ。

家のなかには彼女たちと子どもしかおらず、途中で現れるジェラール・ドパルデュー演じる洗濯機のセールスマンは、亡霊のような彼女たちの様子におののき、そそくさと逃げ去る。『ナタリー・グランジェ』の邦題には「女の館」という副題が付いている。この家は彼女たちの虚脱や不安という感情の延長のようなものとしてあり、彼女たちの思考そのもののようにヒリヒリと鋭敏で、狂気も正気も、その空間で息をするように自然に育てられていく。家という閉じられた空間は、宇宙の均衡を破らんとする、猛々しい力を秘めているように見える。ただ安息の地としてあるわけではない。そこには家のなかで孤独を育てつくした、黙りこくった女たちがいる。

あるいは、ベルギーの映像作家シャンタル・アケルマンが描いた、主婦にとっての部屋を考えてみよう。

アラン・レネ『去年マリエンバートで』、デュラス『インディア・ソング』等の主演で鮮烈な印象を残したデルフィーヌ・セイリグ演じる主婦が、毎日部屋のなかでお皿を洗ったり、じゃがいもの皮を剝《む》いたり、肉をこねたりする日常の動作を淡々と描く『ジャンヌ・ディエルマン　ブリュッセル1080、コメルス河畔通り23番地』は、息子と暮らす持続的な日常に不協和音が生じ、やがて主婦の売春、殺人という狂気にいたるまでを描く約三時間半の作品である。主婦の行為は何かを出したり、片付けたりの繰り返しだ。毎日同じことを繰り返す作業のなかで、主婦は部屋を出るとき電気を消すか消さないか、カーテンを閉めるか閉めないかなどの小さなルールを自分で決めはじめる。自分だけの決めごとは、平坦な日常を支えるシステムとなって毎日を駆動する唯一の力になっていく。そのシステムに小さな綻びがふと現れたとき、綻びは凶器となり、喜びとなって増幅する。

彼女たちの孤独な日常とは、はじめからそうだったのだ。肉をこねたり、じゃがいもの皮を剝いたりして生活を整える主婦の反復行動は、毎日同じ円を回ることによってソリッドなガラスの膜のようになり、本当は肌のすぐ隣にある狂気の手触りを、薄く遠ざけていた。しかしその回転がわずかでもずれたとき、薄いガラスは簡単に破壊され、部屋という閉鎖空間のなかで、狂気が遠心力のように働いて凶暴に育っていく。そのコンセプトはみごとで、これを二十四歳で撮ったアケルマンの才気を感じずにはいられない。

この映画をアケルマンは母に捧げたと言っている。彼女の母親は、アウシュヴィッツから生還した経験をもつ。彼女は、この映画を「フェミニスト映画である」とも規定している。

「私はこの作品で今まで絶対にこのようなかたちで描かれたことに《（ママ）》ないもの―例えば女性の日常の動作、など―に映画的空間（場所）を与えているからです。こういうものは映像のヒエラルキーからすると一番下に置かれています。キスとかカークラッシュはもっと高いところにありますが、私はそれが偶然だとは思いません。理由は女性のしぐさなどはほとんど重要と考えられていないからです。その点でまず、この作品はフェミニスト映画であると言えます」（斉藤綾子「改訂版　アケルマン試論——女性／映画／身体」）

しんどい母との部屋

私の母も主婦だった。病で床に臥《ふ》せっていることも多かった母。私は兄弟もおらず幼稚園で初めて他者の世界に触れたので、三歳までは本当に毎日、部屋で母と二人きりでいた。それは密室であり、全世界そのものだったが、閉じこめられているようでも、開かれているようでもあった。ある日、家の外で一人で遊んでいたら、近所に関西出身の女性がいて「今日もお母さんはしんどいの？」と聞かれた。私は「しんどい」という関西のニュアンスがよくわからず、でも具合が悪いという意味であることはなんとなくわかって、うんと答えた。だからよく覚えている。今の家に引っ越す前だから、ぎりぎり五歳というところか。

そんな「しんどい」母と部屋にいると、日が陰るのが、妙に微細に感じられた。午後から夕方にかけて、部屋の白い壁が傾いた日差しを浴びて、だんだんと光のあたる場所を変えていく、その漸次《ぜんじ》的な動きを感じていると、部屋が呼吸をしているような、やわらかな変化が、自分の身体にひたひたと入りこんでくる。ふと眠くなってソファに横になり、目が覚めたときには、さっきは部屋の奥まで入ってきていた光が、もう消えている。母もまた寝ていて、先ほどと体勢を変えていない。少しの時間しか経っていないのに、この部屋ごと宇宙空間を漂い、ぽっかりと虚空に取り残されているように感じた。

そうして部屋が完全に薄闇に溶けると、「もう光合成の時間は終わり。問答無用に一日は終わる」と宣告されているようで、大きな原生的な不安にとらわれて、どうすることもできなかった。だから毎日、同じ時間に泣いた。そのころはただわけもわからず泣いていたが、いま思えばそれは、生物が生まれながらにもっている死への恐れだろうか。光の死は、生命の死のようで、私という生命体も植物と同じで、光に向かって放たれ、そうして部屋の薄闇とともにどこか暗い場所へと引き連れられていたのかもしれない。

家や部屋について、こうしたイメージを小さなころからもってきた私には、「温《ぬく》もり」や「安心」をイメージさせる「ホーム」という言葉がいまだにつかめないでいる。ホームが暗に示唆するような、中心に「母」がいる風景は、実は日常に孤独を孕んでいるのではないか。一見、あたたかに見える部屋は、女性たちの叫びと涙を隠している。

そして、部屋がその人の内観を閉じこめるものとしてあり、世界から切り離されて、不安や狂気を隠しているという事態は、主婦だけでなく、子育て中の人、病で動けない人、病人に付き添っている人、同じ部屋になんらかの事情でい続けなければいけない人にとっても同じだ。同じ部屋のなかで延々と続く、同じ行為のなかで、人は日々の微細な変化を全身で感じ、自分だけのシステムによって破綻を回避しようと努めている。

だから、「思想」の発端として「マイ・ホーム」というものを捉えるならば、そこが安全安心を強要してくる場所であるとして、急いで逃げて脱出すべきものとしてとらえるのではなく、「マイ・ホーム」のなかに隠された不安や狂気や叫びや涙の存在をしかとその目に焼きつけることからしか始まらないと思うのだ。

私が呼吸すれば部屋も呼吸するようなやわらかな親密さを、社会の側がもつことはできないだろうか。部屋が内観の延長としてあるならば、世界は、社会は、そうであることはできないのだろうか。なぜ人は、内観の破綻を部屋のなかだけに閉じこめておかなければならないのか。個人の感情を部屋に閉じこめるのではなく、社会のなかで、その切々たる響きを解き放つことはできないだろうか。私は、部屋の窓をあけて風を入れ、あなたの声にならない声を、この空に向かって放ちたい。

——相馬千秋さんのこと——

神話の時間

ある日、フェイスブックの投稿が目にとまった。アートプロデューサー相馬千秋《そうまちあき》さんの言葉だ。相馬さんは、「母」という視点で、子育てとアートについて語るシンポジウムに出席したが、「プライベートな経験をパブリックに開くための抽象化、出産という生命再生産のメカニズムを人間や女性だけに特権化しない議論のたてかたなど、非常に難しいのだと改めて思った」と綴《つづ》っていた。母なる経験を「抽象化」したいという言葉と、「母」という体験のもつ個別的、特権的な覆いをとりたいという相馬さんの想いに非常に共感し、お話を聞くことにした。

会えばいつでもシャープな言葉を、優しい裏声で歌うように語る相馬さんだったが、二〇一七年冬のこの日は前日のゲンロン（批評家の東浩紀《あずまひろき》によって創業された企業）でのパーティーで飲みすぎて、二日酔いだという。だからいつもより、言いよどむ相馬さんがいたのだけど、私はそんな相馬さんもまたチャーミングだと思った。相馬さんは早稲田大学を卒業後、フランスのリヨン第二大学の大学院でアートマネージメントと文化政策を学び、帰国。彼女のことを〈F／T（フェスティバル／トーキョー）〉の初代プログラム・ディレクターとして記憶している人も多いだろう。四歳の男の子の母親でありながら、〈シアターコモンズ〉をはじめ、演劇を主体とした国際的なプログラムを、精力的に私たちに提供し続けてくれる存在だ。まずは母というテーマを抽象化する必要を感じている、ということについて聞いた。

「母親というだけで、なぜいまここまで特権化されるのか、特権化しなければいけない社会に違和感があったんです」

と、相馬さんは話した。二日酔いとはいえど、その思考は変わらずシャープだった。

「もちろん保育園や女性の社会的な位置の問題などが、ようやく浮かび上がり、いま議論しようとしているのかもしれないけれど、冷静に考えれば、出産はすべての動物が当たり前にしている再生産活動なのだから、自分が当事者として経験した実感レベルの話を、単なる個人の経験談ではなくてもう少し抽象化というか普遍化する必要があると思ったし、誰しもがフラットに接続できるような話にしないと、いつまで経っても特殊化され、マージナルなものになってしまう気がしたんですよね」

経験則にしばられた、母親をめぐる言説は、「母＝あたたかい」や、「母＝包容力」といった、ステレオタイプにもしばられがちで、そうした言説から母親を解放したいということは日々感じていた。SNSにも子育てエッセイや、ママコミュニティでの体験談的なノウハウの言葉が溢れている。しかしだからこそと言うべきか、母なる時間が存在論的にそもそもどんな時間なのか、根本的にその存在を捉えようとする言葉は少ない。「抽象化したい」という相馬さんの想いに共感し、響きあうものがあったものの、彼女の言う、妊娠出産の「マージナル性」があるとしたら、それはどのようなものかを追求したい私としては、相馬さんの違和感の詳細を、もっと聞いてみたかった。

「母なる時間が本質的に言葉にならないものだ、というのはわかります。そうなのかもしれません。子どもを産むのは完全に非言語的な経験で、動物と同じようにプログラム化されていることだから、もともと経験を言語化しない方向にプログラムされているのかもしれない。産んだらホルモンバランスが変わって、おっぱいが出るとか、産後うつになっちゃうとか、そういうこととも関係するのかも。私自身も産んで三、四年経って、やっと経験を言語化したいという欲求を感じました」

相馬さんが登壇したのは、「子育てとアート」がテーマのシンポジウムだったにもかかわらず、他の登壇者は体験的な「母」を語るというところに、すぐに「地滑りしていってしまった」という。そこで相馬さんはどんな話をしたのだろうか。

「子どもには神話的な時間が流れている、大人の目的的な時間とは圧倒的に違う、という話をしました。時間は等しく与えられていなくて、子どもの一瞬一瞬は決して歴史的な時間ではない。その瞬間瞬間をそのつど生成しながら生きている感じがあるから」

私は深くうなずいた。たとえば、子どもと夕方一緒に過ごしていると、大人はついごはん何にしようかな、お風呂に入れなきゃ、何時までに寝かしつけなきゃというように、段取りを思い浮かべるが、子どもにとってはそうではない。いま目の前のことに全時空間を投入し、集中する。

「大人の段取りの時間は、その延長線上に、家を買わなきゃというような、長い時間的スパンを持った目的的な、歴史的時間が控えている。大人はそういった線的な時間しか生きられないけれど、子どもと話すと、時間はそうでもないのだと思い知らされる。そこには人間の原型があり、根本的な問いかけがある」

そう話したという。

神話的な時間というのは、第一章であつかった、妊娠出産を通して女性が投げ出されている宇宙のなかの「巨大な時間」とも響き合う。大人はみな、線的な時間に参加して社会活動を成り立たせ、とくに科学や学問は、線的時間を通して事象の同質性と異質性を分類していく。一方、神話のなかでは、たとえば熊と人間とは交換可能で反転でき、入れ子構造となった多元的な時間を生きている。そこでは、ものの区別は遠のき、ゆるい類縁性ですべてがつながっている。時間は反復し、元いた場所に戻り、円環を成して繰り返されていく。まさに子どもはすべてが連続的につながった円環的な時間を生きているという実感があった。

「再演」としての子育て

たとえば娘は壁に頭をぶつけて「痛い」と泣くとき、次の瞬間「ママ?」「パパ?」「ジジ?」と知っている人の名を巡回する。それは「ママは痛いのか?」という意味であり、いま自分に起こった「痛い」感覚が、他の人も感じることなのか問うてくるのだ。私がそのたびに「ママは痛くないよ」と応えないと、質問を永遠にやめない。へたをしたら十五分くらいそれをやることになるので、大人としては無為な時間のように感じてしまうけれども、子どもにとっては喫緊《きっきん》の問題のようで、鬼気迫った顔で聞いてくる。そのとき子どもに起こっているのは、主体性がゆらぐ時間とも言える。まだ自分という壁が閉じておらず、自分の感覚は、まったく同じタイミングで他の人にも訪れるものだと感じているかもしれない。あるいは出来事は自分だけでなく、時空間を超えてその場にいない人にも伝播《でんぱ》するということを本気で信じているのかもしれない。それはまさに神話のなかで繰り広げられる感覚だ。

痛みというのは、これまで哲学では「主観性」を担保するものとして語られてきた。哲学者ウィトゲンシュタインにならって言えば、痛みとは「言語ゲーム」に参加した者が初めて他者に表現できる「ふるまい」であり、本当は他者の「痛み」がどういうものなのかはわかり得ないし、だからこそ痛みとは、自分の痛みは自分しか痛めないということによって「主観性」を語る核となってきた。しかし、子どもにとっては、痛みさえも自分だけが感じるものであるかわからない、ゆらいだものなのだ。

娘を保育園に預けはじめたころ、送り終えて園から遠のくにつれて一歩一歩、沼の中に歩み入っていくような感覚をおぼえ、駅に着くころにはうつ状態になってしまった時期があった。あれは寂しいという感情だけでなく、子どもの神話的で円環的な時間に、私がどっぷりと落っこちていたことが原因だったのかもしれない。神話的な時間にもっていかれすぎて、社会の線的な時間に戻ってこられなくなった。しかし、私のように子どもの時間にもっていかれすぎるお母さんは、娘からしたら安定した「鏡」にはなり得ず、本当は不安だろうとも思う。相馬さんはどんなお母さんなのだろうか。

「一週間くらい海外に行っていると、子どものこと、忘れていることが結構あるんです」

さすがは相馬さん、さばけている。演劇のリサーチや審査員など、海外での仕事も多い彼女は、年に五、六回は海外出張に出る。帰宅すると、どんな風に感じるのだろう。

「本当にふしぎな感じ。もう一つの時間がやってきた、と思う。仕事に集中していると本当に、母であることや、子どもとの時間が並行して走っていることを忘れてしまうんですよね。子育ては他人の時間につきあうことだけど、子どもというのが私にとって、あまりに他者だったので……」

現代の母親として、リアルな感覚だと思う。私の周りの多くのお母さんは、保育園に預ける方が楽だと言う。子どもの神話的な時間につきあうのは骨がおれるし、それは、子どもが子どもとして保持していたら良い時間なのだ、本来は。

相馬さんは続けた。

「それでも、子どもと一緒にいると、そこにアートの根源的な問いがすべてあると実感します。その気づきを、私の関心領域である演劇に引きつけたとき〝再演〟という言葉が浮かんだんです」

自分とはなにか、世界は存在するか、人間とはなにか……アートが問題にしてきたことは子どものなかにすべてあると。そして、相馬さんが子育てのなかで見つけた言葉は、

「再演」だった。印象的な言葉だ。

「子育てをしていると、自分の子ども時代をもう一度演じ直すという感覚がある。自分が子ども時代に見た風景、山なら山、海なら海を、彼も同じ場所から見ている。四十年経って、まったく同じではなくて、ちょっとずつずれていて、自分の身体はこれで終わっていくけれども、なるほど、再生産というのはこうして別の個体に何かが受け継がれて乗りうつって、こうして反復的に繰り返されていくことなのだと」

相馬さんは、岩手県盛岡市の出身だ。なんと宮沢賢治《みやざわけんじ》が高校の先輩だという。山は、海は、かつてとあまり変わらない姿でそこにある。私は、たおやかな北上《きたかみ》盆地に佇む少女の、そしてその後ろに立っている少年の姿を目に浮かべた。相馬さんは続けた。

「演じ直すというのは、さらに親との関係も演じ直すこと。親子という物語を以前は子どもとして演じていたのが、こんどは自分が親の役でもう一度、同じ戯曲を演じ直すという感覚があります」

それは、自分が子どもを通して自分自身の子ども時代を再演すると同時に、親が演じていた親の役をこんどは自分が演じ、ダブルで再演するということで、舞台上に自分の子ども時代に見ていた風景もやってくれば、親が見ていたであろう風景もそこに重なって、複層的な「いま」が流れ始めるということなのだろう。ただ幼少期につらい記憶をもつ人、虐待の経験からサヴァイヴした人にとっては、苦しい「再演」になるかもしれない。「再演」させてはならないと、決意を固める人もまたいるだろう。

娘を眺めていると、赤ん坊の私を覗きこんでいたであろう四十年前の母のまなざしに、自分がなるように感じることがあった。そうしていると今度は、私の目を見上げる子どものまなざしが、かつて赤ん坊だったとき母を見つめた、私自身のそれになっているような気がするのだ。かつての母と、私と、子どもをつなぐ「まなざし」が重なりながら見つめあい、いまここにいるという感覚……。

「そう。視点がずれるから面白い。ある日、二人でそろそろ寝ようと、顔を洗っていたとき、足に抱きついてきた息子が〝ほんとのママ？〟と聞いてきたんです。そもそも私が本物かどうかもわからない。人はみな何かを演じているし、それでも私は私。演じるとは何か、ということを子育てはつきつけてきますね……」

子ども、大人、友人、恋人、妻、夫、あるいは職業的ふるまい……人は何かの役割を演じている。どこに本物があるかを問う無意味を、息子さんは鋭く指摘している。

そして主体の複層性という意味では、女性は身体にぽっかり穴が空いているという感覚を私はもってきた。自分の意思と関係なく血が流れる（生理）、他者が入ってくる（性交）、他者の生命を宿す（妊娠）、他者と自分の境がなくなる（授乳や子育て）……。主体性が安定せず、身体が他者化する場面もある。それをクリステヴァとフランスの哲学者カトリーヌ・クレマンは主体の「多孔性《たこう》」と表現していた。女性の身体は、ときに自己同一性の壁が破れ、私が私であったもの、自分一人で閉じていたはずのものがゆらぎ、流動していくときがある。この主体のゆらぎもまた、新しい演劇空間を生み出すのではないか。そうぶつけてみると相馬さんは、

「穴っていうのは面白いですね。子育てを通して感じる自分は、まさに〝容《い》れ物〟っていう感じで、そこから別のものにつながる感じがある。エネルギーが行ったり来たり、そのときに自分を自分として規定するアイデンティティがゆらぐ感じは、すごくわかります。これまでの教育というのは、こうなったらこうなる、というような進歩的な時間のなかで語られてきたけど、実際には教育はもっと相互に影響しあうもので、ゆらいだり、ゆらされたり、進んだり、戻ったり、影響されたりして、境界がにじむものなのかもしれない。これまでは男性的な価値基準を通して、〝境界ははっきりすべきだ〟と主張されてきたのではないかと思います」

そんな境界のはっきりした世界に違和感をもつ人が増えてきたのが、〝いま〟の空気だとも思える。境界のゆらぐ世界への希求が私にもあるが、こうした、親であることが内包する圧倒的なゆらぎから、境界横断の世界へにじりよることもまたできるのではないだろうか。

相馬さんとの話はやがて都市の話になっていった。話していた場所は、集英社の会議室だったが、その部屋はどこまでもクリーンで固く、なんのひっかかりもない、のっぺ

らぼうな表情をしていた。つるっとした白い壁、傷一つつかないメラミン材の机、よく磨かれた窓……。私がふだんつきあっている、子どもとのぬるぬるした、濡れた空間とは真反対の場所。

相馬さんにそのことをなげかけると、ゼミを受け持っている大学の教室に似ているという。そして、学生に聞くと、そんなあたたかみのない教室や、キャンパスを、どうにかしたいという問題意識をもっているそうだ。みんなどこかで居心地の悪さを感じていて、多くの人が、望んでもいないのに機能や効率を優先する慣習を捨てきれず、のっぺらぼうを生み出し続ける現代世界。ロボットと違って、人間は液体に満たされている、やわらかく温度のある生命なのに。

相馬さんとの話は、母なるものを起点にした思考が、社会批評になり得る可能性を感じさせてくれるものだった。

フェミニズムの功績

クリステヴァは前出の『女の時間』で、神話的な時間を子どもの時間としてだけではなく、「女の時間」と定義している。第一章と重複するが引用してみると、

「一方には自然界のリズムに合致し、あるひとつの時間性を着想させる、月経周期、妊

娠期間など生物学的リズムの永遠反復がある。(略)他方には、裂け目も割れ目もない時間性の圧倒的存在がある。この巨大な時間性は過ぎゆく線的時間とはほとんど何の関係もないから、時間性という名詞そのものがすでにふさわしくなく、想像空間のようになんでも飲みこみ、無限であり、(略)あるいはまた再生の諸神話を思わせる」

つまり、女性がもっている「月経周期、妊娠期間」のような「永遠反復」する時間は、月の満ち欠けなど周期的な自然のリズムとも相似形の時間だ。他方、「宇宙的時間」と形容される、「裂け目も割れ目もない」「巨大な時間性」があり、それは、「想像空間のようになんでも飲みこみ、無限」であると語られ、ブラックホールのような無限空間がイメージされている。

さらに、クリステヴァは、フェミニズムの歴史を振り返りつつ、フェミニズムは「巨大な時間性を復活させ」、また「母」を語ることで、女性の完全性を語るのではなく、複雑性を語り、「男女間に現存する根源的差異」をして「金と戦争以外にはなんの興味もないひとつの文明に不意打ちをかけさせ、この文明の中に象徴的な生を苦しみつつ産み出させたのは、フェミニズムの巨大な功績であった」と結ぶ。

「金と戦争以外にはなんの興味もない」男性たちが長い時間をかけて作り上げた文明は、現代の資本主義を支え、資本主義しか選択肢がなくなった現代の世界では、線的時間のみが拡大再生産を続ける。もし時間が巨大で無限なものとして考えられ、未来予測が不可能なものだったら、投機も投資も経営企画も成立せず、金融社会は存立の基盤を失うであろう。

現代では個人がそのまま巨大な資本の波にさらわれ、抗《あらが》うすべをもちあわせていないように見える。そこから逃亡するすべはあるか？　女性や子どもにまとわりつく、神話的で巨大な時間には、文明のロゴスの時間とはまったく異質の時間性があるのではないだろうか。これからもずっと進歩していけるのだという未来予測のもとに、拡大再生産を続ける現代文明のなかには、神話的な永遠反復や、巨大な時間性は存在する場所がない。主体性さえゆらぐ母子の時間は、社会のなかでどこに位置しているのだろうか。

ふと、一人の知人のことが頭をよぎった。話が聞きたいと伝えたが、二人きりで会うのは、初めてだった。

――岩渕めぐみさんのこと――

世界との平行

ある晴れた日に、東京大学のダイワユビキタス学術研究館にある甘味喫茶「廚《くりや》 菓子くろぎ」で待ち合わせした。友人の岩渕《いわふち》めぐみさんとは、大学のころから知っているとも知らないともいえるふしぎな関係で、ずっとSNSでつながってきた。今回初めて通っていた大学も違うとわかって驚いたのだが、好きなものでつながっている友人とは、存外そんなものなのかもしれない。

私は東大に向かう土曜の早朝の南北線の車内で、シナモンの良い香りのする外国人観光客の方々に囲まれながら、これから会う岩渕さんのことを思い浮かべていた。私は彼女のSNSの言葉が好きだった。子育てを綴っていても、ものの見方の角度が三十度、あるいは二百六十度といった感じで、うねってくる。彼女のインスタグラムには、車窓に田んぼが見えるのでたぶん地方の特急列車であろう、窓外をみつめながら哺乳瓶をもって赤ちゃんにミルクをあげている岩渕さんがいた。そこに「ぼくたちは何だかすべて忘れてしまうね」というコメント。岡崎京子《おかざききょうこ》の著作のタイトルだ。赤ちゃんは恍惚《こうこつ》の表情でミルクを飲んでいるが、岩渕さんの表情はどこか遠くにある……。故郷を走る列車にゆられながら、かつて思い描いた自分の姿と、いまの自分を重ねあわせ、遠くまで歩んできた時間を、妙に冷静に感じたのだろうか……。長らくZINE《ジン》（個人で作る少部数の出版物）を作ってきた彼女が子育てをどう言葉にするのか興味があった。

現れた岩渕さんは、アシンメトリーな黒い服にパツンと切られた前髪。いつもどおりすごくアバンギャルドで、ニューヨークの実験映画に出てくる知識人みたいだな、と思う。くろぎの名物、蕨《わらび》もちとあんころもちを頼んだ。秋の始まりにしては肌寒い日だった。

彼女は新潟出身で十八歳まで故郷で過ごし、大学から東京に出てきた。千葉大学工学部で工業デザインを学び、卒業してからも研究室の自由部員としてふらりと在籍したのち、いまは出版社のデザイナーとして、ブックデザインやタイポグラフィにたずさわっている。

「妊娠のとき、はじめ生理不順かと思っていて妊娠に気づかず、妊娠五ヶ月にさしかかったころ、初めて産婦人科を受診した。その一ヶ月後には、通常は四センチなくてはいけない子宮頸管が六ミリと短く（つまり胎児が下にさがってきている）、その場で車いすに乗せられ、切迫早産で入院することになってしまったんです」

切迫早産の入院は、妊婦に過酷な状態を強いる。立って歩きまわると重力に引っ張られ、胎児が下へ下へと降りてきてしまうので、妊婦は基本的にベッドの上で横になり、トイレ以外は立って歩くこともできない。張り止め（子宮収縮抑制薬）の点滴を注入して、入浴も数日に一回と制限される。出産までそのままとなることも多いので、普通なら赤ちゃんとの新生活の準備をのんびり整えられるはずの時間が根こそぎ奪われ、ベッドの上に縛りつけられる。岩渕さんは病室から手元の iPhone で子どもの肌着やおくるみを買って、出産後の赤ちゃんの準備をしたという。

「ドラクエを四度もクリアして、四度も世界を救った。それが自分にもお腹の子どもにも家族にも、みんなに良い結果をもたらすと思った。動いてはいけないけど、日々を消化して、なるべく長く時間を稼がなくちゃいけないから……」

岩渕さんが編み出した「耐える」ための技術だ。

しかし結果的に子どもは早産となり、妊娠八ヶ月のとき帝王切開で生まれてきた。男の子だった。すぐに入ったNICU（新生児集中治療室）での話を聞いていたとき、岩渕さんが少しだけ大きく息を吸って、こう言った。

「でも、私の出産はほかの人の出産と少し違うところがあると思います」

先ほどと変わらない、とても静かな話し方だったが、少し意を決したように、あごを引いたのが見えた。

「ただ小さく生まれただけだったら、その後に大きく育つ子もいるし、友人の話を聞いても、励まされる。でもうちの子どもには、足と手に低形成による欠損があった。手の中節骨《ちゅうせつこつ》と、足の指に失われているところがある。一生治らない障害をもって生まれたということが、重く自分にのしかかってきていました」

岩渕さんはそこまで告げると突然、

「世界と平行に立っていられるか」

と言った。池澤夏樹《いけざわなつき》の『スティル・ライフ』の冒頭の一節を思い出したのだという。この小説に早い段階で出会い、支えられたという。

「ぜんぶの気持ちが子どもの方に行ってしまいそうになって、それが怖かったんです。

十八歳で親元を離れ、それなりに勉強もしてきて、これまでがんばってきた自分が、一度すべてリセットされてしまいそうになっていた」

親と子が過剰に寄りかかりあうとお互いきつくなる。でも、引いてしまい、自分が離れたら、この子は生きていけない。「世界と平行に立っていられるか」。この子と平行を保たないと、この先進んでいくのが難しくなると思ったという。

池澤夏樹の言葉は、正確にはこうだった。

「この世界がきみのために存在すると思ってはいけない。世界はきみを入れる容器ではない。／世界ときみは、二本の木が並んで立つように、どちらも寄りかかることなく、それぞれまっすぐに立っている」

そしてこう続く。

「大事なのは、山脈や、人や、染色工場や、セミ時雨などからなる外の世界と、きみの中にある広い世界との間に連絡をつけること、一歩の距離をおいて並び立つ二つの世界の呼応と調和をはかることだ。／たとえば、星を見るとかして」

これを、「平行」という、より硬質で、数学的な美しい概念に言い換えたのが、岩渕さんらしいと思った。息子さんが生まれながらにもった運命を全身で受け止めながら岩渕さんは、別々の内面をもち別の世界を生きる子どもに対しての均衡を、切実に求めたのだ。

私は、岩渕さんが抱える状況をまったく知らなかった。知らないでのんきにインタビューをオファーしていた私は、その言葉を聞いて、情けないことに言葉につまり、その先をどう聞いて良いかわからなくなってしまった。インタビューはたどたどしく進んでいった。

ある日のジェットコースター

出産後、子どもより先に退院した岩渕さんは、家に帰ってからも、NICUで眠る子どもに搾乳した母乳を届ける日々を送った。そこでさまざまな子どもと家族に出会った。

「ダウン症や重度の脳性麻痺《まひ》をもつ子も、その親御さんも、みんな明朗に、その場にいました。私が知らなかっただけで、そんな風に過ごしている人が、世界にはたくさんいるんだと。NICUで見た風景や、学んだことが、いまの自分の指針になっています」

岩渕さんは彼らに一人一人、気持ちの上であらたに出会っていった。そしてうちの子は将来歩けないかもしれない、就けない職業があるだろう、お箸は持てないかもしれない、いじめられるかもしれない……恐れで押しつぶされそうになったとき、気づいたら大学の恩師に連絡をしていた。敬愛していた先生は、彫刻家でもあって、特別養子縁組を行って、血のつながらない子を三人育てていた。

「血縁だけではない親子関係が成り立つことを、初めて示してくれた人だったんです」

いま息子に抱いている強い愛情に対して、自分でもどのように接して良いかわからなくなったとき、家族に対しての自由な気持ちのありようをもっている先生の言葉が聞きたかったのだという。

産後、病室に現れた先生は、自作の一輪挿しを持ってきてくれた。岩渕さんはなぜかそのとき、将来息子が楽器を弾けないかもしれない、という不安に苛《さいな》まれていて、それをぶつけたら、先生は言った。

「ピアノやギターは弾けないかもしれないね。でも、大丈夫だよ。彼は、生きるよ」

不安でぐちゃぐちゃになっていた彼女には、終始やわらかくその場にいながら、いつもと変わらない自然な様子で息子に会ってくれた先生の佇まいが嬉しかった。息子も二ヶ月後には無事にＮＩＣＵを退院できた。息子さんとともに家に帰ってから、岩渕さんはどんな日々を過ごしたのだろう。

「出産後、半年くらい経ったとき、窓からジェットコースターが見えたんです。もうあれには乗れないんだ。そう思いました。それをツイッターに書いたら、友人が、おなじように出産後に部屋に閉じこめられるつらさを綴ったＺＩＮＥを送ってくれました」

私もそのＺＩＮＥは読んでいた。ＺＩＮＥの語り手ＤＩＲＴＹは、出産後に家に閉じこめられていた夏の日の自分自身に「あなたは」という言葉で語りかけていた。「ところで、あなたはもう本読むの、やめちゃったの？」その語りかけに、岩渕さんは、そうだ、自分もまた本を読もう、ジェットコースターにだって乗れるんだ、と思ったという。ミルクが進まない子で、無理にでも飲んでほしかったり、また気持ちが息子の方にぜんぶ行ってしまっていた。平行に立っているはずだったのに、自分にはもう自由はないのだと、追いつめられていた。

ある日、夫に赤ん坊を預けて、ジェットコースターに乗りにいった。

「つぎの回で乗るよ、そうメールをして乗りこみました。ジェットコースターのトップからわが家のマンションが見えた。ベランダでは夫が赤ん坊を抱き、あれにお母さんが乗ってるよ、と手を振っているだろう……」

岩渕さんの目にはうっすら涙が浮かんでいて、私のも溢れだした。

「今日ここでジェットコースターの話、できて良かったです」

岩渕さんはそう言った。

その後、地域の保育園が息子を受け入れてくれ、一歳になる前から預け、仕事を再開している。そんな自分を、「息子を捨てたのではないか」「冷たい」と思うこともあるという。保育園にお迎えにいく前に入った喫茶店で、隣で話し始めた店員のお兄さんたちの恋バナがもう少し聞きたいがために、園に電話して延長保育を頼んだりもする。「そのくらいの子育てです」そう言い放った岩渕さんはどこまでもクールだったし、ときどき婉曲《えんきょく》表現もするけれど、本質的な相手への想いと感情の部分ではまったく婉曲的でなく、率直すぎるほどの気持ちを抱えた人なのだと思った。

　真夏の暑い日、保育園からの帰り道で息子さんが道ばたでじっとうずくまって動かないことがあったという。岩渕さんは、自分のお腹につーっと汗がたれてくるまで、ずっとその姿を見守っていた。お腹を汗がつたうまで子どもの時間につきあい、突っ立っている。そういう時間がとれること、それは「そのくらいの子育て」ではない。突き放している人のできることではない。大人の都合で急がせるならば汗はたれてこない。彼女は、他人にはそうした面を見せないけれど、本当はいつも息子さんと同化し、彼がこれから感じるかもしれない苦しみや不安を先にすべて自分のこととして感じ尽くして、そうして爆発しそうなエネルギーで感情を使っているからこそ、クモの糸をつかむように「世界と平行に立っていられるか」という言葉をつかまえたのだ。そう思った。

　岩渕さんとは後日談がある。インタビューの数日後、彼女が出産後に出したZINE『泣きたい日のがんばりかた』を送ってくれたのだ。このZINEは言葉少なで、彼女の苦しさが漂う。「またひとつ自分にできないことが増えた気がして涙がでる」。一変してしまった自分の生活をぼうっと眺めている岩渕さんが見えてくる。

　しかし、封筒にはもう一つのZINEが入っていた。その一年数ヶ月後に作ったという、編み物がテーマのZINE。そこでの彼女には、飛翔《ひしょう》していくような軽やかさがあって、自分自身に「バチン」とジャストミートした快活さがあった。

幼いころから編み棒を持ち、母親に教えられながら編み物に親しんできた彼女はいま、外国の編み図をダウンロードしたり、世界規模の編み物サークルという広大なコミュニティをちゃんと横目に見ながら、通勤と保育園送迎のすきまの時間に駅のベンチで、ランチ時の公園で、編み物をしているという。丸ノ内線四ツ谷駅ホームの、あの抜けの良いホームのベンチで編み棒を握っている岩渕さんの姿が目に浮かんでくる。「そうやって外で編んでいると、たまに、というか割と頻繁に、話しかけられる。おばあさんくらいの年代の方に、がんばってね、とか応援されたり……」。自分の好きに時間を使える自由を失う出産を経て、岩渕さんはいま、すきまの十分、二十分という短い時間の自由を謳歌するバランスを取り戻している。

「そういう風に、私が生きている姿を見せることしかないんだって思うんです」

そう岩渕さんは結んだ。

彼女はきっとこれまでも、たった一人の孤独のなかで、自分を育ててきた人なのだ。そうやって作ってきた「世界との平行」を、いま息子さんとのあいだにも、丁寧に作り上げようとしている。それは彼に、この世界に堂々と繰り出し、生きていくすべというものを教えることにほかならない。

かつて岩渕さんが部屋にいた姿が、なんども目の前にあらわれてくる。それは私のなかで、白いレースのカーテンがゆれる窓辺になっていて、そこから遊園地の観覧車が見え、ジェットコースターからの歓声が聞こえてくる。岩渕さんは息子を腕に抱きながら、呆然《ぼうぜん》と窓の外を眺める。いま身体のなかにあるのは、息子への爆発しそうないとおしさと、溢れだす親密な感情だ。しかしそのことと、部屋の白い壁の、その白さをずっと見つめ続けなければいけないことは、別のこと。彼女は、その苦しさから、光を求めるようにして、いまのバランスを取り戻していった。

子どもをもってから強く思うことがある。どんな小さな感覚でも嘘をつきたくないという感情だ。ごまかしたり、違和感があることはしたくないし、もうできない。そういう感覚……。

けがれなくつらくとも自分の道《ヴオワ》を探して
私の道《ヴオワ》？　それとも声《ヴオワ》？
（ジャン＝リュック・ゴダール監督『こんにちは、マリア』）

それぞれの物語を、それぞれの嘘のない思いを、もっと聞かせてほしい。

第三章　少女たちの変身

苦い経験

第二章でインタビューした岩渕めぐみさんが、原稿を読んでくださった返信のメールで、こんなことを書いていた。

「出産してからそれまで好きだった男性作家たちの少年ロマンみたいなものに、どんどん嫌気がさしてきていて……」

少年ロマンとは何かと考えて、それは父権的社会への抵抗と挫折、そして憧れだろうとぼんやりと考えた。では、少女は何に対して葛藤し、何をロマンとしてもつのだろうか。鈍い光がどこまでもあたりを白くぼやかし、街ごと溶けてしまいそうだった冬の日、空を見上げると、雲には一点だけ穴が空き、そこからきらめく日の光がまっすぐ地上に降りていた。もうすぐ春になる予兆を感じながら、私は少女性について思考を巡らせていた。

まず、はじめに思ったことは、少女には性への恐れがあるということだ。あるいはそれは、自分が性の対象になるという厳然とした事実を知ったときの衝撃によるのではないか。

私には思い出したくもない、苦い経験がある。自宅から電車に乗って小学校に通っていた私は、午前七時台の中央線の下り列車で、生まれてはじめての痴漢にあった。制服は膝くらいの長さのスカートだった。ランドセルを背負っているので、後ろの人と密着することはない。西国分寺《にしこくぶんじ》駅に入ると、電車は少し暗い高架をくぐるのだが、そのときスカートのなかに、何か傘の柄《え》のようなものがひっかかっている感じがした。すぐに手でスカートを振りはらった。一瞬は止むが、また何かがスカートのなかに入ってくる。何度かそのやりとりがあった。とうとう私は後ろをふりかえった。いまでもはっきりとその顔を思い浮かべられる。忘れることができない。若い、背広を着たサラリーマン風の男だった。男の腕が私のスカートのなかにまっすぐ伸びていた。電車は国立《くにたち》駅に着き、私は弾丸が飛び出すような勢いでホームに転がり出て、階段を駆け降りた。

改札を出ると、さいわい一番の親友がこちらを向いて立っていた。少し背の高い彼女の首に、幼児がお母さんの首に抱きつくような勢いでつかまった。「ゆうちゃん、どうしたの?」いまでは精神科医になって、あのときと同じように私を心配してそう言ってくれる彼女だが、いまと変わらない低い声で、そう呼びかけてくれたとき、私は初めて現実の世界に戻れたように感じたのだった。そのくらいショックだった。

たぶん小学校四年生か、五年生だったと思う。制服から、私が降りる駅を知っていて、直前の区間を狙っていたのだろう。私はその後、爆発しそうなほど混乱したのをおぼえている。そのときはもちろん言葉にならなかった。しかしいま思えば、そのショックは自分が性の対象になる、汚らわしい湿った視線の対象になる、という厳然とした事実を前にした衝撃だった。

その男が怖い、忌まわしいというだけでなく、自分の何がそれを誘うのか？　自分のなかに何があるのか？　あの男の人は私の何を狙っていたのか？　まだ自分では意識していない「性」というものが私のなかにあるという事実。そのことにうちのめされていたのだと思う。

そのころからだろうか、自分に向けられた視線を、洗い流したいと思うようになった。あの視線から自由な場所に行きたいとも感じるようになった。朝、母が寝ている布団にもぐりこむと、あたたかくやわらかで、安全だと感じた。もう自分の部屋をあてがわれていたが、痴漢にあってしばらく一緒に寝た記憶がある。朝まだうす暗い部屋で、天井のライトの形を、母の布団のなかから見上げ、今日も学校に行くのだとぼんやり感じていたことを思い出す。

そんな風に母を求めうずくまっているときに胸のなかにあったのは、母がどこか私の知らないところへ行ってしまうのではないかという不安感だった。それは母が病のバランスを崩してしまうかもしれないということと、もう一つ、私の知らない場所に向かって後ろ姿を見せて去ってしまうというイメージだった。私の知らない場所、それは端的に言えば、父だったろうと思う。母の女性としての部分、不可知の領域を恐れ、彼女を慕う自分をむなしく感じてしまうこと。そこでにじみ出るのは、叶《かな》わないという想いだ。叶わない母への想い。最後には、いつも父のもとに行ってしまう、十全には得られない母の愛。

そのころのお風呂の記憶も、やけに鮮明に私のなかにある。とくに祖母と一緒にお風呂に入るときに見た、彼女の白い背中。水泳選手であり医師だった祖母は、活動的で美しい人だったが、その背中には若いころ陽《ひ》にさらしたのだろう、茶色やグレーや少しピンクがかった染みが無数にあった。あの染みがお風呂の緑がかった水色のなかでゆれ動いているのを見ると、歳月を経ることがもっているたしかな安心感があった。私が何を考えていようが、否応《いやおう》なく「私」を一つの物体として対象化する湿った視線に困惑して、自分が「女性」になっていくことを恐れたが、祖母の裸の背中の色とりどりの染みには、それを寄せつけない強さとたしかさがあったのだ。

女性の内部の感覚

もう少し「少女性」とは何かということを考えてみたい。アメリカで活躍してきた映像作家に出光真子《いでみつまこ》という人がいる。代表作『Woman's House』は、ジュディ・シカゴとミリアム・シャピロという二人のアーティストがカリフォルニア・アート・インスティテュートで行った伝説的なフェミニズム運動を記録した作品で、カリフォルニアに借りた一つ家に、女子学生がつくった作品――たとえばリネン・クローゼットのなかの畳んだ寝具とともに詰めこまれた、切断されたマネキン、純白の花嫁衣装と対比するようにバスルームのゴミ箱に大量に捨てられた、真っ赤に染まったタンポン、裸電球の下に白々しく照らされ葬列のように一列に並ぶディナー皿――が次々と映し出される。どれもこれも、イメージのなかの女性と、その背後にある真実の姿を暴き、生々しい叫びに溢れている。

この映画で初めて十六ミリのカメラを手にしたという出光は、フェミニズム誕生直後の、直接的な生々しさを、みずからの出自（出光興産の創業家に生まれたこと）による、家父長制に対する静かなる闘志でもって描いている。

出光には、『Something Within Me』という作品がある。これは、女性の内部感覚を映像化したとも言えるもので、画面にはかたつむりがうごめき、カーテンに映る草木の影が風にゆさぶられる。一見非常に抽象的な映像なのだが、かたつむりや接写される花弁が何を表しているかというと、それは直接的には、女性器の感触だろう。女性自身は、自分の内部感覚をどう感じているか。映像は淡々と、静かに、ぬめるようにねじれ、うねり、動き続ける物体を静観する。婉曲表現でありながらも、暗喩のはたらきを最大限使い、九分半の異次元への旅に同行させる。これもまた、一つの「世界がうごめいている」女性の感覚の体現ではなかろうか。少女とは性を知る前の存在かもしれないが、だからこそ少女は恐れとともに、その感覚を鋭敏に働かせている。

誰かと少女時代の感覚について、話をしたい。そう思っていたとき、『She is』という新しいウェブ媒体（https://sheishere.jp/）のことが、思い出された。有名無名を問わず、女性ばかりの書き手が、目を凝らさなければ見えてこないような、幽《かす》かではかない感覚を、個人的な女性同士の親密なおしゃべりのように書き綴っている。企画したのは二人の女性だという。その一人、野村由芽《のむらゆめ》さんは、『She is』のローンチ過程について、

「飼いならされていない、その人をその人たらしめている個人的な思いを肯定したい、と考えるようになりました。（略）彼女たちの記録や、記憶や、情緒というのは、上辺の言葉遊びによろめかない、彼女たちが彼女たちであるために独りで存在している深い海のような場所から生まれた強さがあります」

と表現していて、心にのこった。少女時代の言葉にならない複雑な感情について話してみたかった。直接メールをしたら、野村さんは「私を見つけてくださってありがとうございます」とすてきなお返事をしてくれ、会うことになった。

——野村由芽さんのこと——
おまじないを抱きしめる

二〇一八年二月、彼女の職場に近い、渋谷の「FabCafe Tokyo」で待ち合わせをした。窓ぎわの席で待っていると、首都高3号線の高架の下を、寒そうにコートの前をあわせて歩いてくる、薄いデニム生地のブラウスに白いパンツ姿の野村さんがいた。自分にフィットする服を、長い時間をかけて知悉《ちしつ》したのだろう、そのスタイルは彼女の放つ光線にぴたりと照準があっていると思った。やけに隣の席が近いテーブルに向かい合わせに座り、まずは『She is』というウェブ媒体をつくったきっかけを聞くと、野村さんはこう言葉にした。

「人々の想いや気持ちのはじまり、肌で感じている感性や情緒、なにかに影響されること、左右される気持ち、やわらかいもの……多くの人が外に出したいと望んでいながら、出す場があまりないなと思ったんです」

人は一分一秒、あらゆることに影響を受け、ゆらめくような、消えゆく感覚をたずさえて生きている。それは流れゆく街路だったり、イヤホンから聞こえてくるメロディーの一瞬の高揚だったり、そこで自分のなかに起こった想念のきらめきだったりいろいろだが、大概は消えてなくなってしまう。そういうことを書きとめる場。それを、野村さん自身が望んだということだろう。

「わかりやすく、最大公約数的な言葉ではなく、その言葉を読んで〝あ、私もそう想っていたかもしれない〟と気づくようなこと。ふたをしてきた、けれど個人的に大事にしてきた言葉が、いろいろな人のなかにある。そんな言葉のための場所を、世の中に発表する場をつくりたいんです」

これまで言葉にされてこなかったような女性の感覚を、言葉にする場にたちあい、手元に抱えたかごのなかにゆっくり集めていきたい。私も似たような気持ちを抱えて、この連載をはじめていた。いま同時多発的に、女性や、マイノリティが抱える消えゆく感覚に言葉を与えようとする動きがある。野村さんも、そんな世の中の流れを自然に感じとっていたことを知った。

野村さんはどんな少女時代を送ったのだろう。彼女は静かに、それでも内なる激情を水際でいつも湛《たた》えているような話し方で、言葉にしていった。

「性を知る前の方が、感覚が冴《さ》えていたんです。確実にそうでした。夢、幻、かなしばりとか、〝見えてる〟という感覚も含めて。少女のときは、なにかいつもおまじないの感覚がありました。祈っていたんです」

「性を知る前」というのが大きなポイントだが、それはのちにゆっくり聞こうと思い、まずは具体的にそれがどんな「おまじない」だったのか尋ねた。

「曇ったガラスに指で、いいことがありますように、っていつも書いてたんです。本当に叶うんじゃないかと想ってました。高校のときは携帯のストラップを撫《な》でるとか、願いのルーティーンがあって、それでなにかを保っているようなところがあったんです」

ふしぎな感覚の話と思われるかもしれないが、小さな、ささやかなおまじないが人を救うこともある。おまじないをして、祈りを込めるように生きること。それは、敏感な自分を侵してくるものから自分を守り、つなぎとめるような行為のことかもしれない。

帰り道に、この家の前では息を止める、この神社の前を通ったら水を見て、そのあと息を吸うなど、毎日の帰り道に細かい決まりがあった小学生のころの自分のおまじないを思い出した。それはルールというより、自分のための一つの儀式のようなもので、少女時代のあの特異な感覚に連れ戻される。

「明晰夢《めいせきむ》のようなものもよく見たんです。今日は空を飛ぼうと想えば、その日は空を飛べた。夢は一つのヴィジョンとして、大切なものとしてあって。毎日ノートにつけていました。つまらない一つの現実をこえるもの。非日常というものを、この現実に描いておきたかった。現実と、非日常的なヴィジョン、二つのあいだを往復運動して、それでやっと生きていけました」

夢やおまじない、魔法的なものは、この現実に閉じこめられることからの逃げ場、希望の場所なのかもしれない。ここではないどこかへの希求、それが野村さんを支えているとも思えた。

野村さんは栃木県出身で、ピアノの先生であるお母さんの影響を受け、ピアノの猛特訓をする少女時代を過ごし、県内で二位タイになったりと、とにかく優秀な少女だった。県内の女子高に行ったのち、早稲田大学に受かって初めて東京に出てきた。

野村さんにとっての「ここではない世界」とは、どんな瞬間に訪れるものなのだろうか。

「たとえば、ゆりかもめに乗っていたとき、おじいさんがふと胸で十字を切って降りていったとか、雨の日に私に傘を置いて走り去った人がいたこととか」

ここではない世界のたとえが、すべて人間への視線であるのが、彼女の感覚だと思った。「いいこと」だと信じられる瞬間を、おまもりのように集めていくこと。それは、感覚が開いていなければ為《な》すことはできない。

穴はやがて開通する

彼女がゆりかもめで見たおじいさんとの一瞬の出会いは、カーソン・マッカラーズ『結婚式のメンバー』の少女のことを想起させた。少女F・ジャスミンは、世界のどこにもつながっていない孤独な自分は、兄の結婚式の「メンバー」になることによって、兄と花嫁と私という三人の「わたしたち」になるのだと想像し、浮き足立った心で街を歩く。そして見ず知らずの男と視線を交わすことで妙な体験をする。

「F・ジャスミンは彼を見て、彼もまた彼女を見た。見かけはただそれだけの出来事だった。でも視線をちらりと交わすことによって、F・ジャスミンは、彼の目と自分の目とのあいだに、新しい、名状しがたい繋《コネクション》がりが生まれたことを感じた。まるで二人がそこでお互いをよく知り合えたような」

ふだんはつながりあわない他人同士が、目くばせするだけで、何か今この瞬間を二人だけで共有し、深く理解しあっているというコネクションが生まれる。その感覚は私自身も身におぼえがあった。まるで、前世で知り合っていたというような、二人だけにしかわからないコネクションをひりひりと感じること。

しかし重要なことは、野村さんのその感覚が、十代の終わり、男の人を知るようになってから、確実に弱くなってしまったということだ。

「開通して、薄くなった。薄まってしまった。失われたとは想わなかったけれど、つまらない人間になってしまったと思った」

穴が空いたことで、閉じた中で温めていた自分だけの感覚が流れ出してしまう。ヴェールに包まれた繭のなかで、ぬくぬくと育ててきたヴィジョンや非日常の感覚が、開通することによって出ていってしまう。性の対象が男の人ではなく、女の人だったなら、それは開通せず、流れ出していかないのだろうか。そんなことも想像する。野村さんは流れ出ていってしまった悲しさを全面的に否定もせず、それでも薄くなる前の自分を、名残《なごり》おしんでいた。

私の中心のうつろな穴

たとえば身体のなかにいつもゆらゆらする水がたまっていて、溢れだすのを待っているというような感覚が、私には十代のはじめのころからあった。お風呂に入ると、身体のなかの水は飽和状態をむかえ、水の物質性に身体が共振するかのように、簡単に涙が溢れだす。そういうときは、お風呂の洗い場でうずくまる。なぜこんなにも涙が溢れるのだろう。何か具体的な理由があるわけではない。大人になりきって、社会での場所を見出すようになってからなくなったと感じていたのだが、妊娠を機に一気に感覚が戻り、水への反応はより強くなった。もしかしたら、自分の身体が社会化したことで、いっとき止んでいただけだったのかもしれない。それはいわゆるPMS（月経前緊張症）のときに起こりやすいということを含めて、自分でも辟易《へきえき》してしまうような過敏さに、おぼろげながら性差を感じてきたことはたしかだ。

私の身体には今月も変わらず月経が来る。その前一週間くらいはPMSにより、心身がなにか波のようなものに乗っとられているような心地になる。ふだんは平気なことでもことさら神経に響き過敏な状態になる。周期的におそってくる身体の声を聴いていなければならない時間。

月経とは、新しい生命を宿すベッドが、使用されず未遂に終わったので、毎月廃棄される、という「現象」である。その抜きさしならない現象を抱える私には、深い裂け目が開いており、そこからすーすーと大事なものまで流れていってしまうような気持ちがした。身体のリズムに受動的にひれ伏さなければならない時期が、月に一度という頻回に起こるのが女性の身体であるという、落胆をもよおすような事実。それは、身体を社会活動を行うものとして考えれば、端的に弱みで、そうした「弱い身体」から眺めると、世界の像は一度崩れ、靄《もや》がかかって見える。そのとき、私は痛みから世界を見ている自分に気づく。抗いがたい失調を受け入れざるを得ない時間のつみ重なりの果てに、痛みに過敏である女性の感受性というものが立ち上がってくるのかもしれない。

月に一回、血が流れる穴は、子どもが宿ると、こんどは産道となるふしぎな穴でもある。そういう穴が自分の中心にうつろに空いていることが、自分に他者への感覚をもたらす通行路になるのだろうかと思える。身体の中心に、ぽっかりと空いた場所があり、何かを待っている。それは、つねに他者への可能態として身体が開かれていることへの震えのようなものかもしれない。

妊娠して私は、自分の身体が潜在的にもっていた、「他者への開かれ」という特質に、納得することになる。母になるということは、他者への開かれを具現化する事態であり、月経を伴っていたときは潜在的であった自分の身体の他者化が現実となり、より先鋭化する事態なのだと。

先述したとおり、クリステヴァとクレマンはそれを女性の身体がもつ「多孔性」と表現した。女性はそもそも身体に穴が空いていることで、他者との通行性をもっているけれども、いざそれが本当に開通されると、そのなかで保っていたものがせきをきって流れ、失われていくのではないか。私自身、野村さんと同様、大学に入り男の人とつきあうようになってから、異世界との交流の感覚は薄れていった。

そこから自分の大切なものが流れださないように、少女は未来の可能性をひそかに恐れるものなのかもしれない。自分が汚れてしまうと感じ、現実に待ち受けているものとは別の「可能性」に向けて、おまじないで自分を守る。

吉原幸子《よしはらさちこ》にこんな詩がある。

桃

ぼんぼりのかげに
少女たちのうぶ毛が光り
深くうるおってきた瞳が光り
少女たちは眠って　めざめて
——旅がひとつ終わる

近づいてくる変身の予感に
かすかにおののきながら
ふるい雛たちに　なつかしく
謎めいた微笑みを投げ
さよならを言う　と

とびたつとき

うすべにいろの花びらが匂う
少女たちは眠って　めざめて
——旅がひとつはじまる

少女が感じている「変身の予感」は、彼女たちを不安にもし、また輝かせるものでもある。

少女は自分自身を恐れる

何かすべてを聞いた気がせず、もう一度会う必要を感じて二度目に会ったとき、野村さんの印象はまったく違った。最初に会ったときの印象が感情の人だとしたら、この日の野村さんは、つねに理性を駆動させて言葉を選んだ。

この日初めて、彼女が『She is』の運営会社であるＣＩＮＲＡ《シンラ》で編集者として働く前に、広告制作会社で販促のウェブ展開の仕事をしていたことを知った。自分の企画や感覚を上司になかなか受け入れてもらえない日々のなかで、汐留《しおどめ》のビルから遠くの東京湾をよく眺めていたという。ある日、じんましんが出て「身体が壊れ」、突然会社に行けなくなった。

んです」

「上司たちとの感覚の違いは、もちろん私の経験不足によるいたらなさもあったと思うんです」

つねに「こういう見方もあると思います」と自分の言葉に注釈を入れるこの日の野村さんは、たぶん学校でも優等生だったのだろう、感情と理性との両極にゆれ、自分への批評装置がいつも働いてしまうといった感じだが、この両極は、野村さんをつくっている根幹であるとも思った。

「感受性こそ、信じられる。流されていく感覚や感受性から、知性を紡ぎだせると思っているんです。魔法のような」

変化し、消えてなくなる頼りない感情から、知性をつくる。それは世界の微細なずれを感得する敏感さを鍛えることであり、きっとその知性は、社会が本当にずれていってしまうことを防ぐ、砦《とりで》になるのかもしれないと。

「男の人を知って、開通して、流れ出てしまったときに寂しくもあったけれど、一方で、むせかえるように濃密だったそれまでの日々は、苦しくもあったことに気づいたんです」

そう野村さんは結んだ。少女が自らの身体の可能性を恐れる存在だとしたら、その恐れは逃げ場のない感覚の檻《おり》に閉じこめられているようなものではないか。だからこそ実際に性を知り、自分自身の閉じた感覚を捨て、身体を社会化させることの軽やかさもまた必要になる。少女たちは変わらずその内に感情をひたひたと湛えながら、自分とは少し異なる論理で動くこの世界を受け入れ、このいびつな社会を愛してもいる。そして、この世界をより居心地のよいものにしようと、はかない感覚を言葉にし、それを共有できる場を作るのだ。野村さんと別れた後、私は近づいてくる春の日差しを身体いっぱいに浴び、うきうきとする気持ちで街に繰りだした。

野村さんの話を聞いて、一つ思い出したことがある。東南アジアでは、巫女《みこ》として働く少女は、初潮が来ると、巫女ではなくなってしまう。ネパールにはクマリという少女神がいるが、引退した彼女たちのその後の社会復帰は難しく、社会問題にまでなっている。

いまはもう失われた、少女時代にだけあった感覚を思い浮かべてみる。私はたまに、窓の外に自分が移動して、部屋のなかにいる自分の姿を眺めているような感覚になることがあった。小学校五年生のとき、国語の授業で短歌を作るという宿題が出て、私は「もう一人の私が窓の外から私を見ている」という内容の短歌を作った。それを発表したとき、クラスのみんなから「こわい」と言われたので、恥ずかしい想い出として自分のなかに保存されている。雪や木々をゆらす風の速度と、心を合わせるようにしていると、ふと部屋のなかにいる自分を見るときがあるのだ。外側から自分を見ると、私は一つの「現象」なのだと思え、そして世界も一つの「現象」に過ぎず、世界と私はエネルギーがそこで燃焼しているに過ぎない、と妙に他人行儀に感じられた。しかし、この感覚も十代を過ぎるとどこかへ消えてしまった。

妊娠してから拡張した感覚は、この少女時代のものと似ていた。実際に自分が見えるところまでは戻らなかったが、お腹のなかに他者を抱えるという感覚は、自意識を乖離させ、自分が自分の外側に置かれているような、もう一人の自分と、自分の外側で出会い直すような現象だった。いま、そのときの感覚を思い出そうと、妊娠中の日記を手にとっているが、そこには、「ビロードのような気持ち」「待つという時間の神々しさ」など、言葉が浮かんでは消えていて、妊娠中、私はなにか渦のなかにいたのだろう。

少女時代のことを考えていたら、忘れていたことの連想がひたすら続いていく。この定型的でない、形にならないふわふわとした感情を、春になりかけるあいまいな季節に、もう少し感じていたいと思った。『(unintended.) LIARS』はきくちゆみこさんが作るZINEで、吉祥寺《きちじようじ》の古書店「百年」で手にとったことがあった。断片的で、よせてはかえす波のようなそのときの思考や感情を、彼女はカラフルな言葉のコラージュにしていた。母になったきくちさんはそのなかで、生まれたばかりの娘〝オンちゃん〟と外でねっころがっていたときに、急に「オンおばあちゃん」の姿を目に浮かべ、「わたしのいない世界」と、ぽろり涙を流すイラストを描いていた。とても心に残り、お話を聞いてみたいと思った。

──きくちゆみこさんのこと──

けだるい春の日

春になりかけた二〇一八年二月のその日、太陽の光はもう冬に飽き飽きしたとでも言うように、強く輝いていたけれど、ときおり吹く風はまだ肌寒かった。固く閉じていた木々のつぼみは、内側からのエネルギーに突きあげられ、わずかに赤みを帯びていた。

いつもはインタビューに向かうとき、いくつかの質問事項を、ノートに書いて頭を整理していくのだけれど、なぜかきくちさんに会うには、そんな整理は不要な気がした。きくちさんのZINEが、それをもとめていると感じたからだった。彼女の文章は、自らのなかに浮かんでは消えていく、泡のような想念や感情をそのままに書きとめ、流れるがまま。人はそれをとりとめがないと言うかもしれないが、自分のことも他人のことも決めつけない、ふわふわとした通気性と寛容性があった。彼女はこのとき十ヶ月の娘さんの子育て中で、自宅でインタビューをする予定だった。

私は、目黒駅を降り、あいまいな春の光に向かって歩き出した。そこで、一つの場面が強烈に思い出された。いまお母さんが死ぬなら、私も死にたい。私の前作、映画『あえかなる部屋　内藤礼《ないとうれい》と、光たち』で、そう語った田中恭子《たなかきょうこ》さんの横顔だ。七十代半ばの年齢だった田中さんは、戦後の横浜で母の死を恐れたという少女のときの感覚を、まるで昨日のことのように語った。彼女の美しい横顔がなぜだか脳裏に現れ、私はただそのイメージだけをたずさえて、きくちさんのマンションのエレベーターを上がっていった。

ドアを開けて出てきたきくちさんは、古着のカラフルなノースリーブのワンピースを黒いタートルネックのセーターに可憐《かれん》に合わせて、足もとはあたたかそうなニットの靴下に幾重にも包まれていた。はにかんだような笑顔は、きっと幼いころからこんな風にして笑っていたのだろうと想像させるあたたかさがあった。窓を大きくとった、目黒が高台にあることをわからしめる、空にむかって放たれているような部屋だった。なにやら可愛《かわい》らしい小さな紙や綺麗な色の布、写真やすぐに手に取りたくなる興味深い本の背表紙が午後の光に照らされていた。オリエンタルなカーペットの上に、十ヶ月の娘さんのオンちゃんがちょこんと座っている。窓辺にはダイアナ妃とチャールズ皇太子の結婚記念皿など、アンニュイで愉快なものが、独特の美意識に貫かれて置かれている。まるできくちさん自身のような、親密な空間だった。

外は怖い場所

ああ、頭をからっぽにしてきて良かった。私はなぜだかすぐにそう思った。この空間から浮かぶことを言葉にすればいい。

赤ちゃんがそばにいるので、インタビューは椅子に座ったり、床に座ったり、それぞれが思い思いの体勢をとりながら、おもむろに始まった。

「中村さんの連載を読んで、ふしぎと自分の子ども時代のことを思い出していたんです。一番に思い出されたのは、葉山《はやま》のおばあちゃんの家に、家族で車を飛ばして向かった、高速道路なんです。母が運転していて、私はバックシートに一人で座っているんだけど、なぜかそのとき両親はスパイなんじゃないかと疑っていて……」

きくちさんらしい始まりだった。頭のなかにプカプカ浮いている、いろいろなイメージに言葉が引っぱられていく感覚。

「間違えて自分の父と母ではない人が乗っているんじゃないか、自分は本当に一人なんだって、思ったんです。祖母のうちの電話番号を言ってみて？　と聞いて、両親が答えてくれると、初めて、ああ本物だと安心した。たぶん幼いころ、〝内〟と〝外〟を自分はすごく分けて感じていて。家のなかで親しくしていても、たとえば銀座などで両親を見かけると、知らない人に見えるというか、本当に親しい人のこともまったく知らないという感覚でした」

そのころきくちさんには、「外」はとても怖いところという感覚があった。小学校二年生のときに、学校に行けなくなってしまったという。不登校になるには、とても早い年齢だ。

「休み時間にどうやって過ごせばいいのかわからなかったんです。授業だけなら、先生が話しているのを聞いて受け身でいればよかったけど、次の五分の休みは〇〇ちゃんと遊ぼう、次の五分の休みはトイレに行こう、ってつねに考えていないと不安で……」

生きにくさ、と一言で言っても、その言葉の裏に人は言葉にしがたいさまざまな感覚を眠らせているが、まだ十歳にも満たない少女が、人々のなかでの「自分」の位置について悩み、自意識に苦しんでいる。きくちさんは、学校で毎日同じことをしなければならないことが、とてもつらかったという。きくちさんは、今はふんわりとここにいるけれども、ずっと苦しかったのだろうな、とその言葉を聞いて想像した。

きくちさんのＺＩＮＥ『(unintended.) LIARS』には、ふしぎな特徴ある文字で、すきまなくメモ書きされているページがあるのだが、それはきくちさんの頭のなかの地図を覗きこむようだった。この日もきくちさんは、自分のノートを見せてくれたのだが、それはデスクトップに出しっぱなしにしているファイルが、自分でも整理しきれなくなって画面から溢れだすようで、数限りない断片がひたすら横に縦に広がっている。このノートを見ていると、きくちさんの「毎日同じことはできない」という感覚が、なんとなく理解できるような気がしてくる。

きくちさんは、三浦半島の三崎《みさき》で育ち、神奈川の高校まで行ったあと、東京の大学で英米文学を学び、その後アメリカに留学。そこで就労ビザを取得するため、翻訳会社のロサンゼルス支社で正社員として一年働いたというが、電話一つ取るのにも手が震え、どうしていいかわからなくなってしまったという。声が失われるような経験だった。今も、ときおり翻訳の仕事はするが、自分を「翻訳家」と名乗ることにも躊躇《ちゅうちょ》があるという。「肩書きのない私、名乗りようのない私」そう言って、きくちさんは笑った。肩書きという枠を取っぱらい、名乗りようのない、どこにも属さない私を、私自身がそっと抱きとめる。そうやって自分を引き受けるきくちさんの繊細さに、こちらにまでさざなみが立ってくるようだった。

「大学を卒業してアメリカに留学していたとき、いろいろなことで悩み、カウンセリングを受けたことがあったんです。そのとき、〝分離不安〟という言葉を学んだんだけど、私にも子どものころたぶんそれがありました。外に出るとき怖くて、お母さんが死なないようにって、毎日トイレでおまじないをしていました」

野村さんのおまじないとも思いがけず符合した、外界の流入から、自分を守るものとしてのおまじない。

そしてふしぎと、きくちさんの家に向かうとき思い出した田中さんの横顔ともつながった。「いまお母さんが死ぬなら、私も死にたい」。子どもにとって、母の死は、自分の死以上に怖い。というよりもむしろ、子どもにはまだ自分の死への恐怖はないのだろう。

「自分」がなくなる恐怖は、自意識が形成され、自分を愛するようになってからのものと思うが、いつもそばにいるお母さんがいなくなってしまうという予感は、子どもが原生的に抱えている恐怖だ。それが強くなると、分離不安という行動抑制が出てくる。

娘にとって母の死とは何だろうか？　ということをよく考える。自分の理想を押しつけたり、娘に過度に期待したり、母が自利のみを優先させたり、長じて「毒親」などと呼ばれてしまう母子関係もあるだろう。母娘というと、つとに敵対や対立の関係で見られがちだ。しかしこれも一つのレッテルで、娘と母にはもっと地続きの、理解にもとづく愛着のようなものがあり得る。少なくとも私はそうだった。きくちさんにとってもそうだったのだろう。娘は、自分と同じ身体をもつ母の身体にぴったりとくっつき、おっぱいを吸い、抱っこを求め、やがて母の身体から離れ、社会化していく。

母との分離不安は、私にもとても強くあった。熱を出してうなされるときの夢は、いつでも母が大きなトラックにひかれてしまうというものだった。じっとりと汗をかき、夢のなかでは泣き叫んでいるけれども、うつつの口はもどかしく動き、声にならない。目覚めたその目に母の顔が映れば、世界は急に安定を取り戻した。自分を安心させてくれる世界のこの安寧の場はいつまで続くのか。それは瓦解することもありえる。子どもは予告された恐れを自らのうちに取りこみ、あらかじめ崩壊した時間を生きて、ときに世界の感触をたしかめる。

きくちさんは、お母さんが死なないようにとおまじないをし、「内」が「内」として安心できるものであることをたしかめる一方で、「外」に対しては、つねに恐れを抱いてきた。

「それが娘を産んで一緒に外に出ると、初めて怖くないって思えたんです。子どもは人のことをじーっと遠慮なく見たり、不適切な場所で、不適切な声を出したりして、私が怖がっていた外側の壁をばりばり破ってくれた。おばあさんが話しかけてくれたり、娘を触ったり。こうして他人のことを触ってもいいんだ、本当は誰とでも話していいんだ、私が周りの人を誤解していただけだって」

赤ちゃんと街に出ると、かつて子育てをしてきた、たくさんの人々――おばさん、おばあさん、おじいさんたち――に声をかけられ、助けられるときに、思い出話をきかせてもらうことも多かった。やすやすと他者同士の壁を乗りこえて「連帯」といったものが、その場に現れる。赤ちゃんが、その通行路を開いてくれる。この感覚の尊さ、愛《いと》おしさは、私にも痛いほどよくわかる。

「私一人だったら、そんなことはないのに、赤ちゃんといると、人が、他人に触ってもいい世界が目の前に現れる。人間との接触の、これは理想郷なんだって。私は、ずっと世界をそういうものとして望んでいたし、それを娘のおかげで目の当たりにした喜びがありました」

私たちは「人が、他人に触ってもいい」世界を生きていない。人々のあいだには見えない壁が、白い炎のように立ち現れており、同じ場所にいても私とあなたは遠く隔てられている。この社会には禁止の高圧線がいたるところにはり巡らされ、私たちはシステムが要請してくる、扱いやすい個人として黙らされている。

「内は外」

きくちさんの言葉を聞いて、まだ娘が歩くことを覚えるまえ、娘を抱いて外に出ると、自分も一緒に赤ちゃんのヴェールに包まれている感覚になったことを思い出した。自分が赤ちゃんを抱っこしながら、一人で世界と向き合っているというよりは、赤ちゃんというやわらかいヴェールを隔てて、世界と触れあっていた。それは、私自身が赤ちゃんに「守られている」という感覚だった。

赤ちゃんは、裸性《らせい》の力で、人を全面的に信じ、笑いかける。そのすなおな感情表出は人の警戒を解き、人がそもそも持っている痛みへの共感を引き出す。笑い、言葉をかけ、手を差しのべるという、純粋な行動へと人を駆り立てる。一人で海外から日本に帰ってくると、電車やバスのなかで、他人への視線の厳しさ、よそよそしさ、感情の冷気に傷ついた。しかし、赤ちゃんといると、日本人がこの何十年かで育ててきてしまった他人との壁と、過度な同調圧力が崩れ去り、人の信じられる部分をヴェールのなかに一緒にもちこんで、やわらかい鎧《よろい》を着せてもらっている気持ちになったのだ。きくちさんは続けた。

「家のなかの親しさを、〝外〟にもっていってもいいし、怖かった外には、家のなかの〝内〟の親しさがあるんだって。内を外に、外にも内があることが、感覚としてわかった。私はずっと、こうして優しさを交換したかったんだって。社会に出ると、人は自分のなかの喜びを言葉にして説明しなくてはいけない。だけど、娘の身ぶり手ぶりだけを見て、人は喜びを理解する。言葉にできない、意味不明な身ぶりで、人と仲よくなることもできる」

言葉に満たされ、意味に満たされ、暗黙のルールで満たされた私たちの社会は、たしかに人を萎縮させる。人には触れてはいけない、公共の場所で大きな声を出したり、変なことをしてはいけない、無意味な動きをしてはいけない、有用な人間でいなくてはいけない……目に見える世界で人間たちは多くの禁止事項にしばられながら、生産的で効率的な存在でいなければいけないという抑圧を生きている。きくちさんは、そうした社会のルーティーンを直感的に拒否し、肩書きを拒否し、成果でしか自分を見ない社会から、ゆるやかに降りるように生きてきたが、赤ちゃんを通してまた社会への信頼を別の形で手にしたのだと思えた。

「自分が何をして世界に躍り出ればよいか、などと考えず、いま私がここにいるだけでいいと、ここは良い場所なんだって、初めてすとんとわかったんです」

この東京という街に、いま「感情」というものがあるとしたら、ここで言葉と向きあっているきくちさんとその横にいるオンちゃんと、私と編集者の四人がいる、天空に浮かぶこのあたたかい部屋のなかにあるという気持ちになった。私たちの感情と意思は、あたたかく、とりとめがなく、断片的だけれど、それが強い光となって、東京という街に流れだしていくのが、一瞬見えた。何かを信じる力、というようなものだけがそこにあった。赤ちゃんは、人が自分を受けとめてくれるはずだと信じて疑わず、突進し、ダイヴしてくる。人と人とを隔てる壁を溶かしていく。人は本来、人が自分を受けとめてくれると信じてダイヴするように、生きているはずだ。この信頼のヴェールでこの都市を、上空から覆ってしまいたい。

ヴェールのなかで

きくちさんの部屋を出て、帰りの山手線のなかで、私はまた現実世界に戻された。男の子の赤ちゃんを抱いた若い母親が、車内が暑いのか、お乳が欲しいのか、ぐずりつづける赤ちゃんをすこし強めに空中にほうりなげて抱っこしなおし、あやしていた。何人かの乗客の視線は無音で、何を感じているのかわからない。男の子の泣き声は、秩序を切り裂く暴力的で破壊的なものとしてしか、車中に響いていかなかった。私は、だいじょうぶだよ、と口を動かして、赤ちゃんに笑いかけた。彼は一瞬泣き止んだが、またお母さんを見て、激しく泣き出した。

渋谷に着いた電車が、たくさんの人を吐き出すために、あわただしくドアを開けるのを見ながら、ここにいる人々も、かつて母の死を恐れた日があっただろうかと思った。不在の母を嘆き、ドアの前で泣きじゃくり、いずれ訪れる母の死を想像し涙した時間があっただろうか。そしてまた、彼らの母たちは、子どもが予感した恐怖を抱きとめたことがあっただろうか。

もしその無心の信頼が失われるようなことがあったとしても、人は長い時間をかけて、もういちど信頼の糸をたぐり寄せることがきっとできる。この世界に信頼の布を、新しく織っていくこともできる。自分の知らなかった母への信頼を、あとから見つけ出すこともできる。

「トラスト　ミー」

いまや薄靄の向こうにしか見えないくらいおぼろげだけれど、たしかにあったと身体が知っている信頼のヴェールにくるまれて、人々は今日も眠りにつく。

第四章　無縁としての女性たち

無縁の人

女性は社会のなかでどう生きてきたのか。これまで行ってきた女性たちとの対話で、つねにこの問いに突きあたってきたと言える。女性が歴史的にはどのように捉えられてきたのかと考えて、ひさびさに歴史学者の網野善彦《あみのよしひこ》『増補　無縁・公界《くがい》・楽《らく》　日本中世の自由と平和』を手にとった。網野は女性を「無縁」の人として捉えている。

「無縁」の人とは、たとえば、日本の中世に生きていた行商の女たちだ。大原女《おはらめ》や桂女《かつらめ》と呼ばれた、女性の行商人たちは、頭に炭や薪、魚などを載せ、手ぬぐいの被り物をして、美しい声を出して村々を練り歩いていた。彼女たちは巫女や祈禱者《きとう》、はたまた助産師としても生き、国文学者・折口信夫《おりくちしのぶ》が桂女は「将軍家の婚礼にも、戦争の首途にも、祝言を唱へに来た」（「国文学の発生（第三稿）」）と言うように、身分も国境も職業も超えながら、つねに境界を浮遊していた。

「無縁」の人は、移動遍歴して、姿を変化させる者で、定住者の土着の集団にゆさぶりをかける可能性を持っている。中世に繁栄した港町で「無縁の場」だった自治都市・江《え》向《むかい》では、女性の家主が半数近くを占めていたし、市や橋など、流動性の高い場所の祭神も、女性神であることが多いという。江戸後期になると、新興宗教を興したのは多くが女性であったり、金貸しなど金融を始めたのも「無縁」の人である女性が多かった。それを網野は、女性が本来もっている「性」の質が「無縁」を要請するのだと考える。「女性の『性』そのものの『無縁性』、『聖』的な特質を考えることによって、ある解答を導き出すことが可能になるのではなかろうか」

これ以上は考察されていないが、女性の「性」の特質そのものが「無縁」、つまり、どこにも属さない、とはどういうことだろうか。月経とは、他者としての子を宿す場所が用意されながら、受胎しなかったことで、その装置を外に排出する現象だ。それはただの血ではない。「他者の生」を用意する場所の出現とその喪失を、毎月女性は目撃している。女性は自らのなかに、生と死、自己と他者という境界をつねに孕んでいるのだ。「一つの場所＝一つに閉じた自己の生」に属し、定住する者ではないのだと。

しかし、月経は生を育む聖なる循環であるはずなのに、社会は長らく穢《けが》れた血の流れ続ける者として、生理中の女性を禁秘《きんぴ》として公の場から排除してきた。社会は女性の無縁の身体を、ときに神として迎え入れたり拒否したり、時と場合によって都合良く扱ってきた。

網野は続ける。「さきのような女性の特質は、『無縁』の原理と同様、時代とともに並行して衰弱していく。それは、まさしく『女性の世界史的敗北』の過程の一環にほかならない」と。人々が定住し、属する者の世界になるにしたがい、境界を横断する人々は消え、そして、女性は世界史的に敗北した。

私たちは、桂女や大原女を失っただけでなく、自己のなかの境界横断性をも敗北させてしまったのだ。

弥勒菩薩の音
――寺尾紗穂さんのこと――

最初に会った印象が、まるで「桂女」のようだと思った女性がいる。エッセイストでシンガーソングライターの寺尾紗穂《てらおさほ》さんだ。二〇一八年の桜が咲くにはあと少しというころ、下北沢《しもきたざわ》の喫茶店「いーはとーぼ」でお会いした。大学時代に訪れて以来、久々に狭い階段をあがると、何十年も前と変わらないマスターがそこにいた。寺尾さんは窓際の席に座り、別の人との打ち合わせを終えたところだった。窓辺から差しこむ白い光が、彼女の白い顔をいっそう蒼白《そうはく》に磨いていた。緑色の可愛らしいワンピースを着て、古い革の椅子にちょこんと収まっている寺尾さんは、まるで十二歳かそこらの童女のようだった。

古いジャズやブルースを流すその店は寺尾さんの指定で、寺尾さん、編集者、私という、誰も声が大きくないメンバーで話をするのには不向きで、その日も古いソウルがかかっていて、喋《しゃべ》っている内容がなかなか聞き取れない。なぜこの場所を指定されたのだろうと思いながらコーヒーを注文して待っていると、十五分くらいしてマスターが、ちんちんに熱いコーヒーを持ってきた。しばらく場所と寺尾さんに慣れるのに時間のかかっていた私は、立ち昇る湯気を見ながら、寺尾さんの歌を思い出していた。

「私の好きな人」は衝撃だった。

「私の好きな人は片手のない人です　片手に夢を抱きしめて　はなさぬ強い人です」

という印象的な言葉で始まる歌は、

「私の好きな人は心を病みました　綺麗な心は震えてて　いつも涙をこぼすのです」

と続き、彼女はこう歌う。

「寄り添ってみても手をさすってみても　消えぬ不安は泥のよう　私はあなたになれなくて　さいごはいつももらいなき」

透明感のある歌声と、独特の和音。それは、色で言えば、瞳のなかの虹彩《こうさい》を覗きこむような、決して単色ではない、複雑な光を放っている。たぶん、寺尾さんの歌を評する、透明感、浮遊感、まっすぐ、というような言葉だけでは回収できない、何かが残る和音だ。天に立ち昇っていくような飛翔感に満ちている。しかし「天」という語からイメージされるような、やわらかに浮遊する、天然自然というわけではない。その天上には、煩悩を抱えて彷徨《さまよ》う魂たちの姿がちらちらとよぎる。

天から降ってくるような声は、天にいるままの声ではなく、地上の私たちの足下の土にむかってすっと落ちてくる音であることに気づく。私は、一つの姿を想起する。弥勒菩薩《みろくぼさつ》だ。弥勒菩薩は、衆生《しゅじょう》を導くために、仏陀の入滅《にゅうめつ》後五十六億七千万年の時をかけて、現世に降り立つ。仏陀のように超越性を保ち続けて人々を導くのではなく、仏陀の教えを携えて現世の大衆のなかに降りてきて、その教えを伝える仏だ。

もし、この弥勒菩薩が降り立つときの音が聴こえるとしたら、寺尾さんが奏でる和音が響くのではないか。菩薩は、私たちの現世での汚れや苦しみ、煩悩を私たちのかわりにくぐり抜けて現世に降りてくる。もしそこに音があるとしたら、それは苦しみを内包した和音であり、喜びや解放の音ではないのだろうと。

そのイメージがはっきりとしたのは、「ソケリッサ」という路上生活を経験した人々によるダンスユニットと一緒に、寺尾さんが歌うライブを聴いたときだった。彼らの踊りはいびつで、不安定だったが、まるで踊りそのものが身体から抜け出して、天上に昇って魂になったようだった。私は床に膝をかかえて座っていたのだが、会場の窓からは光が燦々《さんさん》と差しこんでいて、黄泉《よみ》の国の川のほとりで彼らを見ているのではないかと錯覚され、なんだか居ても立ってもいられなくなって涙が溢れた。

寺尾さんと私は偶然、中学高校が同じだった。東京のはずれにある中高一貫の女子校。私たちが通った普通科高校の他に、音楽科と音大を備えていて、寺尾さんは合唱班でいまの歌声につながる透明感のある歌唱法を磨いた。私が所属していた音楽班という名のオーケストラ部の顧問の先生は、寺尾さんの合唱班の顧問でもあった。ひとしきりそんな話を終えると、私たちは一瞬黙った。

今回は寺尾さんと話をすることによって、ステレオタイプにくるまれた「母性」ではなく、「母性」がもつ可能性をまっさらに考え直したい、そのように伝えて、まずはお産のときの話を聞き始めた。

「長女のお産は自然分娩だったんです。自然分娩を推奨する産院で産みました。光が差しこんでいる和室で、生まれてすぐにお腹の上に乗っけて、その記憶がすごく印象に残っています。ほっとしました。下二人は別の病院で産んだのですが、とくに三番目の子は健診から即入院となってしまって。陣痛促進剤を打って、つらいお産でした」

人為的な操作で進行するお産がどんなに苦しいか、身を以《もっ》て知ったという。長女と、次女・三女は父が違う。ある人と出会い、恋をして別れ、そして一人で長女を産んだ。

またある人と恋をして、次女と三女を産んだ。その人とは結婚したが、のちに離婚した。それでも、いま恋をしているし、これまでもずっと、恋をしてきたという。

四人の自由な女性たち

愛の行為は、やがて子どもをもつという人間の営為につながる。寺尾さんは、いま避妊リングを入れて、もう十年ちかく生理を抑えていると話した。身体の「自然」をコントロールしながら、セックスや恋という「自然」を守っているとも思えた。母親になったら恋をしてはいけないという社会の規範からも自由だ。

ふしぎなのは、女性の身体性という意味では、人為的な操作を加えて自然をコントロールしている寺尾さんだが、実際に会うとこんなに自然に生きている人がいるだろうかと思わせる「天然体」であることだ。恋愛という人の自由意志を尊重するために、人為をも認める寺尾さんは、人間の「原種」というものがいるとしたらこんな人なのではないか、と思ってしまいたくなるような強靭な人だ。現代における女性の「自然さ」とは人為的操作を受け入れた上で成り立つものなのかもしれない。

一人で産むと決断したとき、不安はなかったのだろうかと聞くと、

「どうにかなる、と思っていました。パートナーはいたけれど、妊娠出産期も産後もず

っと別居婚で。上の子を産んだときも一人。母親との関係も崩れていたので、そのあともしばらく一人。あんまり落ちこむこともなく、これでやっていくんだ、という感じでした。そうは言っても、子どもを守るんだというような、覚悟みたいなものではなく、二十年くらい一緒に暮らす人という感じで思っていたんです」

と、風がそよぐように答える。

「自分がそんな状態だから、とくに真ん中の子はしっかりしています。帰り道に、明日のパンあるの？　と確認してくれるような子で。朝は一人で起きて、目玉焼きをつくって、パンを焼いて、とやってくれてます。私自身は、ライブの翌日などはとくにお布団から出られなくて。とりわけ冬は」

と笑ってみせる。なんだかこうして活字にしてしまうと、自分の勝手を通す、強い母親のように感じられてしまうのだが、寺尾さんの驚くべきところは、こういう話をしても、飾るところがまるでなく、あたりまえだというようなさわやかさで、目の前に在ることだ。それで三人の子を一人で育てているのだから、奇跡的とでも言いたくなる。しかしその奇跡は、努めて自分を鼓舞した先にある何かではなく、いとも自然にと言いかえられるような魔法のような子育てなのだ。母親がそういう生きた人間であることを、たぶん子どもたちは、天然の森に生えたキノコを見るような目で、自然に受け入れているのだろうと感じられる。

というのも、私は、寺尾さんと娘三人が歩く姿を偶然に目撃したことがあるのだ。それは井の頭線渋谷駅のホームだった。電車を降りた私は、向こうから横一列に広がって四人の女性が、ふわり、ふわりと歩いてくるのを、目の端でとらえた。四人は皆、白い服を着てなんとなく手をつなぎ、その手をゆら、ゆらとふりながら、それぞれが踊るような足取りで歩いてきた。これからミュージカルでも始まるみたいで、殺風景なホームが丘の上の舞台にでもなったようだった。近づいてみると、真ん中で手をつないでいるのは寺尾さんだった。横には小学生くらいの女の子と、まだ歩いてまもないような女の子、その子が少し年上の女の子と反対の手をつないでいた。それぞれが姉妹で、それぞれ母親と娘のはずなのだが、なんというか「女性四人」という感じがした。

私は寺尾さんの話を聞きながら、たびたびその光景を思い出していた。だから、寺尾さんが冬の寒い朝、ベッドに入っていて、その脇にぐずる一番下の女の子がいて、真ん中の子がパンを焼き、上の子が一人ランドセルの準備をしながら、自分の世界に入りこむ、そんな光景が私の頭に浮かんだ。

「恋が終わったり、また始まったり。子どもを産んで育てても、そういう自分一人のなかで起きる感情は変わらなかった。そして、その恋が歌になっていくんです。大人になっても、母親になっても、いろいろ迷ったりする。恋愛で死のうとしていた時代もあった。だけど、そういう愛の秘密の答えを、子どもこそが知っているのではないかな、教えてほしいなと思っています」

私たち四人は、より自由に生きるために集結していると、ユタ（沖縄地方のシャーマン）の血を引く人に言われたことがあります、と寺尾さんは言った。

この強さと楽観。それぞれの自由を尊重するために、自分自身が自由でいること。寺尾さんがただ「いる」ことで、そこに母であろうが、女であろうが、属性はただぶら下がっているだけだ。寺尾さんが寺尾さんのままそこにいるだけで、自由に生きればいいと、背中を押される娘たちがいるのではないだろうか。

天使を見た

そういう関係性は、生活のなかから生まれるのだろうと思うエピソードがある。前年の四月五日、寺尾さんの長女は公園で「天使」を見た。

「長女がこう言ったんです。〝お母さん、信じてくれないかもしれないけど、公園でふしぎな人に会ったの。曇ってたんだけど、その人の周りに光が集まってて、白いワンピースみたいの着ていてきれいな人だった。私と同じくらいの子どもで、男か女かわからない〟」

寺尾さんは、「それって天使かもね」と答えたという。現実的な次女も、長女が天使の手をとって「ここにいるでしょ」と言うと、「白い手だけ見えた」と言い、三女も「天使」が見えたので絵を描いてくれたと言う。寺尾さんはどうだったのだろう。

「私には見えるはず、とどこかで思っていたのだけど、見えなかった。だから娘を介して、はじめましてと挨拶をさせてもらいました。いつもはその公園で天使にさよならを言って、三人で家に帰ってくるのですが、ある日、帰る途中で後ろから一緒についてきたと娘たちが話していて。そのうち三女が着物の子が二人いると。あ、連れてきたんだなと」

数日後、寺尾さんが家にいるとき、「あっ、来たよ」と長女が言った。寺尾さんはすぐに「片付けをしないと」と思ったという。天使が来たからという子どもの言葉に、まずは驚くのではなく、「たいへん、散らかってる部屋を掃除しないと」とまっさきに思ったと笑う。長女も「おかまいなくって言ってるよ」と返してくれたと、寺尾さんは童女のように笑う。

そのあとも四、五回家に来て、帰るときの様子が毎回違う。窓から帰るときもあれば、押し入れから抜けていくときもあるし、蛍光灯の光のなかへ消えていくときもある。学習漫画で『キリスト』を読んだ影響かもしれない。しかし彼女たちのなかでは真実、天使は生きていた。

「びっくりしたのは、天使が大きくなるにつれて羽も大きくなるので、登校するとき家を出たら羽の大きくなった〝天使〟と出会って、羽のはばたきが面白くてずっと見ていたとか、庭で人間に見つかったとき逃げる訓練を一時間くらい一緒にしたとか、そんな話を長女はするんです」

寺尾さんのアルバムに『たよりないもののために』がある。耳を澄まし目を凝らさなければ聴こえないもの、見えないものをあつかった歌が多い。ふと天使との関連性が気になり、関係があるのかと問うと、あのアルバムを作ったあとに、娘たちが天使を見つけたのだという。直接関係があるかはわからないし、子どもたちは母親とは別の感性をもっている。

私の目の前には、またもや白くゆれる四人の女性たちが浮かびあがり、寺尾さんのエネルギーに娘たちが感応するところがあるような気がした。でもそれこそが「シスターフッド」というか、女性たちの触れるような、ささやくような、応答の仕方なのだとも思う。ともに感じ、その場の空気を共振させることで、理解に近づく。そういう、相手に触れるような対話である。

触れるような対話

そう言ってしまうと、女性たちの対話は一見、他者を寄せつけないもののようにも感じられる。共感を前提とした同調圧力となる危険性も孕んでいるかもしれない。しかし、私はこのシスターフッドが国を超えて成立することを肌で知っている。女性たちばかりが出演する映画『あえかなる部屋　内藤礼と、光たち』をトロントの映画祭に持っていったとき、上映後に何人もの女性たちに囲まれた。七十代くらいの老女、四十代くらいの大学講師、三十代前半と思われる女性。年齢はさまざまだったが、私の肩を抱いたり手を握って、この映像を撮ってくれてありがとう、私の毎日にきっとこの映画は生きてくれる、明日からこの映像をたずさえて生きていくことができると話してくれた。あの場で起きていたことは、「ただ女性である」という、なかなか言葉にしにくい感覚を共有するとしか言いようのない現象だった。それは、月一度の失調という自分の力ではどうすることもできない波にゆられる女性たちの、人の痛みに繊細に反応する感受性だと思えた。

寺尾さんは続けた。

「長女は喋りはじめるのも早くて、生後三ヶ月からいろんな言葉を発していました。その日聞いた赤ちゃんの喃語《なんご》を、九十くらいメモしていたんです。赤ちゃんのなかにもちゃんとボキャブラリーがあって。集めていたときはとても幸福で、濃密な時間を過ごしていました」

寺尾さんが書きとった喃語は、豊かで精密だった。

「うびゃー
うんぶえあおー
うまんぐあーい
ふっぴわう
げんきゃうやうやー」
子どもは独自の音節で、世界を捉えている。それは私たちがもはや感じとることのできない、文節がどこにあるかも定かではない、意味が混じったり離れたりする、めくるめく世界なのだろう、きっと。
大人／子どもという線引きをせず、子どもたちが赤ちゃんであれば、自分も赤ちゃんに、子どもたちが幼児であれば、自分も幼児になるように時間を合わせていく寺尾さんの姿が見える。
喃語を発する赤ん坊の音声能力にはどのような限界も認められない、という研究がある。
「幼児は人のあらゆる言語のどんな音をも例外なくやすやすと発声することができる」
(ダニエル・ヘラー＝ローゼン『エコラリアス　言語の忘却について』)
世界が切れ目なく続いていくような時空間を生きている赤ちゃんは、その音声コミュニケーションにおいても、世界中のあらゆる言語の発音を、潜在《せんざい》的にもっている。そして、たとえば日本語なら日本語という一つの言語体系を習得する過程というのは、その他の可能性を失うことによって成り立つのだという。

「幼児は、『喃語の極み』において一時は発音していた無限の音の数々を忘却しなければ、ひとつの言語を特徴づける母音と子音の有限のシステムを身につけることができないのかもしれない。際限のない無数の音を失う、という代価を払うことなしには、幼児はひとつの言語の共同体内に正式な位置を占めることができないのかもしれない」（同前）

人は忘却によって成り立っている。母の産道を通るときに自分自身もきっとくぐり抜けてきたはずの無数の音、不穏な音、悲しい音、喜びの音を忘却のかなたに押しやり、この地上に降りてくるのだろう。生まれてしばらくは、まだそうした音の残響のなかを生きている幼児は、徐々に音の網目を切断し、その断絶のなかに身を投じることによって大人になる。クリス・マルケルの映画『レベル5』のなかでローラは言う。「生まれる直前の一秒間　私達は全てを知っている」。しかしかろうじて、生まれてから数年のあいだだけ、人は無数の音、すべての記憶、なにもかもがつながりあった世界の残像を感じている。母親は生まれたての存在にしばらく身を添わせ、この世界の際限なさに身を漂わせる。そのことの奇跡を、どれだけの人が感じるだろう。

喪失の記憶

子どもが潜在的にもっている力を損なわないようにという寺尾さんの想いは、「自然」への想いへとまっすぐつながっている。

「この前、砂場で娘を裸足《はだし》で遊ばせていたら、ある女の子がうちの子に〝はだしになっちゃいけないんだよお〟と言ったんです。たぶん親に言われているのをまねしているのだろうと思うのだけど、私は怖いなあと思った。人間だけが、自然界から隔絶し、人間だけが特別という感じでいま人は生きている。小さいころから土を一回も踏まないで大人になる人が増えるのが怖い。そういう風には育てたくない。都会ではそれが普通になって、それでも暮らしていけるけど、自然を遠いものとして育てたくないんです」

いま寺尾さんたちは古い一軒家で、お風呂の壁になめくじが出たり庭にゲジゲジやカナヘビ、バッタや蝶がいる家に暮らしている。なめくじは外に逃がしたいけど、お風呂でもう少し大きく育ててから逃がそう、と娘たちと相談したりするという。自然界のあらゆることを「自然に」受け入れ、飲みこんで、娘たちにその自然なふるまいを伝えている寺尾さんが目に浮かぶ。人間だけが特別じゃない。人間が火で焼かれれば焦げ、水のなかで死ねば膨れるように、なめくじは塩をかけたら死ぬし、みみずはしっぽを切っても再生する。あれもこれも等価だ。汚れた海も、私たちのなかに流れる水も、何もかも等価だ。そのふるまいは、親が子どもに伝えることができる「文化」と呼ぶにふさわしい何かだと感じる。

寺尾さん自身、自分の子を育てながら、子ども時代の記憶を思い出すことがあっただろうか。問うてみると、

「いつだったか、マンションの裏のゴミ置き場に自分の家の古い椅子が捨ててあったんです。帰って母に確認すると捨てたと言うので、一人で降りていって最後のお別れをしたのを思い出します。友だちの家に行くと、〝さほちゃんが、夕焼けの赤が怖いと言っているので迎えにきてください〟と、母は呼び出されたらしい。そういう思いこみというか、思い入れが強かったことは、思い出します」

彼女の失われゆくものへの敏感さは、その家族の在り方から来ているのかもしれない。

「弟が生まれてから、母は一緒にお風呂に入ってくれなくなったんです。私は三、四歳のころから、一人で入っていて。寂しかった。そう大人になってから母に告げると、母が言ったんです。私が小学生くらいのときから両親は別居しているのですが、たまに父が帰ってきても、一日くらいですぐに出ていってしまう。そのとき〝弟はまだ小さいからよくわからなくてお父さんに笑ってバイバイするんだけど、あなたは目に涙をためていた〟と。その話を聞いて、腑《ふ》に落ちたんです。父に対する感覚が、私はねじれていて複雑なんですが、でもちゃんと泣いていたんだなって」

少しだけ、目を泳がせながら寺尾さんは話した。父とは、寺尾次郎《じろう》のことである。「シュガー・ベイブ」のベーシストであり、のちにフランス語字幕翻訳家として活躍した。思えば私は、ゴダールはほとんど寺尾次郎訳で観た。学生時代、深く刺激を受けた映画の最後にはいつもその名前が出るから、寺尾次郎と聞くと、字幕特有のフォントで「寺尾次郎」と脳内変換するくらいだ。

小学校時代の父との玄関先での別れについては、母からの伝聞という形で話された。そこには、寺尾さんの生《き》の記憶はなかったということだ。寺尾さんのまぶたの裏には、母から聞いて再現された、幼い自分の涙をためた姿があるだけだ。そのことに、胸詰まる想いがした。「腑に落ちた」とまで言った彼女のなかでは、それだけ父にまつわる思い出は、まだよくは覗きこめないブラックボックスなのだろう。

「中高生になると、父は年に一、二回会う人になっていて、それで平気だと思っていました。その後、父が参加したアルバムを聴いたり、たまに翻訳した映画を観たりするようになっていったんです。母は料理をよくする人で、本当は父に毎日食べてもらいたかったのではないかと。父とのことで苦労した母だったけど、自分もいま同じような人を結局選んでしまう。自分が求めているものと選んでいるものとに、いつまでも溝があるんです」

強くしなやかに見えた寺尾さんに一瞬あらわれた、ゆらめきのまなざしだった。娘三人を未婚で産み、結婚をしても別居婚だった。それでも、あたりまえのように娘三人を一人で育てている寺尾さんは、そうとしか生きられない切実さを抱えていた。

そしてこの日の寺尾さんは続けた。

「癌で余命宣告を受けた父に、聞き取りをするんです。今までほとんど会話らしい会話もしてこなかったので」

しかし、聞き取りは、一度の短いやりとりしか叶わなかった。一ヶ月後、寺尾さん自身のSNSでお父さんの訃報が知らされた。そこで彼女は父親のことを「『遠くて遠い』父」と呼んでいた。遠くて遠い父を、玄関で涙をこらえて見送った少女は、本当は自分がそこでどんな風に父を見ていたかを記憶の淵《ふち》にたずさえているはずだ。けれどそれは、いつまでも寺尾さんのなかで宛先のない手紙のように、像を結ばず旋回しているのだろう。見ることのない夢のように。

そのすぐあとに、『新潮』二〇一八年八月号に「昨日、父が死んだ」から始まる亡き父に関する寺尾さんのエッセイが掲載された。

「私も父も彗星《すいせい》だったのかもしれない。暗い宇宙の中、それぞれの軌道を旅する涙もろい存在。二つの軌道はぐるっと回って、最後の最後でようやく少しだけ交わった。そんな気がした」（「二つの彗星——父・寺尾次郎の死に寄せて」）

私は寺尾次郎さんの、海で洗い流された小石のようなさっぱりした笑顔の写真を見つめながら、「自然さ」という文化は、もしかしたら、お父さんから受け継いだものなのかもしれないと思った。太陽の熱で自分自身の氷を溶かしながら、前へ前へとはてしない宇宙のなかを進んでいく、二つの燃えるような命。

内なる自然の回復

「いーはとーぼ」を出て気づいた。寺尾さんはこの日、三月初旬の、肌寒い日だったにもかかわらず、古着の薄い緑色のコットンワンピースにナイロンのロング丈のブルゾンを羽織っただけの格好だった。私と編集者は、二人ともニットを着ているし、その上からスプリングコートを着てマフラーをぐるぐる巻いていた。でも寺尾さんは、冷えた屋根裏部屋に祖母の時代から置いてある人形のように、寒くも暑くもないという顔をして、いとも自然にそこに立っていた。

下北沢のごちゃごちゃした街を歩いたり、一緒に乗った井の頭線のなかでの彼女の後ろ姿を見て、どんなに人工的な場所を歩いても、彼女の周りには「生命」のバリアが張られているような気がした。恋の時間が来れば恋に身を浸し、赤ちゃんの時間が来れば赤ちゃんとともに無数の音に耳を澄まし、天使が来れば部屋を片付ける。寺尾さん自身は、「私は鈍感だから」と自分を評していたが、そのすこやかさ、強さも含め、「天然自然」あるいは「生命」という言葉は、本来彼女のようなふるまいを指すのではなかろうかと思われた。

最後に別れるとき、寺尾さんはクッキーをくれた。小さな手作りのクッキーで、表面はうっすら黄白くアイシングがかけてある。橙《だいだい》という柑橘《かんきつ》をつかってあり、その色だという。娘さんたちと、楽しげにクッキーを作っている寺尾さんが目に浮かぶ。クッキーは素朴でほんのりとした甘みで、しみじみ美味しかった。インタビュー中に発した「母は料理をよくする人で、本当は父に毎日食べてもらいたかったのではないか」という言葉が妙に印象に残った。エッセイでもお父さんを亡くした後、お昼にしらすとカブのパスタを作ったという記述があった。

料理とは一つの自然であると、子どもを育てながら台所に立つことが多くなった私は毎日のように思う。近代的な部屋のなかでもできる、小さな、ひそやかな自然への回帰であると。その季節に実った、土のついた旬の野菜を流しで洗う。旬の魚の目を見つめながら、包丁を入れる。鮮度という彼らの生きた痕跡を、手や目や鼻で確認する。この子たちが育った土や空、水を想像する。小さな台所は、そのとき森や山や海につながっている。数日前まで、土に生き、海を泳いでいた生命たちは、こうして台所に呼ばれ、再び生きた私たちの口のなかに入るのだ。

アーティストの坂口恭平《さかぐちきょうへい》は「火を見ると、落ち着く」と書き、人間精神に効いていく力を、ガスコンロの火に見ていた。そして料理に自らの躁《そう》うつ病を癒す力を見出し、「たくさんの生き物と作業療法を一緒にやっているような感覚になった」と綴っていた（『cook』）。臨月のころ、お腹が妙に冷えて、よくお湯を沸かしながらガスの火で下腹部をあたためたことを思い出す。どんな暖房器具よりも、あたたまるのだ。人は料理することで、コンクリートづくしの部屋のなかで、ひそかに内なる自然を回復するのだろう。

自然から切断された私たち

自然を手なずけようとしてきた人間は、必ずどこかでしっぺがえしを食らう。自然の猛々しさを忘れた現代文明のなかで、自然から遠く離れた人間は、何を回復するのか、できるのか。希求されるのは、自分も自然の一部であるということへの気づきなのかもしれない。その気づきは、なぜ女性たちの身体に、より早く訪れるのか。明白にその気づきが訪れたのだろうと感じる人がいる。

スウェーデンの一人の少女から始まった気候変動に無関心な世界への抗議運動だ。二〇一八年、当時十五歳だったグレタ・トゥーンベリさんは選挙で気候変動問題を争点として扱うように求め、国会議事堂前で、たった一人で座りこみを始めた。翌年、大人の文明社会の誤謬《ごびゅう》を糾《ただ》しに飛行機に乗らずヨットに乗って海原を進むグレタさんの姿は、さながら神話でも見ているようだった。また少女が神格化されるのか、とも思った。アマテラスや、ネパールの少女神クマリ、ギリシャ神話のアテナも、みな少女／女神だった。世界は少女の身体を依《よ》りしろにして、そこに一縷《いちる》の可能性を見る。一方で、グレタさんに対して激しい批判も起こった。なぜ少女の身体は過度に期待され、そして脅威と捉えられるのか。それはこの社会の安定の根幹をゆるがす〝正しさ〟がそこにあるからだろう。この社会の中枢にいる人々にとって、社会の主な構成員たる男性でない、成人でもない少女の身体は、「無縁」の存在なのだ。

グレタさんは、その年の夏に起こった熱波と激しい山火事に心を痛めたという。彼女に訪れた強い切迫感を想像してみる。きっと彼女にとって地球の痛みは、自分の痛みとしてわがことのように感じられたのだろう。

日本で生きる私たちにも地球温暖化は、日々の暮らしにくさとなって、肌身で感じられるものとなっている。真夏でも木陰に入れば涼しかった夏休みの公園を懐かしく思い出す。自分の体温よりも暑い空気のなかで、どうやって子どもたちは夏を快く過ごすことができるだろう。環境保全運動は、日本では公害が広範囲に広がった一九六〇～七〇年代、そしてアメリカでは二〇〇〇年代初め、アル・ゴアが大統領候補となったころ、一度盛り上がりを見せたが、世界情勢が環境保全どころではなくなってきて、影を潜めていた。それが、出るべきところ、つまり少女の身体から噴出した。

地球環境を破壊しているのは、自国や自分の富に執着し、欲望にとりつかれた世界中の人々だ。富める人々は得られた利益のむさぼりとゴミの大量廃棄によって、貧しき人々は選択の余地のなさによる資源の破壊によって。環境は、世界の富分配のいびつなシステムにより、食い尽くされていくだろう。

自らもクイアである思想家ジュディス・バトラーは、エコロジーとは国境を超えて、地球規模で多様性というものを考えることだと言った。だから、自国優先主義がうずまく現在の世界のなかでエコロジーを考えることは、世界のオルタナティブを考えることとまっすぐつながっていると。女性、性的少数者、難民等、社会的弱者やマイノリティが生きる世界の構造の矛盾を暴いてきたバトラーが、思考の到達点としてエコロジー思想に行き着くことは、必然に思える。

死相の都市

マイノリティの身体から必然的に噴出してきた、環境破壊への敏感な感性。

日本にも、傷ついた身体から、この文明を見通した人として思い出す特別な人がいる。石牟礼《いしむれ》道子《みちこ》だ。不知火《しらぬい》の海の人々とともに、水俣《みなまた》病訴訟に付き添い、東京のチッソ本社で座りこみを行った彼女が身体から絞りだすように放った言葉たち。

「もとの不知火海の、わが家の庭先に帰りつくために、みえない舟が出る。／帆布より、舵より、機関より先に故障した人間たちが、みえない舟をあやつって東京にくる。／劫《ごう》火《か》のあとのようなスモッグの霧が、のどの奥に焼きつきふりつもる首都。／逃げられない所へ、逃げられないところへと、ひとびとのなだれ込んできた所。死相を浮かべた首都へ向けて、この舟もまた漂い来たりました」（『苦海浄土』）

病んだ人々の身体に乗りうつったかのように痛みとともに言葉をつむぐ彼女は、東京の姿を「死相」と呼び、患者たちを蝕《むしば》む「毒」が都市を覆っているのを看破する。「ひとびととは『べっとべと』と排気ガスのねばりつく気持ちの悪い東京を、てのひらにくっつけて眺め入りながら歩く。そこから沁み出てくる感慨を、病んだかいこが糸をたぐるように、たぐり寄せたり振り払ったりする。微弱にかげってくる東京の冬日の中で。古びた糸のようにふっつりと切れ落ちてしまう感慨を、ひとびとはたぐり寄せようとするのだ」（同前）

私たちはやわらかい傷つきやすい身体を都市に横たえる。毒にすぐやられてしまうような弱い身体を晒《さら》す。私たちは本来みなこのやわらかい身体をもっているはずなのに、鋼鉄の都市の中で、身体の内部から心をも鋼鉄化させてゆく。身の内に起こる熱をおびた叫び声は弱すぎて、やわらかすぎて、鋼鉄のなかには届かない、永遠に。この都会は「死相」を見せはじめる。

水俣病は今も終わっていない。

「『みんな水俣病の申請をしていると思うけど、隠しているもんね。人づてに手帳を持っていると聞いたから、水俣病だろうね』との答え。

『兄弟では話さないのですか？』とまた尋ねた。

『話さないいんじゃなくて話せないのよ』」（永野三智《ながのみち》『みな、やっとの思いで坂をのぼる　水俣病患者相談のいま』）

水俣病相談センターの職員である永野と患者との二〇一四年の会話だ。水俣病は今も昔もタブー視され、親戚のあいだでも口にのぼらない。

現在の患者の症状は「目に見えないものが多く、人知れず苦しみながら周囲からの理解を得られない」という。永野は彼らにまずは、水俣病事件のあらましと、水銀の知識を丁寧に伝えながら、彼らの話を聞く自分をこう省みる。

「被害を押し付けられた人の言葉を聞く度に、私が水俣病を引き起こした気持ちになるけど、それは多分間違ってない。水俣病事件が（ママ）引き起こしたこの国で生まれ、水俣病を引き起こした時代の延長に私は今生きている」（同前）

水俣病の患者たちの声を通して永野もまた痛みのなかから世界を感受していた。「やっとの思いで」相談センターへの坂を登ってくる、そうした弱い身体が発する声を、鋼鉄の都市は捉えきれないまま、あるいは聞く耳さえ失ったまま、前に進みつづける。

チェルノブイリと女性たち

チェルノブイリ原発事故後も、まっさきにこの文明への違和感に対して声をあげたのは、子育て中のヨーロッパの女性たちだった。高濃度の放射性物質を含んだ空気は、ヨーロッパに運ばれ雨となって降り注いだ。野菜を買ったり、掃除や料理をしたり、子どもを外で遊ばせたりする日々の、生命を維持しようとするあたりまえの営みが、突然すべて危険をともなうものとして迫ってきた。福島の、子どもを抱えて途方にくれていた女性たちの顔が重なる。ニュースで目にした、母親たちの呆然とした目。外で遊ばせられないので子どもが荒れていると、力なく語った母親の声を思い出す。ドイツで子育てをしていた教育学者のマリア・ミースは、『チェルノブイリは女たちを変えた』のなかで言う。

「私たちにこの技術をもたらしてくれた『責任ある人びと』にとって、砂場で遊んではいけない、とこどもたちに命じるのは簡単だ。彼らはこどもたちの世話をする必要など、ないのだもの」(「自然を女たちの敵にしたのはだれか」)

ドイツの哲学者アネグレート・シュトプチェクは、同書でこう書く。

「私たちが何らかの『進歩』のために、なにか『崇高なもの』のために、自分の身体を犠牲にするのを拒絶することは、私たちの父権制文化と著しく対立する」（「男文明から降りる」）

男性たちは、スリーマイル島にせよチェルノブイリにせよ、原発事故のあと「この大惨事の体験を女性よりもはるかに強く無意識下に押しこめようとしていたことが明らかになっている」（同前）。

「無意識下」とは、まるで原発の事故などなかったかのように、実現できるかもわからないオリンピックの狂躁《きょうそう》のうちにすべてを忘却しようとする、いまの日本の姿を言い当てられているようではないか。「父権制文化」というのは、すべてを目に見えるものとして変換しようとする思考様式で、そこから現在の科学技術が始まったということだ。「原発の廃絶だけでは、ことはすまない。それよりも、新たな生命根絶の可能性が発見され、それが実行されるのを阻止しなければならない」（同前）

そうして、チェルノブイリ後の女たちは、「男文明から降りる」ことを提案する。スリーマイル島の事故でも、女性たちは、事故後の男たちの、自分自身を「無意識下」に置くようなふるまいを、「ニュークリア・マチスモ」と呼んだという。生命を支配しようとする「男性文明」の犠牲者は、男性自身でもあるのだ。生命の声を聞かないできた文明は、生命の声を聞きとる耳もなくしている。しかし、女たちはどうか。その身体で、肌で、生命の声を聞いてきたのではないか。そこに希望を見ることはできないのだろうか。

こうした現代文明の中での女たちと環境との関わりを、女性史研究者の村上潔《むらかみきよし》は、女たちの「領地戦」と名づけている。

「近代社会は、男のみならず、女を都市へと引き出した。女は大地を、海を、失った」（「女の領地戦――始原の資源を取り戻す」）

日本では、高度経済成長期の主婦たちが、丘を切り崩し、川を埋めて作った郊外の土地に子どもを育てるために住み始めた。そして「大地を、海を、失った」母親たちにとっては、失った自然を取り戻すことは、子どもや老人たちへのケアという形で行われてきた。

二十代、三十代の、子どもを産む前の私は、過剰に男性文明に自分を適合させてきた。労働市場で有能でいようとすればするほど、わが身体の実存は希薄になっていった。しかし妊娠、出産を機に、私は、私の身体に圧倒的に戻ってきたと感じた。そして、自己の輪郭は他者である赤ちゃんとともに溶けだし、私の近代的自我は崩壊した。そこで私は初めて気づいたのだ。私自身も、生命の声を聞く耳をなくしていたのではないかと。本来は、妊娠した途端にこうして嬉々として胎児の育成プログラムを進む、高度に複雑な生命システムを抱えた身体をもっていながら、身体はこの文明の労働市場のなかで漂泊し、自己意識とは関係なく生死にむかってひた走る具体的な身体を感じとれなくなっていたのではないかと。

すべて理性に回収されるような近代的自我と、すべて数字に回収されるような資本主義社会は、生命を疎外している。

網野善彦は、どこにも属さず境界を行き来する無縁の人々について、「世界史的敗北」を喫《きっ》したと書いた。弱き身体をもつ私たちは、敗北後の焼け跡を生きている。残骸《ざんがい》を踏みしめながら。

第五章　失われた子どもたち

彗星の雪、細胞の会話

　この論考を書くことで、私のなかである変化が起こっていた。それは、これまで集めてきた女性たちの声を、ふとした瞬間、風に、街路に、木々に、水に、聴くような心持ちがすることだ。それは、女性たちのなかに湛えられている、ある「自然」の形を聴こう聴こうとしていることで起こった変化かもしれなかった。

　夜明け前だった。娘を夜九時ごろ寝かしつけながら一緒に寝てしまうと、必ず夜の深い時間に目が覚める。この日もそうだった。食卓の電気をつけて、ぼんやりとパソコンを立ちあげて、ＳＮＳで流れてきた「彗星に降る雪」の映像を見ていた。画面は白黒で、向かって左手には高い絶壁があって、その下から見上げるような形で上空から降るこまかい「雪」のつぶを、カメラが白い光として捉えている。このチュリュモフ・ゲラシメンコという名の彗星は、氷の塊でできた小さな天体で、細長い楕円の軌道を描いて太陽のまわりを回っているという。実はこれは雪ではなく、宇宙空間を飛んでいる塵《ちり》や宇宙線がカメラに映りこんだものらしいが、私たちの目には吹雪にしか見えない。

彗星の「雪」は誰からも気にかけられることなく、ただ淡々と降り注いでいた。物理現象は物理現象のまま、人の介在なしに何億年もその時を刻んでいる。その神々しいほどの孤高が、妙に私の心を落ち着かせる、そんな夜だった。

ベッドルームに戻り、深く眠っている娘の姿を確かめてから、宅配ボックスに荷物があることを思い出して、裸足にビーサンをつっかけて玄関のドアを開けた。ふいに、ひゅーっと強い風が部屋のなかに入りこんできた。闇夜のなかで背の高いケヤキの木が猛烈な風にゆられ、ザワザワと大きな音をたてている。こんなに風が強い夜だったのか……。宅配ボックスまで、マンション内を通らず外に出て大回りしていくことにした。真下を歩くとケヤキは黒々と、そして諾々と風が誘《いざな》う方向に葉をゆらし、いまにも倒れそうに見える。皆が寝静まった夜中に、木々と風とは、人間のあずかり知らない舞踏を繰り広げているようだった。しばらく見上げていたら、私自身もケヤキが風に打たれる感覚を内側から会得できるような気がしてきた。それは、人間が感じたことのない種類の喜びのような気がした。いつか植物になりたい、植物になって光と水と空気だけを養分にして、この世界を感じてみたい。そう思った幼いころの気持ちを思い出す。

ふと、寝ている娘のことが妙に気になって、足早に部屋に帰った。さっきと変わらぬうずくまるような姿勢で、空豆みたいにまあるく寝ている彼女の寝息は、まだ人間になりかける途中の生命の息という感じで、風に打たれる木々の舞踏に少しだけ似ていた。私は隣に寝ころび、その息を吸いこみながら、今日あったことを思い出していた。

思い返すとこの日見たものは、すべてふしぎな連関を起こしていた。

この日の昼間、私は母の水泳の付き添いで、プールにいた。右側通行であることを何度も説明してから、ビート板で泳ぎ始めた母を目の端で確認し、自分も端っこのレーンで泳ぎ出した。雨上がりのまばゆい日差しが、天井のガラス窓からまっすぐ注いでいた。目を閉じてあたたかい光をまぶたに感じながら、私は仰向けになってスーッとプールに浮いた。腕を伸ばし、足をフィンのように軽く動かしていると、水を掻《か》く音に消されずに、水中の音が聞こえてくる。ボー……という水音のむこうに、女性の声がくぐもってかすかに聞こえてきた。館内で、古いシャンソンのような女性ボーカルの音楽がかかったのだ。そのとき、とてもふしぎな気持ちになった。私はかつてこんな風に、お腹の中で母の声を聞いていたのだろうか。生あたたかい水のなかで、自分と水の境目も、定かではない。そんなあいまいな場所から出ていかなくてはならないとしたら……。それはなにかとても厳しい、冷たい審判のようなものに思えた。このあたたかい水の感触から切り離されて、降り立たなければいけない地上で触れることになる「空気」は、「私」

の輪郭を否が応でも際立たせる。そしてなにより地面にむかって引っぱられるような重い感覚。母の、やわらかく聞こえていたはずの声と、たしかな心臓の鼓動はもう聞こえず、知らない声や世界の雑音が直接耳に入りこんでくる。妊娠中、水の物質性への反応を、妙に微細に感じるようになったことを思い出す。

赤ちゃんがこの世に出てから、まず泣き声をあげるのは当然のように思えた。こんなに心細いことはない。私はプールのふちに着いて、もう一度向きを変えて仰向けでけり出してから、妙に納得していた。横で泳いでいるはずの母も、私も、そしてついこの間、空気中に出てきたばかりの娘も、みんなこの苦しみを通り抜けて、この世界で息をしているのだ。すべての人が抱える宿命のようなものを全身で感じながら、私はプールから上がり、母に声をかけた。

帰り道、バスのなかで細胞同士の会話を取りあげたサイエンス記事を読んだ。細胞と細胞のあいだには、光の道ができているという。そこに掲載されていた写真には、丸い細胞から隣の細胞へ、白くて細い道が渡されていた。この道を通して、細胞同士はどんな会話をし、あるいはどんな触れ合いを行って、私たちの身体を支えているのだろう。

人知れず降る彗星の「雪」、闇夜の風と木、水のなかの声、細胞の会話……。これらすべての連鎖は、意外なことにも思えるが、「感情」に属することのように思えた。誰から注視されることもなく続けられる、ものしずかな現象たちは、「私」の壁を壊し、境界をあいまいにして、ひそやかに優しげに、「他」と交わっていた。それは、私のなかのなにに似ているかといえば、「感情」だった。私は、水のなかの声や細胞たちの会話、雪や木々と交じり合いながら、かつて感じたことがあるけれど思い出せずにいる記憶に呼び出されていた。

私たちのあずかり知らぬところで執り行われている、こうした膨大な数の現象によって、この世界は成り立っている。そのはずなのに、私たちはその何パーセントも感じられずに生きている。その途絶された「私」という一人の容《い》れ物《もの》の小ささを思う。はかりしれない世界がどこかに茫漠と広がっているという認識は、決然としながらも、限りなく優しくもあった。誰もいない劇場で淡々と上演される舞台のように、誰からも見られることなく行われる出来事は、私たちの手の届かない深淵《しんえん》で執り行われているという意味で、もっとも信頼できるものと思われた。

こうした感覚もまた、胎児と、胎児を宿す妊婦や母親たちの声を聴こうとしてきたことから開眼したものだったが、そうした「私たちがあずかり知らないところの現象」は本来、妊娠中に限らず、すべての人の身体のなかでいつも巻き起こっているものだ。心臓は止まるまで血液を送り続け、腸は黙って消化酵素を出し続けている。妊娠中は、そんな、ふだんは意識されることのない沈黙の現象を、ありありと感じられる特異な時期なのだろうが、あるいは病で床に臥している人も、そうした感覚をつねに敏感に持ちあわせているのではないか。そしてもの言わぬ現象を全身で感じて、確実に反応しているのは、ゆれ動き絶えず変化する私たちのいじらしい「感情」というものなのだと。だから人は、自らのうちでわき起こってくる謎の感情を無視してはいけない。それは自分からもっとも遠いものをキャッチし、言語化も判断もできない、なにかしらの現象に素直に反応しているのかもしれないのだから。

——今橋愛さんのこと——

物語のはじまりはじまり

春と呼ぶにはまだ早い、肌寒い二〇一八年三月のある日、私は大阪・梅田駅から阪《はん》急《きゅう》電車のこげ茶色の可愛い車両にガタゴトゆられていた。今橋愛《いまはしあい》さんという歌人の住むところまで向かっていたのだ。窓から差しこむやけに強い日差しで、手みやげのパウンドケーキが悪くならないか心配になりながら、電車に数十分もゆられていたら、指定の駅に着いた。まだ待ち合わせには十分ほど早かったけれど、改札に着くと背の高い女性が、お着物姿で柱の横にぽつんと立っているのが見えた。ああ、きっとあれが今橋さんだ。挨拶をするとやわらかい、まさに関西の文化をあらわす「はんなり」という言葉がぴったりの、音の振幅が大きい抑揚ある大阪弁で「いまはしです、よろしくおねがいします」と返ってきた。よく見ると、着物はデニム地でできていて、カジュアルなものだった。少し緊張されているのか、何度もうなずきながら、ここまで足を運んだことへのお礼を口にしてくれる。

今橋さんと連れ立って、静かな住宅街を歩いた。鳥の声がつんざくようにあたりに響き渡っていた。この日のために借りたというお友だちの家は、歩いても歩いてもまだ先のようで、私はこのままいったいどこへ連れられていくのだろうと、迷子になったような心持ちだった。

たどり着くとそこは公団の古い団地が並ぶ一角で、部屋の前まで出てきてくれたお友だちは、化粧っけのない白い顔に、黒縁の丸めがねを掛けた、まるで坂口安吾《さかぐちあんご》のような人だった。舞踏家だという彼女が、ギーと音をさせて鉄のドアをあけてくれると、中からはひんやりとしたしずもった空気とともに、お線香の良い香りが運ばれてきた。部屋に入ると、骨董品店《こっとうひんてん》にあるような大型の木製の食器棚や、昔の人が嫁入り道具に持ってきたような立派な和箪笥《わだんす》が並んでいる。聞くと、数年前までそのお友だちのおばあちゃんが住んでいた部屋だという。

今橋さんは、窓辺でゆれるレースのカーテンと、そこに置かれた南国の植物をゆびさして、「これを見ていたら、記憶がかきたてられて、うまく話せるような気がして」と言った。

すべてが物語のようなはじまりだった。駅から三十分も歩いて着いた古い団地も、昭和の文士のようなお友だちの丸めがねも、今橋さんが着ているデニム生地の着物も、お線香の香りのなかでゆれるカーテンも、私を物語に誘う、分厚い本の最初の頁《ページ》のようだった。

今橋さんのことは、二〇一七年に川上未映子《かわかみみえこ》の責任編集で話題となった『早稲田文学増刊　女性号』で知った。今橋さんの作る口語体の短歌と、彼女の頭のなかにわき起こる心理そのままのような散文、そのときどきで読んだ本からの引用や、他人が語ったことなどが地続きでつながっており、それが大きい文字、小さい文字、文章ごとにかなり文字の級数を変えて、誌面に文字が躍っている。それはまるで「言葉の音」というような感じで、今橋さんのなかで大きな音だったり小さな音だったりする、ひとりごちている音の振幅をそのまま誌面に移したようだった。たとえば自分が四十歳になったことを書いたところでは、「40才」と、信じられないくらいに大きな文字で載っていて、ふしぎな心象風景の表現だと思った。その連作短歌の冒頭、彼女はこう綴っていた。

　子を持つ気も
　持てる気も全然しないこころで
あのころ

いばしょ　なかった。

（「そして」）

四十歳になった自分を諧謔《かいぎやく》的に描きながら、子をもつまで居場所がなかったという今橋さん。興味を惹《ひ》かれ、北溟《ほくめい》短歌賞を受賞した『O脚の膝』、そして『星か花を』の歌集を続けて読んだ。

りょうほうの手をくびにまわす
たじろぎもせず　わらってる
くるいだしそう

（『O脚の膝』）

恋のまにまに変化する一瞬の熱量をここまで捉えられる人が、妊娠出産期をどんな言葉にするのか、興味があった。そしてフェイスブックでご本人を見つけ、直接メッセージしたのがはじまりだった。お返事は、可愛らしい菜の花の模様のついた絵はがきで「ありがとうございます」と来たのだった。

言葉の落ちる音

お友だちが出してくれた紅茶から、薄い湯気が立つのを眺めながら、薄暗い日本間の畳の上で正座をして、お話がはじまった。今橋さんは、のっけからこうはじめた。

「まず1の質問についてですが……」

何を話すかあらかじめ準備をしたい、という今橋さんの要望にしたがって、私は事前にいくつかの質問をメールで送っていた。最初の質問は「妊娠出産で、感じ方や世界の捉え方、感覚の変化はありましたか、それともなかったですか」というものだったのだが、私は番号振りなどはしていなかったところを、今橋さんは番号を振り、その答えをノートに書き一心に話し出そうとしていた。一瞬、質問を送らなければ良かっただろうかと思いつつ、ノートに目を落としている今橋さんがあまりに懸命な目をしていたので、そのまま伺った。

「まず1の質問ですけど、妊娠中に編集者さんがこっちに来ることになって、ご飯を食べたんです。そのときに彼が、子どもを産むんだから、もう作品を生まなくていいと言って、親しいからそういうこと言うてくれはるのやけど、もう子どもが作品だからってことで。それが、あとあと嬉しかったんです。それまではけっこうぎりぎりの感じで書いていたというか、焦燥感がすごくあった。だから書かんでもいいってなったら、逆に書けるみたいな。そこまでキツいとこまで来てたというのは確かです」

「子どもが作品だから、もう書かなくていい」という編集者の言葉を批判する流れになるのかと思ったが、もう短歌を書かなくていいかもしれないという安堵《あんど》の話だった。意外だった。今橋さんは歌の世界のなかで自分を鋭敏にとぎすませ、言葉のなかで世界を自分の方に引き寄せ、ようやく息つく人なのだと思っていた。だから、「歌をやめられる」ことに救われる思いでいたと知って、少なからず驚いた。「そう仰《おつしや》るということは、そこにいたるまでに、今橋さんと短歌との関係がやめたくなるくらいつらかったということなのでしょうか」そう問うと、しばらく口をつぐんでから、今橋さんはゆっくりとこう話した。

「焦燥感、うん、焦燥感やと思います。妊娠前までは、子どももいないし、どうやって生きようかなというところもあって。地震（東日本大震災）で帰ってきたところもあるんです。そのあと、けっこうキツかったのもあったりして」

今橋さんは大阪に生まれ、中学までは地元の学校に通い、高校はカソリックの女子校に通った。関西の大学を卒業後、一度大阪を離れ、知的障害のある人たちが暮らすグループホームで働いていた。「愛ちゃんのやさしさが活《い》きるんちゃう？」と両親が勧めてくれたという。介護施設をめぐって滋賀、岡山、東京と移動し、そして地震があって、大阪に戻ってきた。短歌という表現手段は、大学卒業後に手にしたという。

「歌をしはじめたときは、書かなければ、生きてることがないことにされたらえらいことだという気持ちが強くて。書かんことには存在が消されてしまうというテンションで書いてました。もう景色が変わってる、ああ、もう光がなくなってる、と。そんなに敏感では生きてられへんわ、と今では思うけど、そういうことを根拠にして歌をしていました」

「もう景色が変わってる、光がなくなってる」。目にとめ、感じなければ、世界の事象はほとんど私たちの無意識下で、だまったまま過ぎ去ってゆく。もしすべてを感じようとしたら、それはとてもエネルギーのいることだが、今橋さんは書くことで、すべてを感じようとしていたのだろうと思える。「書かなければ、生きてることがないことにされてしまう」。書くことと生きることが、今橋さんのなかで同期しているからこそ、「キツく」もありしんどくもあり、焦燥感を抱いていたのだろうと思う。だから、書くことから逃げ出したいと思っていた彼女の気持ちは、私にも理解できた。

しかしだからといって、そうした書くという行為の「ぎりぎり」のなかで子どもを宿した彼女に、担当編集がかける言葉は、「子どもが作品だから、もう書かなくていい」という言葉ではないはずだ。今橋さんの代わりに、その発言に怒ることにした。

書くことと生きることに対する今橋さんの言葉を聞いて、彼女の微細な感受性を知るような心地がした。その微細さは、恋の歌にも表れている。

頼りないものへ

うすむらさきずっとみていたらそのようなおんなのひとになれるかもしれない

(同前)

明け方の空はきれいです
びょうびょうとわたしどこに行くんだろうか

(同前)

ある人との関係を、丁寧に、率直に綴りながら、「薄紫」のような女性になれるだろうかと詠むこの歌集は、次の歌で締めくくられる。

もうちがうひとにならなくてよくなった
とたんこんなに耳がしずか。

(同前)

誰かを好きになるなかで、自分ではない何かを求めたり、誰か他の人の像を近づけたり遠ざけたりしながら、人は恋をする。自己卑下と自己憐憫《れんびん》と、それから陶酔と興奮を繰り返して。たぶん人が二十代でしか持てないような熱量や、やむにやまれなさに肉薄している今橋さんの歌は、たしかにせっぱつまった感情の沸点のようなものが、ずっと詠《うた》われている。もう短歌を書かなくてもいいかもしれない、とまで話した今橋さんの「やむにやまれなさ」の正体にもう少し近づきたい、そう問うと、

「わたし、こうして手が動くでしょ」

と言った。

たしかに、今橋さんは話しているときに手をゆるく開いて、胸の前にふんわり構え、一つ言葉を口にするごとに、小刻みに動かしていた。

大学に入ったとき教授に、エジソンやアンデルセンは大学を出ていないのだから、大学に来なくてもいいんだよと言われたという。教授が学生にそう言いたくなるくらいの生きにくさを、ずっと抱えていた。もしかしたら現代の世では、その「生きにくさ」に、具体的な病名がつくかもしれないと、今橋さんは続けた。

「不条理な学校の場面をよく思い出します」

学校という場所は、いじめたりいじめられたり、「不条理」としか言いようがなかっ

た。高校のときは教室にいづらく、保健室で過ごすこともよくあったという。

「みんなが楽しそうにしているときは、嘘をついてました。卒業のとき、私は嬉しくて飛び上がりたいほどだったけど、みんなは泣いてて。あわせようとしたけど、涙なんて出なくて、でもうつむいて写真に写ってるんです。今見ると、ああ嘘ついてるなあと、そうやって無理をして暮らしていました」

いま、子どもが生まれて、久々に地元に帰ってきている今橋さんは、小学校時代にいじめを受けていた同級生をイオンモールなどで見かけるそうだ。彼女はマクドナルドで一人食事をしていた。

「いまは福祉をやった自分だからわかるのですが、あの子は知的障害があるのかもしれないです。もし何かしんどい特性があっても、障害者手帳があって作業所に行けば、私みたいなサポートをする人間が付くけど、親が障害者手帳をとっていないのかもしれない。私は、グループホームの世話人をしていたとき、ものを増やしためこんでしまう人と、一緒に部屋の整理をしていたんですけど、あの子にもそういう助けがあれば、ものを片付けられるなとか考えてしまうんです。マクドナルドとかで食べてて、ほかに何かいいもの食べてるのかな、家に帰ってどう過ごしているんだろう、どうやって生きてるのかなと思ってしまって」

そこまで言うと今橋さんは、今度は声をかけてみようと思っているんですと言った。

見ていなければすっと消えてなくなってしまうような頼りないものへの視線が、ひたひたと自然に、彼女の全身を満たしていた。そして、今橋さんは言葉少なに、幼いころ弟を亡くしたことを話してくれた。両親とそのことについて話したこともないし、自分は小さくて覚えていないというが、彼女は両親の内に潜む「不在」を敏感に受けとりながら、長いあいだ生きてきたのかもしれない。今橋さんのなかに、覗いても容易に底が見えてこない穴が空いているのが伝わる気がした。

黄色い目玉焼き

「中村さんの連載で水に触れて涙が出たという話を読んで、そういえば、私泣いてたわ、と思い出して。妊娠中よく泣いてましたね。悪い意味ではなくて、解放というか。あとは、黄色がぱっぱっぱっぱっぱと見えたんです」

ある初夏の日、図書館からの帰りのレンガ道で、今橋さんは景色のなかに黄色い色を見たのだという。どんな黄色なのだろう、そう聞くと、

「目玉焼きの歌を作ったんです」

と答えた。少し引用する。

きいろにもいろいろあって
今にもとろっとこぼれそうなほうのきいだよ
めだまやき　そのうちきえるときがくる
ただ、今は
あのきいろがすきなの

（「めだまやき」）

薄い黄色でも、太陽の光のような黄色でもなく、めだまやきの黄色。その存在感のある黄色は、胎児を抱えている自分の内側から見えたものなのだろうか、それとも外側から降ってくるようなものなのだろうか。私は妊娠中水への反応が強くなったが、今橋さんは色の感覚だった。

「妊娠中は二十四キロも太ったんです。それまではちょっとそういう太ったりすることに制限みたいな、自分に禁止していることがあって、細い身体で来てたんですけど、妊娠してるのに、これやったらあかんとか、自分を責めるのはやめようと決めたんです。そうしたら肥え太っていた。その解放感が気持ちよくて、いままでガリガリだったのに、太って丸々して」

いま目の前にいるのは、とても細身ですらりとした今橋さんだ。このほっそりとした身体に二十四キロもの重量が載った姿は想像できなかった。

ふだんは、そこまで自堕落になってはいけない、自分を許してはいけないだろうと制限していることを、妊娠中は解除してしまう。そんな感覚は私にも思い当たった。ベッドの上にご飯を並べて食べる、寝ながら人と電話する……それは、重すぎて自分のものでなくなったような身体を律するすべを持てなかったということもあったけれど、精神的な倫理規範を自ら解いたということでもあった。電車のなかでちょっと足を開いて座る、人前でごろんと横になるなど、自分の身体の要求を第一義にすると、それまで自分をしばっていた抑圧がはずれていった。それは自分のなかからわき起こる強烈な意志だった。

命を預かる妊婦の身体は、まるで公共物のように扱われる。「二人分だからたくさん食べて」「いまは身体が第一だから」。周りの人が自動的に私を「二人分の身体」として尊重するのがふしぎでならなかった。他人がそれを許してくれる、という環境のなかで私はおずおずと自分に課しているルールをはずしていった。

もしかしたら彼女は、人一倍自分に課している戒律が強かったのかもしれない。それを解いたときの解放感のうちに、大きなお腹を抱えて、佇む彼女の姿が見えてくる。

今橋さんは「めだまやき」の歌を、こう結んでいる。

かなしみに焦点をあわせていたんだ
さがしはじめる
よろこびの語彙《ごい》

（同前）

世の不条理を痛いほど感じていた少女は、「きいろ」を見て、しばし惚《ほう》けたのだろう。ここに至るまでの彼女を「きいろ」とともに、抱きしめたいような気持ちになる。

忘れてます、が答えです

今橋さんの世界の感じ方と、そこからくる「キッさ」のようなものの感触には、少しだけ触れられたような気がした。しかし、それでもなお、短歌をやめたら楽になるかもしれない、という思いの根には、たどり着けていない気がした。

「これまでは、言葉にしないとないことにされるという圧が強かったんです。でも出産後はもう、すべて忘れてるし、中村さんが子育て期のエピソードなどを聞いてくれても、忘れてます、というのが答えで。それまでの記憶力はすごくて、一瞬一瞬を捉えてたから、これでは脳がパンクするよな、という感じだったのですが、いまは違う脳ですね。そんな感じで生きてます」

ひそかに、シルヴィア・プラスのことを思い出していた。若いころから天才と目された詩人であったプラスは、子ども、とくに二人目の子ができてから、詩を書く時間がないことに焦り、朝五時ごろに起きて詩作をしていたという。乳飲み子を抱える母親はただでさえ睡眠不足に陥るのに、無理矢理早朝に起き出して書くとは。プラスの抱えていた、詩を書かなければ、という焦燥感の壮絶さに胸が詰まる。

そして、その「焦燥感」は、プラスを死に追いやることになるのだ。彼女は、幼い二人の子どもを隣室に残したまま、ある朝、ガスオーブンに頭を突っこんで自殺してしまう。子どもたちのベッドサイドにミルクとパンを置き、ガスが漏れ出さないようにドアの隙間に目張りまでして。あまりにも扇情的で、感情的な死。それはプラスの過剰に形容句がちりばめられた壮麗な詩と同じで、正直あまりなじめない。しかし、彼女という人を死に追いやったものは、子育ての時間のなかで女性が直面させられる、言葉の世界が崩れ去ることへの恐怖そのものだった。

言葉をたずさえて、言葉を支えにして生きる女性にとって、子育て期を乗り越えるのはたしかに難しい。いままで言葉をつむぐための栄養だった静かな時間は突然、授乳、おむつ替え、寝かしつけ、と赤ちゃんの短い睡眠サイクルとともに日々くるくる変化する時間になる。私はプラスのように死に追いやられるほど、言葉を失う恐怖が強かったわけではないが、それでも、出産直後にやってくる言葉の忘却期間は、とてもつらかった。

今橋さんは、それをいままでは「忘れてます、が答えです」と受け入れ、肯定しているが、ここに至るまでは苦しんだとも話してくれた。「出産後は忘れっぽくなる」という趣旨の本を身近に置いてしのいだという。

「流産したことを歌にした人がいて。そんなつらいことを書いている人がいるのだと。私も子どもを流産してまして、死亡届を出すほど大きくはなかったけど、そのときは短歌を書いて、気持ちをそのなかにばーっと。一週間の間に百とか歌ができました。そのときに自分は短歌のことを結構信じているんだと気づいたんです。現実の世界では生きていけないけど、短歌を信じて、そのなかに感情を出して。だから快復も早かった」

今橋さんは、流産したということを、ほんの少しだけ小さな声で、前の会話と同じ速さでぽそっと口にした。目は静かに一点を見ていた。短歌のことを信じている自分にあらためて気づいたとき、歌は現実世界の彼女の快復を促し、救いもした。

ここで言葉がとまったので、私は紅茶が冷めていることに気づき、お友だちが置いていってくれた赤いポットでお湯を注ぎ足しにいった。気づけば日は落ちかかり、レースのカーテンをゆらしていた風は、冷え冷えとしていた。その先を聞こうかどうしようか、私は迷っていた。思い返すとこの日の会話は、「1」という番号振りから始まって、今橋さんの肌のようにつるんとして、なかなか核心へたどり着けない、そんな感じだった。

しかし、私は気づいていた。彼女は言葉のなかに生きている。今橋さんの心理や感情の深い部分は、彼女と相対しながらも、いつまでも井戸の深いところに湛えられたまま、そのそよぎにもゆれにも触れられない。歌のなかに彼女がいる。だからこそ、やめなければならないほどキツい。もうそこでインタビューをやめることにした。

夕暮れになりかかるオレンジの光のなかで、もう一度行きと同じ道を今橋さんと連れ立って歩いた。行きは見知らぬ場所に彷徨いこんだようだったその道は、いまや私のなかに新しく掘り進められたあたたかい通路という気がした。そのたしかな感覚を胸に、彼女とお別れをした。

待ってくれていた娘たちと新大阪駅で合流し、帰りの新幹線のなかで今橋さんに頂いたケーキを食べた。思い返すとすべてが夢のようだったと思う。着物姿で畳の上に座っている今橋さんが、回想シーンのように思い出される。私の知らない表紙の知らない匂いのする本を開いて、一つの物語を読んだような心地だった。その表紙は今橋さんが着ているデニムの藍色だったが、開くとそこには、あたたかい黄色が溢れだしていた。

天からの声

数日後、頼んでいた目玉焼きの歌と、流産したときの連作短歌が、今橋さんからメールで届いた。そしてある朝、彼女の流産の歌を読んだのだ。読んでから、しばらく動けなくなった。

本当は今橋さんの気持ちの動きのまま進んでいく連作なので、すべてを引用したいが、心苦しくも途中から引用する。

手術の日のあさ
おなかにいるんだよ
ぜんぜんいない気しないいんだよ
まだやっぱり

(中略)

やさしさよりねうちのあるものは　ない
このばしょでもういっかい
こんどはうみたい

こんどもわたしは　ときちゃんをうみたい

（中略）

ときちゃんをいちどもみずに
ドアしめる
ときちゃんどんなかたちでしたか。

ときちゃんどんなかたちでしたか。

（「にじゅういちがつ」）

小さな文字が、こだまのように聞こえてくる。それは「とんでいった」「ときちゃん」の声かもしれないし、天の声かもしれない。神さまの声かもしれなかった。私は宮沢賢治の「永訣《えいけつ》の朝」を思い出す。天から声がこだまとなって戻ってくる、降ってくる。

不在は不在のまま、いつまで経ってもその空白は消えない。不在は不在のまま、何かが代わりに埋めてくれるわけではない。しかし、言葉にするという作業のなかで、失った存在を慰撫《いぶ》し、無限に開かれる寛容性に身をゆだねることもできる。今橋さんは、言葉という海のなかで、もう一度「ときちゃん」と出会いなおしたのだ。それは喪の作業というより、祝福の作業だった。言葉にするということは、存在を修復し、再生させる作業なのだ。

こんにちは

私は、ある女性のことを思い出していた。彼女は二回の堕胎《だたい》を経験した。それは不慮の事態である流産とは、自分の意志で行うという点で正反対の意味をもつけれど、その女性の場合は本当に自分の意志で行ったことなのか定かでなかった。彼女は一人目の子を出産してから、一心に子育てをしていた。彼女には精神的な病があって日常的に不安定だったが、一人目の子どもと過ごしながら、これは天啓《てんけい》だと思えるほどの幸福のなかで懸命に子育てをしていた。しかし周りは、そう見てはくれなかったのだ。二人目を妊娠したとき、君には子どもは一人しか育てられないだろうと、両親や医師から堕《お》ろすことを勧められ、病院に連れていかれた。三人目もそうだった。「そのときの自分に周りの声を跳ね返す強さがなかった、それがいけないの」と、彼女はこの話を四十年あまり経ってからようやく言葉にした。

その当時の彼女に、まともな判断力がなかったように見えたからこそ、人は堕胎を勧めたのかもしれないが、人の可能性とは他人の想像で推しはかれるものではない。彼女は三人の子を持つ幸福なお母さんになれたかもしれないのだ。子どもたちが、彼女をしぶとく強靭に、育てた可能性だってある。彼女は、亡くした子どもたちの命を、これまでずっとどこかで感じて生きてきたのだと思う。

四十年を経て、初めて明かされた事実。これまでずっと、彼女のなかで生き続けていたであろう子どもたちの姿を、私は一瞬見たような気がして、「こんにちは」と心のなかで挨拶をした。お母さんは、あなたたちのことを言葉にして、そうして私に渡してくれたよと。

私は、「草や木／生まれなかった子供／旅する風　霧のつぶ　雨のしずく／有形無形森羅万象」という言葉のことを思い出す。

大島弓子《おおしまゆみこ》「ダリアの帯」という漫画のラストシーンだ。主人公の妻・黄菜《きいな》は、若くして結婚するが、不慮の事故で階段から落ちてしまい、自分が流産したことを知る。身ごもったことにさえ気づいていなかったのだ。そこから彼女の精神はすこしずつ傾き始める。

夫・一郎《いちろう》と公園に行き、二人で山ごもり生活のおままごとを飽かずに続けたり、会社の前でエプロン姿で夕方まで待とうとしたりする。しかし終始一郎は逃げ腰で、会社のマドンナに心を傾ける。やがて黄菜は死んだ子に「ニイナ」という名前をつけ、子どものお葬式に締めるダリアの帯を探しにいくと言い、過去も未来も渾然一体《こんぜんいったい》となっていく。

心労から入院してしまった一郎は、自分がいないことで黄菜が病院に閉じこめられたことを知り、決断をする。自分の病室を抜け出して黄菜の病院に駆けつけ、出ておいでと呼んで、窓から飛び降りてきた彼女をうけとめて思うのだ。

「もう　にげない」

二人は山で自給自足の生活を始める。黄菜は誰もいない場所で、一人喋ったり笑ったりしている。でも山奥だから、もう誰の目も気にならない。二人はそこで年をとり、ある日一郎は畑でぽっくり死んでしまう。

しかし声だけはこの世界に残って、黄菜に語りかけていると、彼女はさも自然に、死んだ自分の声に答えてくれるのだ。そこで一郎は初めて知る。黄菜が話していた相手は「草や木／生まれなかった子供／旅する風　霧のつぶ　雨のしずく／有形無形森羅万象」だったことを。

マルグリット・デュラスは、一人の子どもを生後すぐに亡くしている。そして、亡くした胎児を「果実」と表現し、果実を失ったからっぽのお腹を「ひとつの虚無体」と呼んだ（『戦争ノート』）。デュラスもまた、書くことで、「虚無体」に生きる場所をあたえ、失われた「果実」と会話し続けたのだと思う。

言葉にしてしまうと、生きていたものが枠に閉じこめられ息をしなくなることもある。けれど、無言のまま母のなかで生きてきた失われた子どもたちは、言葉にされたことで、私という他者に、その存在を渡されもする。

「こんにちは」

まずは、そこからはじめたい。一度世界から失われた存在に、こうして触れられたことの、希望を思う。

ドアをあければ、闇のなかで木々たちは楽しそうに風とたわむれている。耳を澄ませば、声が聴こえる。

第六章　母の彼岸性

テレパシー的コミュニケーション

生まれてから毎日娘とお風呂に入っていたが、二歳を迎え、すっかり手がかからなくなった彼女を見て安心したのか、まったく別のことを考えながら入浴するようになった。その日の後悔や忸怩《じくじ》たる想い、そしてぼんやりとした期待とともにお湯にゆられていると、まるで子を産む前の自分に戻ったように新鮮で、まっさらで硬質な自意識の感触に驚く。それだけ、生まれてからこの方、ほとんど自分のことを考える暇もなく、子どもがお湯で溺れないか、危険なものを手にしないかと、始終他者に注意を向けていたということだ。

母親になってから、何がもっとも変わったかといえば、感覚器官がなかば他者のために開きっぱなしになったことだ。他者からの大量の情報が入りこむ状態が、ずっと維持されていた。出産前は、他者からの情報を自分の許容範囲内で取りこんだら、いったん閉じて考える時間があった。しかし子育てをしているとそれでは間に合わない。感覚は開きっぱなしで、動きながら考えるというダイナミズムに変わった。赤ちゃんの感覚や息づかいに全身で呼応することによって、自分一人の壁が溶解して他者が流入し、混沌のなかに身を没する。それはウィルスや細菌と相対しつづける免疫システムが、身体のなかで、ずっと黙ってやってきてくれたことに近いかもしれない。私のなかで理性は後退し、存在全体が生命システムそのものになっているのだと思えた。

しかしそのダイナミズムが、ついに変化のときを迎えたのだ。たとえばお風呂のなかで、子どもが湯を飲みそうだとか、シャンプーを間違えて口に入れそうだなどという、これまでアンテナをはりめぐらしていた危険情報が減ると、理性はすかさず私の感覚器官を閉じさせ、思考の靄で覆いはじめる。湯船のなかで「ママ？　ママ？」と問われればっと気がつくまで、考えごとをしているということが増えた。それは自分自身を取り戻したと言えるのかどうか。私は少し不安定な状態になっている自分を感じていた。

ホルモン値の上がり下がりとも深く関係しているのだろう。授乳を終えた私は、急速に身体を元に戻そうとしている。しかしこの心身の上がり下がりは、私がずっとつきあってきたものだ。

月経やホルモンの影響で、身体が過敏な状態にあるとき、私にはこの世界は襞《ひだ》のようなもので覆われているという感覚が芽生える。精神疾患などに付随して現れる「離人症」という症状は、世界がまるで半透明なヴェールのなかに入ってしまったように、ぼんやりとしか感じられない状態のことをいう。それは、いま私が感じているように、いくらめくっても中心に手を触れることができないもどかしさを抱えながらこの世界を見ている感覚と、深いところで手をとりあうように思える。

あるいは、光合成を行う植物の皮膜というのはどんな感覚なのだろうと想像する。葉や茎は、あたたかい光線を通して太陽を感じ、光を呼吸する。そのとき植物にとって世界はどのように感じられるだろうか。

光を透過させるような薄い襞が一枚、この世界には引かれていて、ふだん人はその襞の上を滑るように動き回っている。その上で、息をし、笑い、ちょっとしたことで怒り、他人と関係しあう。しかし、その襞を一枚もぐると、そこには別の葉脈のような流れがあり、現在は現在でなくなり、ここに見えていること、聞こえていることは、別の質感と成り立ちをもって存在しはじめる。遠い声と近い声は響きあって混じり、はるか昔に見た風景はいままさに起こっていることのように現在から未来にむかって刻一刻と像を結ぶ。こうしてふとした瞬間に現在という時制をもぐり、薄い膜一枚向こうのやわらかい光に溢れた世界にたどり着くと、そこは見えなくとも多くのものたちの動きを感じ、聴こえなくともすべてのものたちの声が響く、一つの巨大な流れだということがわかる。

娘と私は、娘が生まれてからの二年あまり、本当にお互いの自己が溶解した、母子カプセルのなかにいた。輪郭を越え出て、溶け合っていたのだ。しかし、彼女はもう何でも自分で食べるし、意思と言葉をも手中におさめている。二人は別々の身体をもつ個体となり、私たちの母子溶解の場は、こうしてほどけたのだ。このくらいの年齢で人は自分の空間を獲得するのだと、発見する思いだった。

と同時に、ふしぎなコミュニケーションが私と娘のあいだに起こるようになった。それは「テレパシー」といういかにも旧式の言葉で表現したくなるような伝達方法で、これまでは直接接触して暗黙のうちに伝達しあっていた無意識の領域が、目に見えるコミュニケーションとして現実世界に躍り出てきた、という気がしている。

たとえば保育園からの帰り道、娘を抱っこしながら、ふと「コーヒー豆切れてたな、お迎えにいく前に買えば良かった」と心のなかで思った。その瞬間、ずっと黙っていた娘がぼそりと「コーヒー」と言った。驚いて「聞こえたの？」と聞くと、なにやら当然というような顔をして「うん」と言う。

またある日のこと、夕飯のお味噌汁が残ったので、冷蔵庫にお鍋ごと入れて、翌日の朝飲んでもらおうと思っていた。明朝、ヨーグルトやトーストをテーブルに並べ終わったとき、突然娘が「お味噌汁」と言った。実は私は忘れていたのだ。「あっそうだった」とお鍋を温めはじめて、あれっと思った。お味噌汁を冷蔵庫に入れたのは娘が寝静まった夜中だったし、朝はいつもトーストなのでお味噌汁を朝食に出すことは一年に数回くらいしかない。娘はまた当然というような顔でこちらを見ている。娘の顔をまじまじと見て、「テレパシー？」思わずそう言ってしまった。

「シンクロニシティ」とか「偶然性」とかいう中立的な言葉ではなく、テレパシーという一九七〇年代のオカルトブームで使い古された言葉を使いたくなってしまうのは、「テレ＝遠い、遠く離れる」と、「パシー＝感覚」というギリシャ語の語源の、たしかな感触があるからだ。とても若いころの最初の結婚を解消し、初めて都心で一人暮らしをはじめた私には、今日はつらいなという日に限って、母が電話してきたり、可愛いニットの靴下が母の手紙とともに郵便で届いたことを思い出す。遠く離れていても、母は私をいつも「感じて」いたのだろう。もしかしたら、そうしたテレパシー的コミュニケーションが、他人同士の社会にも働いているのだが、ある時期を過ぎると私たちはその能力を失ってしまうのではないか。

繭から切り離されたとき

いま娘は母子カプセルのなかでの無言の詩的感応のようなものから切り離され、自身の感覚を言葉にして、人に伝えるよろこびのなかにいる。繭のなかで聴こえていたであろう母親の声は、テレパシーとなって娘にまだ響いているが、やがてそれもなくなるだろう。日々自分だけの言葉を見つける娘を見ながら、自分自身の場所を娘に差し出すようにしていた私もまた、一人の思考と言語のなかに戻る必要があった。

自己の輪郭があいまいな無意識の海へ、一緒にダイヴする赤ちゃんとの生活は、私にとって甘美な夢、ある種の快楽だったのかもしれない。いま私は夢から覚めて、慣れ親しんだ一人の近代的自我の殻に戻ってきた。溶け合っていた水滴同士が離れ、ぷるんと一つ一つの水滴に戻る。そのときこうむる震えに慣れない私は、バランスをもう一度取り戻すための過渡期にいるのだろう。きっとこの場所から、また言葉に出会いなおすだろうが、このアイデンティティの上がり下がりもまた、妊娠出産期の女性が直面する知られざる一様態という気がしている。

こうした妊娠出産を通して感じる自分の輪郭の変化について、私はある人ととても親密な会話をすることができた。きっかけは、この連載をいつも丁寧に読んでくださっていた、女性史を専門とする研究者の村上潔さんから、立命館大学で開かれたシンポジウムのことを教えてもらったことだった。講演を報告するHPに、妊娠する身体について話すフェミニスト現象学者の宮原優《みやはらゆう》さんの写真があった。「妊娠する身体」という言葉と、彼女の苦しそうに見える横顔が妙に気になって、しばらく頭から離れなかった。

夏の入り口のような日、私はひさびさに大学の図書館に行き、暗く冷えた書庫から彼女の過去の論文が載った雑誌『思想』をひっぱりだし、夢中になって読んだ。そして、一度お目にかかれないかと、大学経由で連絡をとったのだ。会うまでのあいだ、私は小説を読むようにして、宮原さんの論文を読んだ。

講演論文「妊娠する身体についての現象学的記述」で彼女は、自身が妊娠したときの戸惑いを、「自分が自分でなくなってしまうようにも感じられ、何ものかに自分の身体が乗っ取られてゆくように感じた」と綴っていた。だんだん大きくなっていくお腹や、悪阻《つわり》など日々刻々と繰り広げられる身体の変容を、短い期間に一気に経験する妊婦は、慣れ親しんだ身体の「解体」に晒されている。彼女はこの感覚を、「長期の進行性の病や怪我を負った人たちについても言えることだろう」とし、身体の変容により過敏になった感受性を、病の人々の感覚と同列で語っていた。私はそこに強く惹かれた。私自身も、子どもを抱えて都市を歩くなかで、もっとも強く感じたのが、痛みを排除した「いま」の世界への違和だったからだ。

新緑とタバコの煙
——宮原優さんのこと——

二〇一八年五月、青葉の香るころ、青梅《おうめ》在住の宮原さんと、立川《たちかわ》の喫茶店で待ち合わせをした。現れた宮原さんは、すらりと背が高い人だった。耳の下と眉の上で、パツンと切りそろえられた髪。細身のズボンに、袖に少しボリュームがある濃いグレーの麻のジャケットシャツを、薄い身体にさらりと着こなしている。ヨーロッパの古い館にでも住んでいそうで、ヴァージニア・ウルフの小説の登場人物さながら、このまま薄曇りの丘を散歩しているようなイメージが浮かぶ。なんだか「婦人」と呼びたくなる高貴さが漂っていた。奥のソファ席に誘って、ふっとすれちがうとき、濃いタバコの香りがした。彼女の論文に、妊娠していたときタバコをやめるのに苦労したと書いてあった。娘さんはもうすぐ三歳、また吸い始めたんだと思った。香りはそれだけでなく、新緑の青梅から、木々の生命の匂いをふんだんにまとってきているような気もした。しかしそれは、タバコの匂いから喚起された、自分の思い出の香りだったかもしれない。

宮原さんはモンブランにコーヒー、私はアールグレイを頼んで、まずは妊娠出産期の女性が「身体（図式）の解体」に直面すると綴っていることに共感したと、論文の感想から伝えた。「身体図式」とはメルロ＝ポンティが再定義した概念で、身体の一部を失った人が感じる、亡き身体への「幻視」、つまり経験から獲得する身体イメージのようなものだ。そうした身体イメージが、妊娠中に「解体」されたと宮原さんは綴っていた。その記述は、一つの発明だと私は感じていた。

「嬉しいです。そう言っていただけるのは」

彼女は低く、スモーキーな声で答えた。そして、私の連載の感想を述べてくれた。

「乳白色のなかで溶け合うようなという表現が、娘が一歳になる前の感覚とすごくフィットしました。乳白色ってやさしい色でもあるのだけど、別の言い方をすると視野がクリアでない、靄みたいにわからない不安な色でもある。その靄のなかで娘と二人、漂っていたことが、映像的な文章によって、再現されたような気がしました」

私には「乳色」の母子カプセルは甘美な夢だったが、宮原さんは乳白色の、先の見えない不安を強く語った。

「妊娠中つけていた日記を見返すと、妊娠をきっかけにタバコをやめたつらさが堪えがたいと書いてあって、〝せめて少しでも胎児を感じることができたならばもう少し容易に耐えられるのに〟と綴ってあったんです」

妊娠後期に至り赤ちゃんがはげしくお腹を蹴るようになるまでは、妊婦にとっても胎児は見えないし、なかなか体感を得られもしない。臨月までの十ヶ月あまり、健診で胎児の心音を聞かせてもらってようやく、その存在をたしかに感じ、胎児の無事を実感できる。私自身不安にかられて、赤ちゃんの心音を聴くキットを買った。心音を聴く時間だけは、お腹のなかの見えない胎児が、生物として脈打っていることを実感できる時間だった。

宮原さんは、「胎児の実感や具体性の欠落を何とか埋めようと」、赤ちゃんの産着を縫

い始める。縫っているあいだ彼女は、

「赤ん坊の小さなちいさな握りこぶしや、やわらかく薄い肌が感じられるように思われた」

という。それは、胎児との時間を慈しむというよりは、赤ちゃんが身につけるものを縫ったり編んだりすることで、逆に胎児への具体的実感を能動的にたぐり寄せる行為だったという。

宮原さんは前出の論文にこう綴っている。妊婦が赤ちゃんの産着を縫ったり、小さな靴を作ったり編んだりすることは、それまで「胎児への愛ゆえにそうした手仕事をするのであり（略）一種の愛情表現なのだと思っていた」。しかし必ずしもそうではなく、手を動かし赤ちゃんを想う時間を作ることで、そうでもしなければ感じられない胎児への「情」を、作り上げようと努力しているのだと。愛情は所与の事実ではなく、能動的に付与すべきものなのだと。

「私の身体は絶えず変容し、それに応じて世界の現れ方も揺らいだが、その不安定さそのものが胎児との共存という意味を帯びつつあった」

「世界の現れ方」が変わり続けるからこそ妊婦は、自分から努めて新しい世界との関係を結びなおそうとする。その不安定性が、胎児との共存を生むのだと宮原さんは発見していた。安定のなかにではなく、不安定なもののなかに他者との共存がある。「絶えず変容」するということは、他者を引き入れるということの核心でもあるだろう。その核心を、能動的に感じとることで、初めて宮原さんは、自分の身に起こる苦痛――大好きだったタバコも、全速力で走ることも、自分の限界まで働くことも禁止される――を受け入れていった。そうでもしなければ、胎児がいなかったときの自分が「いったいどうすればいいの？」と叫んでいた。

引きずりこまれる、駆り立てられる

宮原さんは、母親の実家があった青梅で生まれ育った。地元の学校に中学まで通い、高校を受験したが、第一志望の学校に落ちてしまい、滑り止めの学校に入った。授業も学校生活も面白くなく、集団行動が苦手だった。もう高校へ行く意味はないと思って、高校一年生のとき中退した。高一のときに自分の意志で中退するとは、なかなか勇気のある決断ではないだろうか。そう問うと、

「なんの根拠もないけど私は働けると思っていて。高校受験の勉強というのは本当に人の役にも立たないし、なんて無駄なんだろうと思っていました」

母親は小学校の教師。父親は編集者を辞め、地元で中学生向けの学習塾を切り盛りしていた。両親は退学に反対し高校だけは卒業してほしいと、中退者を受け入れてくれる

学校を探した。教育内容が個性的だった自由の森学園の存在を知り、見学に行くとすぐに気に入って「ここに行きたい」と思えた。高校一年生から編入した。依然、集団生活は苦手だったけれど、校則がなく定期テストもない学校は、良い意味で放っておいてくれ楽だった。その後、新潟大学に進学し哲学と出会い、都立大学の大学院に入学。東京に帰ってきた。

研究の中心は、ドイツのフッサールが興した「現象学」、なかでも「身体論」のメルロ＝ポンティを専門とし、メルロ＝ポンティの当事者研究を、「月経する身体」や「妊娠する身体」など、女性の身体の問題へと拡張した。研究者仲間と結婚し、いくつかの大学で非常勤講師を務め、研究を深めていた折、妊娠した。前述のとおり妊娠期の不安定さを、能動的な行為で乗り越え、無事女の子を出産した宮原さんだったが、娘さんが七ヶ月のとき保育園に預けて仕事に復帰したあと、さらなる試練が彼女を待っていた。

大学一年生の大教室での授業を受け持ち、入学してすぐの百六十人分の、膨大な量の文章添削をしつつ、二時間半かけて神奈川の大学に通った。公務員試験の予備校の講師のバイトも引き受けた。おまけに、ラテン語ができるばかりに、ラテン語文法書の校正を出版社から仰せつかり、三日後に三十ページなどという短い締め切りサイクルに追われることになった。授乳もしていた。夜を徹しての翻訳校正、何時間もかけての通勤と授業準備、夜中の授乳。どれも手を抜かなかったのは、娘を保育園でがんばらせているのだから自分も、という追われるような気持ちからだった。そのころのつらさを、父親に訴えたことがあったという。

「こんなに小さいのに、こんなにずっと一緒だったのに、別れるのがつらいと父の前で泣いてしまったんです。そしたら、それは七ヶ月だろうが三歳だろうが、六歳だろうが、十一歳だろうが、いつだって同じ。つらいんだよと言われて……」

そして半年が経ったある日、本当にぽきんと折れたのだ。ある日、ものの味がしないことに気づいた。眠れなくなって、ものが考えられず、つらい苦しいという感情だけがわーっと溢れる。気持ちがおさえきれず、保健センターに電話をし、そこから精神科の医師を紹介された。診断はうつ病だった。妊娠期を乗りきり、子どもを産んだ喜びのなかにいた彼女を、今度は産後うつが襲った。

「お医者さまには、いまのすべてのタスクができる時点でおかしいですよね、普通は無理だと認識してください、と言われた。でも娘は保育園に入れているし、自分も娘に会いたい気持ちを我慢して、それを埋め合わせるために、タスクを入れてしまう。追い立てられて、サイボーグと化していました」

子どもを保育園に預けている罪悪感と喪失感から、空いた時間に仕事を入れてしまうという話は、身につまされた。私自身、娘を初めて保育園に通わせたころのつらさを思い出すと、胃液がにじんでくるような思いがする。預けはじめは、子どもは泣いて泣いてしかたがない。母親の首を木の幹につかまるようにして離さない娘を、保育士さんが「耐えてください、お母さん」と言って引きはがしていく。もちろん、私が望んでそうしているのだ。娘を「がんばらせて」いるのだから、一分でも無駄にしてはいけないと、ことさら仕事にうちこむ。

多くの女性が、子どもを抱えながら復職して、心身のバランスを失っている。私の周りでも何人かの、苦しんでいる彼女たちの顔が浮かぶ。自分を追い詰め、無理をして限界点のストッパーを外してしまう。そうして気づいたときには、外したストッパーがあけた穴から流れこんでくるダメージの多くを、心が受け止めてしまう。

「うつの診断があった月に、大学での講演会があったんです。お医者さまには極力すべての仕事を止めてくださいと言われていたけど、講演のテーマの一つが〝病の身体〟だったので、文献を調べたり緻密な作業はできないけれど、今の自分の状態をそのまま出してもいいのではないかと思って引き受けました」

宮原さんは講演のタイトルを「振り回される身体」とした。乳児と一緒にいることが自分にとってどういうことか、初めて言語化した。

「子どもに引きずりこまれていく、自分の心と気持ちが。それが赤ちゃんのもっているパワーなのだと思います。気にせざるを得ない、愛さずにいられない。そうやって気持ちが引っぱられて、駆り立てられる」

子どもを産むまでは、道ばたで泣きじゃくる子どもの相手をしている母親は、世間体を気にしたり恥ずかしさなどで母親自身がつらく、早く泣き止ませたいのだと宮原さんは思っていた。だけど子どもをもってみると、泣き止まない子どもの苦痛を早く取り除いてあげたい、苦しそうだから早く泣き止ませてあげたいというフェーズがあることに気づいた。

「育児ノイローゼになってしまった母親が、赤ちゃんに適したお風呂の温度がわからなくなって、温度計を買ったという話を聞いたことがあります。子どもに同化していれば、子どもにとっての適温が自然にわかって、一緒に気持ちいいねと言える。あんなに感覚を使う経験というのはないと思うんです。自分が生きている世界以上に、赤ちゃんが生きている世界に全力投入しなければ赤ちゃんのニーズがわからない。すごく幸せだったけれども、でもそれは自分のことを置き去りにして、自分がどっかに行っちゃっている時間だった」

昨日と今日の変化、さっき肌を触った感じといまの感触の違い、泣き声の微妙な違い……すべてが不確かななか、母親は感覚をとぎすませる。その判断が、命を左右する。重い命を預かる重責のなかで、母親は自分の欲望を置いてきぼりにし、全身が赤ちゃんに対する感覚器官と化す。

子どもがこれ食べたいかなと思って食事を作ったり、子どもはこれが楽しいかなと思って一日のスケジュールを組んだりしていると、自分が何を欲しているのか、何を求めているかよくわからなくなっていく。気づいたとき、「あれ、私空っぽだな」と、自分を置き去りにする感覚。それを宮原さんは「引きずりこまれていく」と言葉にした。

逃走の自由、英雄の自由

「自分を置き去りにする感覚」のことを宮原さんは、哲学の概念で説明してくれた。メルロ＝ポンティの主著『知覚の現象学』の最後に「自由」という章がある。メルロ＝ポンティは自由を二つの様態に分けたと考えられる。逃走する自由と英雄と呼ばれる自由だ。

たとえば自分の子どもが火の中にいる。母親は何も考えずに飛びこむ。まるでジャンヌ・ダルクのような無心の行動。それが英雄と呼ばれる自由だ。一方、逃走する自由は、キツくなったら身を引くことができる自由。つまり、いま目の前にある現実に対して、別の選択肢を選び取ることができる、逃れられる自由のこと。それは個人が担保されるべき最低限の自由とも考えられる。宮原さんは、このメルロ＝ポンティの自由についての哲学をそのように読んだ研究者・川崎唯史《かわさきただし》の講演を聞き、まるで我がことのように感じいった。

「子育てというのは子どもの世界に全身全霊で飛びこむこと。まさに〝英雄の自由〟と呼ばれるもので、子どもを産んだ経験はそれの連続。自分のことを生物として守りたいという防衛本能も脱ぎ捨て、火の中に飛びこむものだと思うんです」

それは「犠牲」に似て、一見「自由」という言葉とはかけ離れているように感じる。なぜメルロ＝ポンティは火の中に飛びこむ行為を「自由」と呼ぶのか。それは「自分自身から自由」という意味だからだという。自分を規定している自己意識からも解き放たれ、無心の行為をすること。それは、一つの「自由」なのだと。

自己意識から解放された、無心の行為と聞いて、看病や介護などケアに従事する人々のことが思い浮かんだ。そう伝えると、

「子育てはケアではない、と思うんです。親にとって子どもは、〝駆り立てられるもの〟〝気にかけずにいられないもの〟。ケア学でいうと、介護や看病などケア労働をしている人に、最低限保障されなければいけない権利は、〝イグジットフリー〟、つまり逃げ出すことができる権利なんです。言い換えると別の関係を作れる状況があるかということ。だけど母親は子どもとのあいだに別の関係を作ることはできない。おばあちゃんの介入や、夫の参加などがあれば、少しは別かもしれないですが」

子どもの存在は否応なく母親に英雄と呼ばれる自由を要請する。子育てがケアと違うのは、天の声のような否応ないものへの、ある種の自動化された選択だということだ。

要請への絶対的な応答。呼び声のする方に向かって、火の中へとダイヴする母親……。その無心さは、赤ん坊の叫びの必死さそのものと重なる。

メルロ＝ポンティの「英雄」は、国家という虚構への熱狂、戦争に駆り出されていく兵士をイメージさせる。子どもからの要請は虚構ではないが、熱狂であることはたしかだ。そう考えると、嬉々としてダイヴした熱狂が去ったいま、一抹の寂しささえ感じている私は、盲目的に戦争に駆り出されていく兵士のようなものなのか？

だが果たして本当に、子育てとは英雄の自由なのだろうか。逃げ場のないものなのか。英雄的な母親像は、「自己犠牲」などとともに、これまで容易にイメージされてきたものだが、本当に母親は別の選択肢をもたないのか。逆に、他人を介護するケア労働の現場は、逃げ場を与えられているのだろうか。いくつかの疑問が湧いてきたが、宮原さんの実感として、逃げ場のない形で行動を迫られる英雄の自由こそが、産後うつを引き起こしてしまう母親の精神メカニズムを説明してくれる図式だった。

しかし宮原さんは産後うつになったことで、熱狂へと身を投じる自分について立ち止まる機会を得た。しばらく休職し、いまは寛解期を迎えている。しかし、いまでも日々の生活は手探りで、土日に夫が出張などで不在のときに娘と二人で過ごすと、娘の時間に引っぱられすぎてしまい、月曜日に娘を保育園に送ってから、一日中家のなかで動けなくなることがあるという。それを「しかたがない」と自分で自分を許せるところまで来た。宮原さんは娘と一緒にいられるという幸福と、逃げられなさに引き裂かれている。

私たち母親は子どもを目の前にしていても、逃げるという選択肢を感じながら向き合うバランスを作り出せないだろうか。もっと自分のための時間をつくって良いし、自分の空間を、ヴァージニア・ウルフにしたがって鍵のかかる「自分ひとりの部屋」をもってもいい。罪悪感など感じずに、自分ひとりの喜びとはなんであったのかの感触を取りもどすためにも。

思い返すと宮原さんとの話には、自分が子どもの世界に「駆り立てられる」「引っぱられる」「引きずられる」「もっていかれる」という言葉が頻出した。最初から最後まで、個を奪われる話だったと言っても過言ではない。まるで冥界や黄泉の国の話をしているようだった。引きずられ、もっていかれた見知らぬ場所で、もう一度きびすを返しこちらに戻ってこられるのか。たしかに幼児の世界は、私たちがいる世界とは圧倒的に異なっているので、ふと気づくと靄に囲まれて、あちらの世界に迷いこんで戻れない、というようなものである。靄のなかでの自己溶解の感覚は、母親の個を迷子にさせ、彷徨わせる。

しかしだからこそ、母子の場所とは特別な、特殊なところなのだと認識しないと、黄泉の国から戻ってこられなくなる。うつだけでなく、ヒステリーや統合失調症など、産後に女性たちが直面する精神バランスの悪化を癒すためには、母親が彼女自身の「自由」を、子どもを抜きにして語ることのできる時空間を確保することが必要だ。自分からの解放という意味での「英雄の自由」でもなく、逃げられることを確保した「逃走の自由」でもなく、ただ自己以外のどこにも行かなくてよい「自己自身の自由」。それこそが彼女たちを救いだすだろう。母親同士が集まると自然に助け合い、お互いの自由を順番に確保しようと組織化されてゆくのもまた、頼もしい連帯のあり方だと日々感じている。

大人の身体になりたくない

宮原さんの最初の研究は「月経」だったと書いた。論文は、「生理休暇」が女性を守る制度ではないことを暴いていた。生理になったら職場に来なくてよいというのは、生理のある身体を社会から排除することだ、という指摘から始まる。生理痛が襲っても、たいがいの女の人はそれを表に出さず、平気な顔をして仕事をする。平気な顔をすることで、否応なく存在する不平等な社会構造を自分のなかに内在化させ、自覚はなくとも、内側から差別構造を強化してきたとも言える。いまの労働環境は不調を抱える人、痛みを抱える人には適していない。労働の場は、健康な人を基礎単位として成り立っている。

満員電車も、深夜におよぶ仕事も。

女性における月経から社会を見ることは、不当に置かれた社会構造を告発するという意味で、病気をもつ人や、痛みを抱えるすべての人に広がる豊かさがあった。

なぜ「月経」をテーマに選んだのだろう。そう問うと、宮原さんはさらりと自分の思春期のことを告白してくれた。

「中学校時代、摂食障害だったんです。成長拒否があって。そのなかに、親にコントロールされたくないとか、大人になりたくないという想いがありました。とくに母は、すごくコンプレックスが強い人で、自分にはわからない襞を言語化しようとする人に恐怖感を抱いていて。自分は母が恐怖を抱く女性像に近かったのかもしれないです。私も母が怖かった。だから母とは距離があって、二時間も一緒にいるとつかみ合いになるほどでした。そんなすべてのことが絡みあって、大人の女性になるのが怖かったんだと思います。体重のコントロールは自分でできる。月経が来ないようにコントロールしていました」

お母さんはいま、宮原さんの父親と離婚して遠方に暮らし、孫である宮原さんの娘に会うことも、年に数回だという。まだ中学生だった宮原さんの「成長を拒否する」という行為は、大人になっていく自分を客体化するという意味で、とても先鋭的な行為だ。私自身は、中学生のころはもっとネンネで、大人の身体に抵抗する意思など働かない状

態だった。そう話すと、

「ちょうどその時期、痴漢にあったり、性的な言葉を投げかけられたりして、性的な存在である女性の身体への拒否もあったと思います。人って精神だけで、食べなくても生きていけるのではないかとか、食べることって不浄だなとか」

大人の女性への嫌悪と同時期にやってきたのが、男性からの外的な視線だった。食べる、太るという身体感覚を遠ざけ、自分の身体を透明状態にしておきたいという強い衝動があったのだろう。摂食障害は完治がむずかしい。治療を始めて、本当に食欲や食事に対する意識が治ったのは、七年も経たときだったという。

「大学に入ってからは髪の毛も坊主に近いショートカットにして、スカートにも抵抗があったし、女性であることを意識しないようにしていました。でもある日、メルロ＝ポンティに夢中になっている自分にあれっと思って。ここに描かれている身体は、私の身体ではない。自分が女性であることから目を背けられないと思ったんです。では一番最初に何を研究したいかと思ったら、それが月経だったんです」

哲学で身体論を学ぶということは、男性の身体を学ぶということに等しい。そこに女性の身体についての考察はない。そう思ったとき、宮原さんはまさに自分で止めようとしていた「月経」を、研究のテーマに選んだのだ。

「おかしいですよね」

そう言って、宮原さんは笑った。

「大学、大学院と男性ばかりに囲まれて、自分の好きな研究に夢中になっているあいだに、自分に弱いところがあったこと、生きづらさがあったことが、ぽこんと抜けてた。でも、いざ何を当事者研究にしようかと思ったとき、自分も痛む存在だし、傷つくし、それと向き合わなかったら、何のための研究なのかと思ったんです」

少女のあとがわからない

成長する身体を過敏に感じてコントロールしようとしたのも、妊娠中に自分の行為によって見えない胎児を感じようとしたのも、生まれた娘さんへの圧倒的な没入も、保育園に入れていることへの罪悪感によるオーバータスクでうつになってしまったのも、彼女が目の前の世界を見て見ぬふりをせず、世界へ深く繊細に介入し、黄泉を彷徨うほどに、深淵を生きる人だからなのだと感じる。けれどそうして、痛みによって世界が一度壊れる経験から紡がれる宮原さんの言葉が、他人に大きな気づきを与える。

「この前、月経の授業をしたとき、ある女子学生が質問に来たんです。東大の優秀な学生で官公庁志望だというのですが、彼女が涙ながらに〝女性であることがハンディになっているんでしょうか、女性は働くのに向いてないんでしょうか、女は馬鹿なんでしょうか〟と言ったんです。そんなバカなことあるわけないと言ったのですが、彼女の質問はもう問いではなくてうめき、彼女自身のうめきだった」

いままで平等だと信じてきた世界が、そうではないと気づく瞬間というのは、痛みを伴う認識の転換だ。女子学生には、宮原さんの言葉を聞くうちに、気づきが訪れたのだろうと思う。

「知人が書いた文章で、〝女性は少女からあとの生き方がわからなくなるものだ〟というのがありました。少女でなくなってからおばあさんになるまで、一つ〝お母さん〟という像があるのだけど、それでも自分がどこに位置するのかわからなくなってしまうものではないかと」

私の母はかつて元気だったとき、私の友人が家に遊びにくると「三十歳くらいになると楽になるよ」となんの前触れもなく話した。高校生くらいだったろうか。友人も唐突な言葉に、さして疑問をさしはさむでもなく黙って真剣に聞いていたのを思い出す。友人が三十歳を越えて、私と一緒に実家に来てくれたとき、「おばちゃん、この歳《とし》になってもまだ楽にならないです」と言った。母も「そうかあ」と言って、女三人いつになったら楽になるんだ、と笑いながら話した日があった。

いつか結婚するとか、社会に出て職業をもつなどということではなく、女性が自分の心身を手なずけるまでには、とても長い時間がかかる。生理がはじまり胸がふくらみ、女性の身体になるにしたがい、この社会に対しての違和が生まれる。安定した自己像を得られるまで、果てしない時間がかかる。私自身は少し楽になったのは、三十五歳くらいだったか。

少なくとも「いつになったら女の人は楽になるのか」という何を指すのかわからないこんな会話が、女性同士で自然に成り立つこと自体が、問題がそこに厳然とある証拠だろう。宮原さんは続けた。

「少女が終わったときというのは、自分は男性とこんなに違うと気づいた時期と重なるんです。それまでは私は男性と同じようにがんばれば評価してもらえるし、勉強だってできるし、哲学の話だって先輩とガンガン話せるぞと思っていたのだけど、あるとき違うかもと思って。二十代真ん中くらい、少女というには歳を取っているけど、修論のあとなかなか論文が書けなくて。よく『魔女の宅急便』を観ていました。キキは何も考えずにあたりまえに飛ぶことができていたんだけど、急に飛べなくなる。必死にあがいているキキの姿に自分を重ねていました」

もうかつてのように飛ぶことはできない、男性と同じようには飛ぶことはできないのかもしれない。これまで哲学で語られてきた世界は、すべて男性の世界だった。キキと同じように短く切った髪をゆらして、画面を見つめる宮原さんが部屋に一人で座っている姿を、私は想像する。

安全と危うさ

目の前に一枚の絵が浮かんでいた。南アフリカ共和国出身で、オランダで活動する画家マルレーネ・デュマスが描いた少女の絵だ。タイトルは「ヘレーナ」、彼女の娘の名である。白いタオルを巻いた少女は壁に寄りかかって、腕を絡ませてなんとなく自分を守るようにして立っている。まっすぐこちらを見つめるまなざしは、彼女の行く末を案じる母親デュマスの視線と重なっているように見える。

女性のポートレートや、乳幼児を黒白に彩る、不穏でそら恐ろしいような絵を描いてきたデュマスはこの絵で、自分の娘である少女が、その不穏さにおののきながらも直視するような鋭いまなざしを描いた。世界にはびこる暴力と汚辱を、少女にさしかかった娘が、まっすぐ見つめている。

私は、ときどき驚きをもって娘の顔を見つめる。それは、もう彼女が「赤ちゃん」から、一人の少女へ、いつか女性になる、一人の人間の顔に変貌しているからだ。大人の入り口に佇む自分の娘を想像したとき、そこで彼女がどんな視線に晒されるか、かつて同じ門の前で立ち止まったことのある私には、痛いほどわかる。いつか、あの赤裸々な視線に晒される。欲望が商品化されたような男たちの視線に晒される。その視線が自分の愛する人から発せられるならいい、性的に愛しあうという意味を知ってからならいい。だけど、男と女の間に何が起こるのかまだわからないうちから、少女は欲望の対象となる視線に晒されるのだ。

自分の少女時代を思い出しても、初めて痴漢にあったとき、私のスカートのなかに手を入れていた若い男の顔を、私は忘れたことがない。その後、何度もその生臭い、固まった視線に傷つき続けた。娘を、少女たちを、あからさまな視線から守るヴェールですっぽりくるんでしまいたい。しかしその感情は自由の束縛につながると、そっと自分の胸のなかにしまう。そんな心配を跳ね返すほどの可能性という希望が、彼女たちの前に広がっていることを願う。少女だった宮原さんのことを思う。

でもね、女の子たち。少女からおばさん、そしておばあさんになった女性たちもまだ、「楽」にはなっていないんだ。

私たちはいつ楽になるのだろうか?

紅に染まる

宮原さんは言った。

「連載に出てきた〝あやさん〟の赤い長靴を履いてる姿、亡くなったお母さんが撮ったという写真のシーンで、泣いてしまったんです。私の娘はいまお気に入りのワンピースがあって、毎日着たがるんです。ヴィヴィッドなフーシャピンクのボックスワンピースで、それを着て写真撮るよと言うと、嬉しそうに笑っている顔がゆらゆら近づいてくる。大好きな時間を、お母さんが写真に収めようとしている。そのこと自体がすごく嬉しくてたまらない。読んでいて、そのときのことがふっと浮かびました。あやさんをファインダーに収めたお母さんと同じ気持ちに、自分が立ったのかもしれません」

子育てをすることは、自分の子ども時代を、かつての両親役をして再演することだと、第二章でお話を伺った相馬千秋さんが言っていた。子どもを育てる時間というのは、かつての子どもだった自分を強烈に思い出すことでもある。子どものころのことで思い出すことはありますか。そう問うと宮原さんは答えた。

「小学校にあがる前の写真なんですが、ピンク色の椿《つばき》の花を頭にのっけて、やはりピンクのワンピースかなにかを着て、そういえばそんな写真を私も撮ったなあと」

あれ、また同じような場面の、同じようなピンク色。

「自分がどれだけ母のことを好きだったか、どれだけかけがえがなく好きだったかを娘の子育てを通して思い出して、衝撃でした。母のことというと、中学、高校時代のことを思い出してしまっていたのだけど、私、そういえばお母さんのことすごく好きだったなと」

お母さんとつかみ合いのけんかをしていた宮原さんが、私、お母さんのことすごく好きだったなと思い出す。いま宮原さんが娘さんのことを想っているみたいに、お母さんもまた宮原さんをかつて想っていたのだろう。あやさんの赤い長靴に共鳴した宮原さんが思い出した、娘さんのピンクのワンピース、そしてまた自分が子ども時代に着ていたピンクの服。ピンクのワンピースが連関していくことに、私は胸がいっぱいになった。

「またピンクですね」そう私が言うと、

「そうですね」

少し驚いたような顔をして言った。

彼女のなかでもしかしたら無自覚的に、母から自分、自分から娘、そしてほかのお母さんから娘たちへ……母親とその子どもという、視線の連関が起こっているのかもしれない。ピンクの服、娘に着せたフーシャピンクのワンピース、あやさんの赤い長靴……。私の目の前にあざやかな、美しい紅が躍った。一瞬、宮原さんの心の内が、ピンク色に染まったようにも感じた。

あやさんは写真を撮ってくれるお母さんを見ながら、「いまのこの瞬間を忘れたくないから、未来の私にだけわかるように合図を送る」とひとさし指を立てた。その瞬間を、あやさんの亡くなったお母さんは目に焼きつけた。そのお母さんの視線に立った宮原さんは、雨上がりの心躍る空気と、娘さんがピンクのワンピースを着て笑っている、その瞬間を忘れたくないと思った。ずっとうまくやってこられなかった母親が、かつて撮ってくれた写真の私は、ピンクのスカートをはいている。私は、あやさんでもあり、亡くなったお母さんでもあり、自分のお母さんでもあり、娘でもあり、娘たちは母親であり、娘たちは亡くなった母でもあり、娘たちは娘を通してまた娘になる。

私は彼女たちを見ているのか、見られているのか、私は誰なのか。私は誰でもなく、そして誰でもあり、私もどこかでピンクを着て、そこで笑っていたような気がする。風が風を呼び、光は光を呼び、私のまなざしはただ一方向から注ぐものでなく、ただまなざしまなざされるものとして、そこにある。ピンク色をしたまなざしがピンクのまなざしを捉え、皆のまなざしがまなざしとしてそこにあり、そして時間は流れ、世界はまわっていく。

後日譚《ごじつたん》がある。宮原さんと私は友だちになったのだ。今度、彼女の青梅の家に娘と泊まりにいって、一緒に花火を観ることになった。私たちは自然に敬語をやめ、自分でも言葉にならないような思いを交換しあっている。大人になってから友だちができることもあるんだと、私は恥ずかしいような、こそばゆいような気持ちで、今日も、彼女と彼女の娘さんのことを想って小さなプレゼントを買い、いそいそと会いにいくのだ。

第七章　脱コルセット

あいまいな部分

実は先日、とあるセクハラ調査を受けた。過去十数年の自分の身に起こったことを一つ一つ思い出し、あれはセクハラだったのだろうか、違うのだろうかと思い出す作業は、はなはだ苦痛で、なんともいえない気持ちになった。

一方的に手を握られたというような、後輩たちのためにも告発しておくべき明確なセクハラについては書けたものの、セクハラなのか自分でもよくわからないもの、生々しくて書けなかったことなど、ひたすら自分のなかにグレーなものが残った。セクハラは、だいたいにおいて密室で起こる。欲望が起こり、欲望を受け止めた側がいて、ことが起こる。若い自分は、欲望を受け止めてしまったときもあったのだが、果たしてそこには積極的に自分が同意しただけではない、あきらめや打算、はたまた自暴自棄などがなかっただろうか。さまざまな事実が積み重なって、ある性的なアフェアーになる。そこに相手の男性のパワハラ的な抑圧がなかったかというと、すべてのアフェアーにおいてなかったとは言えない。

　同世代、年下との恋しかしてこなかった友人もいる。「年上の男性は気持ち悪い」とよせつけなかった彼女たちは、こういう悩みは少ないのかもしれないと、いまさらうらやましいような気持ちになる。彼女たちははじめから嗅ぎわけていたのだ。自分が「若い女」役をすべき状況に陥ってしまう、危険な匂いを。私は違った。年上の男性たちとつきあうことで、社会で生きていくすべ、仕事の乗り越え方などを会得していったところがある。つまり、男性が作った社会の生き抜き方を、恋愛を通して学んでいったと言っても過言ではない。とくに二十代はずっとそうだった。

だから、セクハラ調査を前に、どこまでが恋愛で、どこまでが相手のパワー（それは社会的な立場が作るパワーでもあるし、金銭的なパワーでもあるし、女性が男性に絶対に勝てない、肉体的パワーでもあるもの）に屈した瞬間だったのかを思い出すはめになり、とても苦しい想いをしたのだ。もしいまの私が、あの日の部屋に乗りこんでいけるなら、それは恋ではないから、やめておけと叫んであげたい。

　相手の欲望を受け止めていると、自分にも欲望が芽生えるような気持ちになることがある。若いころは性的な興味もある。けれど、近寄ってきた欲望がすべて、「自分の」

恋愛感情なわけではない。セクハラは、自分では意識できないレベルで「若い女」役を引き受け、役に徹するあきらめとの共犯関係にある。だからセクハラ調査は、若い私の無知をいまの私が知るという、苦々しい機会になったのだ。

セクハラ調査に書けたことと書けなかったこと、両者のあいだには何が横たわっているのだろうか。人には、どうにも外に向かって「告発」できない領域というものがある。密室で受け止めた相手の欲望に打算があったことはわかっていた。それを受け止める自分にも、あきらめや自暴自棄があった。でもそのときは自壊に向かわざるを得ないおのれの弱さがあったのだ。そのことに対して、私は自分である種、責任をとりたいと感じているのだろう。責任という言葉が強すぎるとしたら、あいまいな感情は、私にしかわからない至極個人的なことだから、個人的なまま誰にも触られたくないという思いがはたらく。すべて「何かが、誰かが、権力構造が」悪いとは断言できない、したくないという気持ち……。

社会システムだけでなく、言語のシステムもそうだ。いま目に見える構造の背後で、必ずや忘れ去られ失われ、闇に葬られる領域がある。言語を失っている部分が、事象の背後には必ずあり、言葉が失われていることそのものが、個人の感情を支えているという場合がある。もしそこに言葉を与えてしまったら、崩れさってしまうような領域。誰しもがはっきりとした感情にならない部分を、心のなかに温存させている。

人はときに怒れと言うけれど、怒ることのできない感情のなかにとどまり続ける人もいる。だからこそ怒りを表明できるものについては、どんなに大きな声で叫ぼうとも構わない。怒るということで、それは既に他者と共有できるものとなっているはずだから。怒りという感情は、それそのもので社会化されている。怒る対象を見つけられているという時点で。怒ることのできる感情の道を、他者の力によって掘り進められることもある。それがフェミニズムのエンパワメントの力なのだと思う。

しかしその手前にある悲しみ、不安、寂しさはどうだろう。この「私」という小さな部屋のなかで、どこから来るのかわからない喪失を抱えている人は、その強烈な感情が自分から来るものなのか、もっと遠い場所から来るものなのか、対象さえもわからない。この領域については怒れとも表明せよともプロテストしろとも言わず、じっとその人のなかで形になってゆくまで、ただ待ちたいと思うのだ。

すべてを明るみに晒すような現代社会のなかで、そういう終わりがどこにあるかもわからない時間に、身を浸していたいと思う。あいまいな時間のなかにたゆたっている人間の「私」の時間のなかで、出どころが定かではない喪失に、向き合っていたい。声をあげたくてもあげられない人がいる、ということをいつも忘れたくない。あいまいな感情を保存したいという欲求は、この数年私がフェミニズムに対して抱えている、正直な感情でもあった。

そんななか、あるネット記事に目がとまった。「待っていてください。わたしは新しい言語を学んでいます。」。韓国のミュージシャンで作家でもあるイ・ランさんの言葉だ。新しい言語とは、フェミニズムを指していた。彼女はかつて自分に起こった出来事を、#MeTooに連なるものとして告発し、過去の自分を省みて、罪悪感と責任感、そしていまだに恐れを抱いていると綴っていた。「待っていてください」。そう、それは時間がかかるのだ。等身大で、正直な文章が胸を打った。

私は、親しくしているスウィート・ドリームス・プレスの福田教雄《ふくだのりお》さんに連絡して、近々ちょうど日本でのライブの予定があるという彼女に会えるか聞いてみた。

やわらかい果物
——イ・ランさんのこと——

二〇一八年九月の半ば、神保町《じんぼうちょう》にある集英社の入り口でイ・ランさんと待ち合わせをした。細かい雨が降っていて、あたりはグレー一色。雨で濡れたズボンの裾が冷たくて、すこし沈鬱な午後だった。

編集者と、最近出産したばかりという韓国語の通訳のすんみさんと赤ちゃんのことなどざっくばらんに話しながら、イ・ランさんを待っていた。

　そのとき、こっくりとしたカラフルな色あいが、視界の左側からフレームインしてきた。赤と紺色と黄色のレトロな幾何学柄の、可愛らしい傘だった。その傘の下に、短い髪をひっつめて結んだ、小柄な女性が少し困ったような顔をしていた。実際のイ・ランさんは長身といえるひとなのに、小柄と思ったのは、地図を見るために前屈《まえかが》みになってiPhoneを見ていたからか、それともすこし頼りなげに見えたからだろうか。紺に縦縞《たてじま》が入った太めのパンツに、白いハイネックのカットソー、オニツカタイガーの青と赤のスニーカーを履いて、細い金のブレスレットを両腕につけている。すごくスタイリッシュだ。傘の色合いと、洗練された着こなしが、神保町の灰色のなかから、新鮮な植物が立ち上がってくるかのように、良く映えた。「イ・ランさん」声をかけると、笑いかけてくれた彼女の、周りの空気を溶かすようなやわらかさが印象的だった。

　私のイ・ランさんのイメージはというと、芯の強い、すっくと立つイメージだ。とくに、「イムジン河」のMVで、凍えそうな真冬のイムジン河のほとりで、黒いコート姿で背筋を伸ばして立ちながら、鮮やかな手話を繰り出す彼女の強靭なイメージが喚起されているからかもしれない。あるいは韓国の歌謡賞の授賞式で「賞金が出ないので、いまこのトロフィーを売らなければなりません」とその場でオークションをするという快《かい》哉《さい》のパフォーマンスをした彼女の姿に、何者をも寄せつけない、アナーキーなイメージを抱いていた。

しかし会った瞬間、そのイメージはくつがえされた。笑いかけるまなざしはやわらかく、その瞳のなかには、ＭＶにあるような能動性よりは、受動性を強く感じた。まなざしの繊細さに胸の奥がうずくような気持ちがした。少し強くシンクに置いたら、そこから傷んでしまう、やわらかい表皮をもつ果物のような感じがした。

「待っていてください。わたしは新しい言語を学んでいます。」と書いたイ・ランさんの、フェミニズムに対する嘘のない、真摯《しんし》な言葉に胸打たれたことを、私はまず伝えた。

「神様がこの文章を読んだらわかると思うんだけど、正直にいろんなことを話すのが私の仕事だと思うんです」

「正直さ」それは、彼女の全体を満たしている。

歌でもエッセイでも、誠実でありのままの彼女の姿が、こちらの気持ちを溶かすと同時に、襟をたださせる。

イ・ランさんは日本語がとても上手だ。こちらが言っていることはほとんどわかるし、時間をかけて選ばれた日本語で、ほとんどすべてのことを表現することができる。彼女の正直に生きたいという想いが、丁寧に選ばれる日本語とあいまって、よりいっそうこちらに訴えかけてくる。

「家族の話とか、恋愛の話はすぐ何でも話せるんだけど、私が受けた性暴力については、話すのが難しくて。ずっといまもその問題が続いているけど、それを全部、話をすることができないから、それで言葉を失ったような気がしました。いま、私が置かれているいろんな問題があって、それをどうやって解決するかということについて友だちと話し合っていたんだけど、何も解決にならなくて」

イ・ランさんは十代のころから、複数の男性による性被害にあっていたことを話してくれた。加害者の一人を訴えようとしたところ、いままでやりとりしたメールを全部晒すぞと逆に脅された。そのころは、まだ自分もフェミニズムに対して無知で、フェミニストの女性に対して、「女性映画祭の入り口で、インド風の服を着て座りこみ、伸びたわき毛をむきだしにしてタバコをすっている人」というようなイメージを持っていた。晒すと脅されているのは、フェミニズムに対する自分の間違った発言を含むメールなのだと思うが、性被害として訴えても、終わらない闘いをしなければならないとしたら、どうすればいいのか、答えは見つからなかったという。

セックスがわからない

私は本章の冒頭に書いたような、フェミニズムの告発に対するグレーな気持ちを吐露した。セクハラ調査にすべてを書けなかったこと、欲望を受け入れた自分がいたのかもしれないということ。そんな自分は、いまの不当な社会構造を、内側から強化することに荷担してきたのかもしれない。するとイ・ランさんはこう答えた。

「今年発見したことがあって……それは、私はセックスが好きじゃなかった、ということです。二十代はとくに、周りの男性が私とセックスしたいという気持ちを持っていることを知って、そのとき聞いた言葉をいま考えると、その男が私とどこかに（ホテルにでも）行くために言ったことだとわかって。たとえば、あなたはほかの女と違うね、あなたはセックスが好きだね、とか。当時はそれが褒め言葉だと思ったから、それを聞いて私も気持ちがよくて、雰囲気に乗って、いろんなしたくないところまで行って。そのことを思い出すと、いま、ああ、あれは全部好きじゃなかった、私は結局、恋愛とかセックスを一回もほんとに好きなようにしたことがないかもと考えて、過去の記憶がほんとうにつらくなりました」

そう、本当にそうだと、膝から崩れ落ちそうになった。セックスとは自由なようでいて、全然自由じゃない。みんな本当に同じようなことをして、同じような快感を味わって、同じように終わったあと眠るんだなと、若かった私は、なんだか絶望的な気持ちを抱いたことを思い出す。それは、その人がポルノを見て学んだとか、先輩からああだこうだ教えてもらったとかいうことではなくて、なんというか人間の文化として、同じようなことをするんだなということだった。それに疑問をもったら最後、もう昨日と同じようには楽しめないのだが、なぜ若い私はそのときに嫌だと思えなかったのだろうか。

イ・ランさんはこう言葉にした。

「セックスを拒むことはできない、拒んではいけないことだと思ってきました。セックスは気分がよくなるためにすることだと……。気分がよくなるためにするものなのに自分がそれを拒むことによって、相手の気分が悪くなっちゃうということがよくないことだと思ってきたんです。年上の男と出会ってセックスの活動を始めるんだけど、その年上の男たちに教育されたから、それでいまはその教育がばかだったことを知って、それをずっとやっていた自分が嫌になる。意味がわからなくなって……」

密室で、人の欲望に受動的に従ってきてしまったことへの、忸怩たる想い。解消されない記憶。

プライベートな、誰にも見られない閉じた空間のなかで、私たちは男の人の欲望を受け入れてきた。でも、いったんフェミニズムの考え方が自分のなかに入ってくると、もう同じようにふるまうのがつらくなってくる。プライベートでは、一対一でまだ抵抗したり話し合ったり「私の欲望」を探したりする可能性もあるけれど、大きな社会のなかでは一人で抵抗するのは、すごく難しい。

イ・ランさんはフェミニズムにいつ出会ったのだろうか。

「二、三年前ぐらいだと思います。たぶん日本で再び話題になったころと同じかな。何かアメリカ、日本、韓国の周りでフェミニズムの話とかが出だして」

私は一人の詩人のことを思い出す。二〇一四年、『ミルクとはちみつ』という詩集を刊行すると、またたくまにカナダ、アメリカでは百万部を超える売り上げとなった詩人ルピ・クーアだ。

私は去るしかなかった
あなたが私に
自分が不完全だと
感じさせるのを
許すことに
くたびれてしまったから

（「壊れること」）

彼女もまたフェミニズムに出会い、自分の傷や、守るべきものに気づいていったのだと思う。

恋愛、とくに性愛においての、力の不均衡がある。構造的にも、女性は招きいれる側で、受けとめる立場だ。もちろん別のやりかたもある。だけど、現にぽっかりと空いている穴を、他者の肉体で満たして快感が訪れる女性の身体は、何かの欠乏体なのではないかと考えあぐねたこともある。しかし、もちろんそれは違う。セックスを、お互いの気持ちや愛情をたしかめあう行為にできる可能性も感じるけれど、自分が男の人の欲望を受けとめるという面も大きくてつらくなることがあると私は言った。するとイ・ランさんは、また至極まっとうな正直さで、こう応えた。

「いま、私も混乱してきて、キスとかセックスが愛情の表現か、もうわからなくなって。それは、私にはもう愛の表現ではなくなってしまった。スキンシップの意味とかもわからなくなって、私がほんとうにしたいことが何かもわからなくなりました。それに、いままで自分が異性の欲望のためにやってきた理由もわからないし、なぜ恋愛相手を男性だと思っていたのかさえわからなくなりました」

すべてをはじまりに戻してみると、いや、この人間界の慣習をすべて疑ってかかってみると、なぜ男性を愛し、なぜセックスをし、それを愛情の行為としているのかさえ、わからなくなってしまう。

そもそも、なぜみな家族を作って子どもを産むのか、愛の結果として子どもを産むというのは本当のことなのか。それは親のエゴではないのか。私自身もこの論考を通してずっと考えてきた。正直よくわからなくなってきている。

チョイスをゼロにする

イ・ランさんは、自分のなかから溢れてくる気持ちに言葉が追いつかないというように、斜め前に目を落として自分のなかにこそ目を凝らしているというように、語りはじめた。

「社会システムのなかで生まれて、家父長制のなかで生まれて、男性主義社会に生まれて、異性愛中心のなかに生まれて。それで私は頑張って、私の力で生きたいと思ってここまでやってきたけど、結局、何を自分で考えてチョイスしたのかがわからなくなって、システムを消してゼロからチョイスを始めたら、自分がこれからどうなるかがわからない」

自分は自由に生きてきた、自分自身の選択をそのつどしてきたと自負していても、その選択肢はあらかじめ与えられているものだったのかもしれない。一つの限られた価値観のなかでの自由だったに過ぎない。もし人がそれに気づいてしまったら、もう同じ眠りのなかに安らかに戻っていくことはできない。「本当の自由」とはなんなのか。

イ・ランさんの「チョイスをゼロ」にした状態は、とても心身にこたえることだし、「自分に嘘をつかない」という、もっとも強靭な誠実さがためされる場所に立つ人だけが見える風景を、彼女は見ていた。

「だけど、私が信じているのは、話をしたら変わることが絶対あるということなんです。みんな#MeTooを見ていろんなことを思い出すけど、話す方法がわからない、書く方法がわからないと言う。だけど方法を探す過程のなかで、自分は何かが変わると思うんです」

「方法を探す過程のなかで自分が変わる」という力強い言葉に勇気づけられる。

つづけて彼女は、近年韓国で盛んになっている、ある運動について教えてくれた。

「韓国で、〝脱コルセット〟という運動が起こったんです。フェミニストの目標は何だろうと考えたとき、男性主義じゃなくて、女性主義だったら幸せなのか？　そうじゃないんですよ。男性主義の社会のなかでつくられた女性のイメージになるために、みんな何も考えずに頑張ってきたことを破壊しましょう、消しましょうという運動で。みんなノーメイクでショートカットで、自分が持っている化粧品をめちゃくちゃに壊して燃やして、それを証拠写真としてインスタに載せるとか。服も、ヒールとかミニスカートとかブラウスとかを持っていた人は、それを全部破ったり、男性の服は安くて質がいいと男性用の服を買ったり着たりする。最初は女性がコルセットを抜けて、男性に見えるようになるのが目標なのか？　ちょっと混乱しましたけど、いまは、チョイスが自分に戻る運動だなと思ってるんです」

みんなが男性化するのでもなく、女性中心主義の社会で新たに「女性」という固定観念を生み出すことでもない。選択肢をゼロに戻す、そういう運動なのだと。

「みんなゼロのイメージがないから、ずっと長かった髪の毛をカットしたりすると思うんだけど、そこからまた自由に、自分が楽なイメージをつくれたらいいなと思う。いまの運動のなかでむしろ攻撃されているのはトランスジェンダーの人なんです。男性から女性に移行した人たちは、一番女性性を頑張っているから、脱コルセットの流れで一番攻撃されている」

トランスジェンダーの人にとっては、髪を巻いたり、フリルを身につけたり、ミニスカートをはくといった、いわゆる「典型的な女性のイメージ」は、長年の憧れだったりするのだろう。こじつけられた「女性性」を脱しようとする脱コルセット側からすると、それは往年の男性から見た「女らしさ」を無防備に強化しているように見え、批判の対象になってしまう。

「彼らが攻撃されるのを見て、なぜトランスジェンダーは、頑張ってそのコルセットを着るのか考えて、そのことをトランスジェンダーの友だちと話したら、その人はずっと男性のコルセットを着てきて、自分がなりたいのは女性のなかでも一番女性っぽい女性なんだ、それで頑張っている最中だって。多分、脱コルセット運動がもっと拡散したら、トランスジェンダーのなかでもいろんな女性のイメージがつくれるんじゃないかなと思ってるんです」

男性も同様に、今の社会のなかで男性のコルセットをはめられているかもしれない。そういう意味では、フェミニズムの運動というのは、女性のためだけじゃなくて、イ・ランさんが言うように、いまあるシステムをいったんゼロに戻すというか、あなたがいる場所はこういうシステムになっていますよという気づきを与える運動なのだとあらためて思った。

「そうです。レズビアンの友だちが、これまではちょっとレズビアンのなかで自分のイメージを格好よくつけるために坊主にしたんだけど、レズビアンのコルセットを脱したら、長い髪の毛にするかもしれないと話していて。レズビアンのなかにもコルセットがあるし、ゲイのなかにもコルセット、トランスジェンダーにもコルセット。あと、障害のある人たちにもめちゃくちゃコルセットがあるんですよ。ハンディキャップのある人は優しいとか。みんながそのコルセットをはずして、チョイスをゼロに戻して自由に考えたらいいと思うんです」

私は最近出会った、ある男性のことが頭に浮かんでいた。それはNHKのドキュメンタリーを撮るために、アイスランドに行ったときのこと。レイキャビクでダニエルさんというタクシードライバーに出会った。彼は、私たちに彼の夫を紹介してくれて、こう言った。

「もし人が自分にゲイかと聞いてきたら、私はいつもこう言っている。もし私がゲイだとしても、それはあなたが思うようなゲイではないし、あなたが思うようなヘテロでもないし、あなたが思うようなホモセクシャルでもない。人はすぐに目に見えるエビデンスを求めるけれど、私のなかにある感情は見えないし、真実は見えない」

何かをカテゴライズしたり、括弧のなかに入れるのはやめてほしいという切実な訴えだった。

フェミニズムの究極の運動というのは、すべてのことをカテゴライズすることをやめる、ということなのかもしれないと思う。その意味でフェミニズムというのは、いつまでも終わらない問いなのだと。自分自身に向けつづける問い……。

家父長制、最悪！

脱コルセットに関して、イ・ランさんのなかでは妊娠出産も例外ではない。彼女は、子どもは産まないと決めているという。

彼女のエッセイはこう語る。

「私が子どもを産みたくないのも同じ理由だ。同じようなとき、私も必ずイライラするだろうから。イライラして大声を上げるか上げないかはわからないが、大声を上げる確率が高いから私は子どもを産まない。幼いころ、自分の泣き声を父が耐えられないことを知っていたから、私は父の前では笑っているよう努めた」(『神様ごっこ』)

友人が子どもを産みたいと話しても、イ・ランさんは「私は経験として産んではみたいけど、育てることは経験したくならないから、代わりに産んであげます」と話しているという。そんなイ・ランさんにある日、ＬＩＮＥが来た。

「いまの彼氏が日本人なのだけど、彼のお兄ちゃんからめちゃくちゃ明るい雰囲気で、彼女が妊娠した、子どもができたって、ばーっとＬＩＮＥが来ました。だけど私、妊娠にも〝コルセット〟があるし、妊娠とか出産とか母性愛とか、いまそういうものが社会においてメジャーになっているイメージがあるし、私は結婚、離婚も経験したから、誰かが結婚しますって言っても、その中にいろんなことがあるのがわかるから、それだけで〝おめでとう〟が出なくて。いまの世界では子どもができても、子どももあんまり幸せじゃなくてつらいことばかりあるから、それを考えたら、子どもをつくらない方がいいと私は考えると、お兄ちゃんに言ったんです。そうしたら、もう雰囲気がめちゃくちゃになったんです(笑)。それで、子どもを育てたかったらすでに生まれていて誰も育てられる人がいない子を養子にもらって育てたらいいのに、出産をしないといけない理由は何なのか、というのがお兄ちゃんへの初めての質問で(笑)」

一点だけ、イ・ランさんに反論できるとしたら、子どもがいまの世界をつらいと感じるかどうかは、親にもはかりしれない。逆に幸せを感じるかもしれない。子どもは圧倒的に他者であり、自分たちとは別の存在である。彼ら／彼女らの感受性の自由にだけは、誰も踏みこむことができない。だから可能性は無限に開かれているし、子どもを産むのは不幸だと、決定論的に言うことはできないだろうと思う。

とはいえ、もうこれは彼氏のお兄ちゃん、すごくびっくりしたことだろう。「出産をしないといけない理由？」と。これは、一つの笑い話、寓話《ぐうわ》のようなお話だ。

「それで、彼氏のお兄ちゃんとその彼女に直接会って食事をしたときに、二人はずっと子どもが欲しかったと聞いて。その話を聞いたら、ああ二人にとってはよかったんですねって伝えたんです。それからお兄ちゃんは、親に結婚の許可をもらうのに、彼女の家に行って、〝娘さんを僕にください〟と言ったという話をした。それ、モノか、みたいな。だから、そのディナーで私が、〝ああ、もう家父長制、最悪っ〟て言って（笑）」

またもや家族のテーブルが固まっただろうことは、想像に難くない。痛快すぎる。唯一、彼氏のお姉ちゃんだけが、ランちゃん最高、面白い、と言ってくれたという。

イ・ランさんが指摘していたように、妊娠出産することや母になることが、いまの社会が「女性」に求める生き方であり、子どもをもたない人、もちたくてももてない人、個々それぞれの事情を抱えている人を、暗に排除し、子どもをもつことが権力になっているのではないかということを、私もこの論考を書きながらたびたび感じている。

いったん子どもが生まれると、まるでその子が自分とは関係なく天から降ってきたかのように、社会の方に「この子を守ってください」と権利を主張するのが親の務めであるかのようにふるまう人もいる。しかし、究極的には、子どもとは親のエゴではないか。中絶や避妊という形で子どもの生命を生み出す機会を絶ってしまうのも親のエゴかもしれないが、その子を産んで愛そうとするのも、同じように親のエゴなのではないか。セックスしている人は、それが生殖行為だからという意味で、本来全員が親になる責任を負っているとも考えられる。避妊をすることで、それを回避しているに過ぎない。セックスする人は本来、命のてんびんをもれなく担っている。

「何歳ですか」「二歳です」「うちの子は八ヶ月で」。このような会話が、なぜかママパワーを自動的に発動させてしまうことがあって、女の人たちのなかでも子どものいる人たちだけが固まって、ママグループのメンバーの一人に自分もなってしまうような息苦しさもあるのだ。

子どもを産まないと決めている人や、病気で産めない人、産めなかった人が、私たちを見てどう感じるのだろうか、ということをいつも考えながら子どもと街にいたいのだが、だいたいはあっちゃこっちゃ動く子どもを追いかけて切羽つまっていて、それどころではないように見えてしまうだろう。

私の母が病気になったとき、街で赤ちゃんを抱いた女性が、おそらく自分の母親であろう年配の女性と楽しげに歩いているのを見て、「ああ私にはもうあれはできないんだ。

お母さんと協力して子育てすることは叶わないんだ」と、涙がこぼれた。妊娠中、電車のなかでおばあさんが赤ちゃんを抱いて幸せそうにしているのを見て、涙が止まらなくなってしまい、途中下車したホームのベンチで嗚咽《おえつ》をもらしてしまったこともあった。そのときベンチにたまたま座っていたおばあさんが、「あなたがあまりに悲しい泣き方をするから、私も泣きたくなっちゃった」と、ティッシュをくれて、わけも聞かず一緒に泣いてくれたことを思い出す。

いま子どもを育てながらも、あの久我山《くがやま》のホームでおいおい泣いた自分と、おばあさんの涙を忘れないでいたいと思う。やりたくても叶わないことがある。そういう悲しみを抱えた人が、私の隣にも、ここにもあそこにもいるのだということを忘れないで、自分のいまの場所に立っていたい。

何かそういう、いつもぐるぐるしている正直な感情を、イ・ランさんと話しているとゆさぶられる。それが彼女のパワーそのものだと思った。

平凡な人

「話せば何か変化が起きる、何か力になる。探す過程のなかで自分は変わるということを信じている」と言う、彼女の強い言葉。たぶん彼女自身の変化していく過程をそのまま見せてもらっているから、それがみんなのモデルになるし、イ・ランさんが折々で変化する姿そのままが文学というか、作品のようになっていて勇気づけられるのだ。「それって、もしかしたらロックスター？」そう聞いたら彼女は笑って、

「全然パフォーマンス」

と、あっさり答えた。イ・ランさんはスラップスティックギャグや、ユーモアを愛する人だ。そこに、なんというか、自分自身をもふくめて人をすごく遠くの舞台の上に見ている、という視点の乖離のようなものを私は感じる。

「私はこの六年間ずっと、曲をつくるワークショップをやっているのですけど、そのなかで学生たちがよく言う言葉に〝私は平凡な人です〟というのがあって、自分の話はおもしろくないということをみんな言うんです。でも、一人一人に質問したら、めちゃくちゃおもしろい話がばんばん出て。自分は自分の人生を見られないから、自分がどんな人かわからない。だけど、たとえば〝髪の毛がいまの長さになったのはいつからですか〟とか〝眼鏡はどこで買ったんですか〟〝何でそのデザインを選びましたか〟〝どうしてその服を朝選んだんですか〟と質問すると、そこから人生の話がばーっと出てくるということを、私はずっと見ている。最初に、〝私は平凡な人です、おもしろくない人です〟と言ってた人が、八週間後に自分の歌を歌うのを見て、みんな泣くんです」

人の気持ちを溶かすすべを、ここでもイ・ランさんは自然に、繰り出している。

「みんなが自分は平凡な人だと言う社会というのは、やっぱり特別な人しか見えない社会だから。テレビに出る人とか、特別な女性、特別な男性についてのイメージが強いし、みんな特別な人のことしか話さない。だけど、みんなあります。人生の話が。たくさんの話があるのに、いろんな話が聞こえない社会は、やっぱり問題だと思って。みんなの話が聞こえる社会だったら、平凡とか特別という単語もなくなる。平凡とか特別という言葉がなくなることが私の目標です。誰がどうやって歩いても傷つかないところが見たいんです」

私はいま、このときのことを考えながら、横断歩道を行き来する人を、ビルの二階にある喫茶店から眺めている。一人一人に名前があり、一人一人に大事な人がいて、一人一人に苦手なことがある。そうして一人一人に物語がある。いま目の前にいる人々の重さ、切実さが、急に胸に迫って、泣きそうになる。イ・ランさんの視点は、なんてやさしいんだろう、なんて慈しみに満ちているのだろう。

彼女がこのワークショップのことを想って、つくった曲がある。

平凡な人は鏡を見て
突然ふと悲しくなるときがあるんです
平凡な人の日記の中には

自分についての質問がいっぱいなんです
なぜ誰かはいつも注目を浴び
なぜ自分の話は君にすら聞こえないのか

（「平凡な人」）

石を抱いた少女

彼女を育てた母はどんな人なのかと、話を聞きながら、ずっと想像していた。

「お母さんは……、我慢する人だから我慢して、話を聞いてくれる人。ほんとにお父さんは暴力的な家父、家長で……」

そういうお母さんを見て、きっとイ・ランさんは悔しかったはずだ。

「めちゃくちゃ悔しくて、何で離婚しないの？　とずっと言っていたんだけど……私の弟は障害者なんです。韓国ではシングルマザーで育つと、差別が余計にひどいから、弟が大人になるまでは離婚しないようにがんばると。だけどお母さんはうつ病もひどかったし、つらいのを解決するために山の奥で声を出したり。それで私も一緒に行って、一緒にうわーってしたこともある」

また山、登ろうって家を出ていくお母さんの後ろ姿を玄関先で見あげている、幼いイ・ランさんの姿がまぶたの裏に現れる。何歳くらいのときだったのだろうか。

「小学生のとき。小学生のときはずっと、山に登る前は、家で布団をこうやって積み重ねて、そのなかでうわーって叫んでた」

布団のなかに叫ばざるを得ないお母さんの感情を想像して、胸がはりさけそうになった。

「私はお父さんに、バーンて、殴られていました。私の一番最初の質問は、何でこの家族に生まれたの。その次は、何で朝早起きしなければならないの、学校は何で毎日行かなきゃいけないの、とかで。そう私が言ってお父さんが殴るのと、お母さんがハンディキャップのある子どものために離婚しないことは、同じだと思うんです。学校に行かない学生のイメージと、離婚した人のイメージを、人にもたれたくない。それが私には全然理解ができなかった。自分の人生をチョイスしたらいいだけなのに、何でできないのかが」

幼いころから創造者で破壊者であっただろうイ・ランさんからすると、道徳規範や慣習、つまり他者の目という他律的なものによって、自分の思いが虐げられることは耐えられなかった。と同時に、お母さんの姿がイ・ランさんのなかで、闘うべきなにかになっていったのかもしれない。お母さんが本当は闘っていたものと、お母さんの代わりに真正面から向きあうことで、いま目の前にいるイ・ランさんが形づくられてきたのかもしれない。いま、お母さんとの関係はどうなのだろう。

「お母さんは、私が家を出てもあまり気にしなかった。うちの家族にとっては障害をもった弟が一番大事だから、私の人生がどうなっても、それを気にする余裕がなかったのもあると思う。いまでは、何を言ってもお母さんは平気です。友だちと一緒に住んで、何も問題なく暮らしてますと言っても〝あ、そう〟だし、めっちゃセックスして、タバコ吸って、もう死にたいですと言っても、〝あ、そう〟で、お母さんの反応は同じだから。私も、お母さんに心配かけない娘を、イメージに添った形で行動してたんだけど、コルセットが抜けても、お母さんが何も変わらないから、それを見て安心して、いままでは全部話します」

お母さんを想う、イ・ランさんの感情をかいま見て、私は息が苦しくなった。乱れた生活を正直に話してもお母さんは動じなかったというのは、母親はその子のそのままを受け入れるしかないからではないだろうか。たとえその子が悪事を働いても、その事実をまずは受け入れるしかない。そう言いたかったけれど、しかしすべては想像に過ぎない。口をつぐんだ。

いまイ・ランさんが、表に立って行動できる、その強さを自分でつくりあげていったことがすばらしいと、そう伝えたかった。すると最後に、彼女はこう話した。

「ほんとに子どものときは、石とかを取って、これは実は星の石で、これを持っていたら、誰かがきっと見つけてくれるって、そう思えた。そういう石を、いまも自分はずっと抱きしめている感じがする」

彼女は、石を抱いた少女のまま、ここにいる。その石を持っていれば、きっとどこかに行ける。石はキラッと鋭く、最初から「なにかが違う」と思い続けてきた、違和感そのもののように光っている。その石をたずさえて、彼女は問いを発し、破壊し、創造してきた。

アルバム『神様ごっこ』のブックレットに収録されたエッセイには、こうある。

「私は人が『幸福』について話すとき、『幸福』を歌うときの感じが大好きだった。雲の上に突き抜けようとする音、溌剌《はつらつ》とした声」

彼女の声にもまた、「雲の上に突き抜けようとする」願いのような光り輝く響きを私は聞き取っていた。

話が終わると、イ・ランさんは私たちをお茶に誘ってくれた。神保町の喫茶店でコーヒーを飲んで、友だちと会うという途中の駅まで一緒に帰った。空が紫色に照り輝いているように見えた。なぜだろう。さっきまで何をも映していないような曇天だったのに。

もし人が正直に生きるとき、正直であるとは、誰のための正直さなのだろう。自分のためだろうか、それともほかの誰かのためだろうか。「正直」を『広辞苑』で引くと、

「心が正しくすなおなこと。いつわりのないこと。かげひなたのないこと」とある。正直さとは、実際に起こったことや、事実や真実と本当にイコールなのだろうか。どこかでその人の願いや希望が入っていないか、あるいは絶望が。

きっと正直さとは事実そのままではない。そして自分のためのものでもない。イ・ランさんと話をしていて、私はそう思った。人々の願いや、あり得たかもしれない可能性などを吸収しながら、正直に生きることを天上に示している。そういう正直さの姿もあるのだと。

母を脱コルセットする

イ・ランさんのものごとをゼロに戻して問う力に勇気づけられてあらためて思ったのは、私は「母」の脱コルセットを行いたいのだということだった。それは自分の母の脱コルセットであり、イ・ランさんの母の脱コルセットでもある。これから母になる人が、暗黙のうちに着せられてしまう、「母」一般のコルセットを剝ぎとることでもある。

「母」は、長らく社会から悪いイメージのレッテルを貼られてきたと私は思う。母に自己犠牲を強い、赤ちゃんと老人と病人、つまり弱い身体をもつ者たちのケアを委ね、包容力と弱さへの寄り添いを担わせてきたからこそ、家父長制は成り立ち、資本主義は成長を重ねてきた。母の役割を固定化し、強化することは、内側から家父長制を支える構造をもつ。

だからこそ現代では余計に、「母」という言葉がタブーのようになってしまっている。子どもを束縛する母から脱出しよう、毒親から卒業しよう。甘ったるい包容力の権化である母から逃亡しよう……。しかし、母はむしろ、逃げるべき相手ではなく、母こそが家父長制の犠牲者だったとしたら？　私たちは母から逃げるのではなく、その人を「母」にしてきてしまった社会の構造から逃げ、母の意味を変え、見えなくされていた一人の女性を発見するべきなのだ。

イ・ランさんのお母さんが、自閉症の弟をかばい、殴る父親に抵抗しなかったのは、家父長制が強いた構造の犠牲者だったからである一方で、弟さんやイ・ランさんへの嘘偽らざる想いもまたそこに満ち溢れていたはずだ。

母の社会復帰を促し、母の個人としての人権を訴え、母の役割を父や他人と分担させ、そうして母に荷下ろしさせようとする現代の風潮は、一つの母の再発見ではあるのだが、私にはそこで守られようとしている「母」もまた、新たな社会構造の成長のために、サイボーグのように駆り出されているに過ぎないと感じられる。「母」にあらたに着せられるコルセットをも、私たちは解体しなければならない。

母は、社会が女性たちに歴史的に役割を押しつけ、望んできたような、包容力も自己犠牲も無限の愛ももっていないかわりに、内発的に秘匿された感情として、「包容力」も「自己犠牲」も「無限の愛」さえももっている。その両義的な、矛盾した状態を生きるのが「母」なのだと。

母の解放を訴えるフェミニズムの輝かしさが、逆に見えなくさせているものもまたあるのかもしれないと思った。

バトラーの講演と部屋の灯り

現代のフェミニズムを代表する哲学者ジュディス・バトラーの講演を聞いた帰り道、御茶ノ水から水道橋まで歩こうと思いつき、眼下に線路が見える坂道をとぼとぼと下っていた。高層マンションにはいくつもの光が灯《とも》っていて、一つ一つの窓のなかに生活があることを想像しながら、私はバトラーの言葉を反芻《はんすう》していた。

バトラーは、たとえばラカン哲学の有名な概念「鏡像段階」——生後すぐは自己を認識していない赤ん坊が、鏡に自分を映し他者とは異なる「自己」を自覚する——という概念が成立するためには、その赤ん坊にお乳をあげ、おむつを替え、倒れないように支える、たくさんの女性たちの手が存在するはずなのに、その手は鏡には映らないと言った。人間はケアが必要な存在であるのに、純粋に抽象的な「自己」を前提に哲学が構築されてきたことこそ、男性優位社会の隠された抑圧構造であることを暴露していて痛快だった。その上で、バトラーは性を自らの意思で選ぶ人間的自由のなかに身を置き、女性パートナーとともに養子を迎え、充足していると話していた。

その姿は毅然《きぜん》とし、個人主義的で、輝かしかった。しかしその眩しさの陰に、生得的な性から解放され、性を自主的に選択できる人もいれば、選ぶことができない人もまたいる、ということを私は考えていた。きっとバトラー自身も、紆余曲折《うよきょくせつ》を経ていまの場所に一歩一歩階段を登るように上がっていったのだろう。十代のはじめに、両親が使っていなかった地下室の書庫で、スピノザ哲学に出会ったと述べていたが、いまの理性的な選択に至るまでには、暗い道も、おぼつかない道もきっとあったはずだ。

高層マンションの灯りの向こうには、病気で眠っている人がいるだろう。その傍らに、終わらない看病や介護を、ある種の「しかたなさ」という定まらない覚悟をもって付き添っている人もいるだろう。生得的な性からの解放だけでなく、あらゆる場面で今、地縁や家族に紐《ひも》づかない個人の選択を最大限に尊重しようとする流れがあるが、介護者たちからすると、個人の選択という言葉は、自分からは遠いものとして響くことだろう。病人自身もまた、選択の余地を奪われている場合もあるし、なんらかの障害を抱え、選択するということの意味を、具体的に理解しにくい人もいるだろう。

私が日々のケアの現場で目の当たりにするのは、晴れがましさとはほど遠い現実だ。

母を看《み》てくれるヘルパーさんたち、ゼロ歳のときから娘を預かってくれているベビーシッターさん、今この瞬間も、病人のそばで看病をしている人たち。彼らの姿が脳裏に浮かんでいたが、そのイメージはネオンに照らされた都会の夜の闇に消えていった。バトラーの講演の帰り道に、ケアに従事する人たちの顔が浮かんだのは、人はいつも強い決定をできるとは限らない、強い個人を前提にしたとき、見えない存在がそこにいるはずだということを忘れたくなかったからかもしれない。

ケアをすることとは、他者の心身の都合にふりまわされ、他者を自分のなかに引きいれ、自分の身体と時間を他者に投げ出すことだ。理念だけで選択できることの範囲はとても限られている。しかたなさとあきらめと、生命の上がり下がりにつきあっていく、忸怩たる時間の連続。しかしそこには、必死で他者を引き入れる、骨身を削るような闘いがある。家族の誰かのケアをすることで人生を奪われたような気持ちになった人が、時を経て自分が与えていると思っていたが、むしろ被介護者から生を与えられていることに気づき、人生を受け入れていくということもまたある。自分は自分だけの選択で、生を選び取っているのだろうか。

第八章　養子――たくさんの手のなかで

孤独分のものさし

イ・ランさんのことを書いたあと、あらためて「家族」について考えていた。彼女は、子どもを持ちたいと思っていないと明確に言い、「子どもを育てたかったらすでに生まれていて誰も育てられる人がいない子を養子にもらって育てたらいいのに、出産をしないといけない理由は何なのか」と言った。

私は考えていた。子どもとは、いずれ私たちと同じように世界の構成員となるべき存在である。社会の不条理も幸福も、一緒に抱えていく戦友のようなものだろう。大人には、自らの意思《エゴ》でこの世に生み出した戦友たちへの責任がある。

家族を作らない人も増え、個がバラバラに宙空に漂っているような現代では、個人間の新しい紐帯が家族の代わりに受け皿の任を果たし、社会の中で人と人をつなぐようなことが、起こるべくして起こっている。実際いまは、さまざまな階層で大小のコミュニティが生まれ、輪が作られつつある状態だと思う。それは一つの希望だし、イ・ランさんの言葉はそんな時代の一つのファンファーレのようにも聴こえた。

そして私は二十代の自分の感情を思い出していた。そのころ私は、自分は養子を迎えるべきだと熱狂的に思っていて、ある日養子あっせんの組織に電話をした。自分の年齢と（二十八歳だった）、独身であることを伝えると、電話口の中年とおぼしき女性が、非常にぶっきらぼうに、「それはあなた無理よ」と答えた。責任がともなうのだからしかたがない、とそのときは思った。

しかし、なぜ私はあそこまで、養子を迎えたいという気持ちに拘泥していたのだろうか。そのころ肉親という言葉にも、血のつながりという言葉にも抵抗感があった。家族にも、踏みこんではいけない距離がある。私にとって大事な存在だった母は、自らの弱い心身を持てあまし、ときおり死にとりつかれることがあった。もし彼女が死んでしまったら、それは私の責任なのだろうか。そのころ私は生まれてはじめて母を否定してしまったことがあり、そんな自分にも絶望していた。家族同士には甘えが生まれる。ここまで許されるだろう、ここまで言っても大丈夫だろう……。一方で、無条件に理解されているという過信もある。私自身、学生時代に結婚し、その数年後に離婚を経験した直後で、父がいて母がいて子どもをもつ、という「普通」の家族そのものに疑問をもっていたこともある。

私は理性でつながった、個と個がお互いを侵犯しあわない、友だちのような家族が作りたいと夢想していた。友人とのあいだには、その人がもっている孤独がものさしのようになってつくる距離がある。その距離は、自分も他人をも守る、いとおしく心地よいものだ。この「孤独分のものさし」という理性的な距離感のなかで家族になれないだろうか、親になれないだろうかと、私はそのころ妙に真剣に考えていた。いや、理性と言わなくとも、一歩引く力ともいうべきものを。だからこそ、具体的な準備も整っていないにもかかわらず、養子を取るということがどういうことか知りたいと思ったのだった。

生の起源を忘れた社会

私には実母のほかに、母なる人が他にもいた。母の友人、母の従姉《いとこ》……文通を通して、少女から大人になる過渡期の時代の苦しさに手を差しのべてもらい、支えてもらった実感がある。娘にも私の他に、母なる人をもってもらいたい、そう願っているし、「母」をすることは女性のなかだけに眠るものではないとも思っている。

たとえば、いまは仕事をやめて母を介護している父は、訪ねると「はあい」とエプロン姿で出てくるようになり、赤ちゃんを育てている私とあまり変わらない生活をし、弱く欠陥のある母の心身とともに、行きつ戻りつの日々を送っている。これもまた一つの「母なるもの」かもしれない。また、私の最大の理解者で話し相手だった母が、話し相手ではなくなってしまったとき、ある人がその空白を埋めてくれた。そのとき私はその人に母を見ていた。生きていくなかで、弱いときつらいとき、人はその弱さと歩みをともにしてくれる力を必要とする。そこで差しのべられる手に性別は関係ない。しかし、生命の弱さに手を差しのべる者として、「母」をあらたに再定義するような言葉に、ある日出会った。

「mothering マザリング」である。きっかけは、立命館大学の村上潔さんの、ときにこの論考も取り扱ってくださる授業のタイトル「マザリング［Mothering］の現在——をめぐる議論と実践の動向」だった。この論考で、なるべく手垢にまみれた「母性」という言葉を使わないよう試行錯誤していた私には、この「-ing 形」の動的な印象をもつ言葉が、非常に新鮮なものとして響いた。

オックスフォード現代英英辞典によれば「mothering マザリング」とは、「the act of caring for and protecting children or other people」つまり子どもなどケアが必要な人々を、ケアし守る行為で、一方「motherhood マザーフッド」は「the state of being a mother」、母である状態、母たる性質という意味である。マザーフッドが生得的な女性に限定されるのに対し、マザリングとは、性別を超えて、ケアが必要な存在を守り育てるもの、生得的に女性でないものや母なるものとしての自然をも指す。「母を行う」とでも訳せば良いだろうか。ちなみに村上さんは、「母すること」と訳している。

最近のイギリス、北米、あるいは中南米のフェミニストによる研究には、孤立する母同士の相互扶助的コミュニティや共同保育の取り組み、またシングルマザーによる住む場所をめぐる運動に、国家や資本の論理、戦争や暴力や差別という権力への闘争を見出し、また家父長制の強い社会システムや、環境破壊に対峙《たいじ》するオルタナティブな運動の可能性を見出そうとするものがある。こうした研究によって「マザリング」を、社会変革を実現するためのラディカルな概念として新たに捉え直す風潮が広まっている。

マザリングの動きを主題とした『Revolutionary Mothering: Love on the Front Lines』を読むと、白人女性によるフェミニズムがいかに黒人をはじめ有色人種の母親たちを排除してきたかがわかる。本書は〝母〟をキーワードにフェミニズムを内部から批判的に看破する書であった。たとえば生殖医療は、より良い遺伝子を選別して残そうとする欲望につながるという意味で、有色人種の子どもたちを排除する可能性がある。生殖医療とは、母親個人の目的のために、他者の生命（子ども）を切り刻み、消滅させるという側面があり、生産性を重視する新自由主義を促進するというのだ。本書は、こうした資本主義を内側から支えてしまうような母親性を超えて、母を「生命を創り、育み、肯定し、支える」存在として見ており、相互依存的でお互いが必要であるような関係性のなかで、母親を障壁同士の橋渡しをする存在として描いていて印象的だった。その意味でマザリングとは個人主義を超えたものであり、暴走する資本主義を阻止することができる、解放の象徴として語られる。

すべてのことが合理化された現代社会のなかでは、女性が体験する赤ちゃんとの自他未分の日々は、理性の論理が忘れ去った時間だと感じたことは前述した。爆発的な生命力を抱えているにもかかわらず、あまりにも脆《もろ》く弱い彼らが、始終したたらせる濡れたものとつきあい、コントロール不可能な烈《はげ》しい生命のゆらぎを見守り、その生を損なわずに育てようとする母親は、介護やケア従事者と同じ地盤を生きている。

思い出す場面がある。介護者のドキュメンタリーを作りたいと、ある介護士の男性に事前取材を申し出ていた。安海《あんかい》さんというその男性は、母が利用していたデイサービスの職員だった。初めて私の実家を訪問して母と対面したとき、何も喋らず黙ってテーブルに座っていた母が突然立ってピアノを弾き出した。それもベートーベンのピアノソナタ第八番「悲愴《ひそう》」の第一楽章で、途中から速いパッセージが続いて、長い劇的な展開になるのだが、私が気になって介護士さんたちの顔をちらと窺《うかが》うと、もう一人の介護士はいつ終わるのだろうという不安な面持ちをしていたが、安海さんはものすごく晴れやかな顔で母の手元を見つめ、終わったあと拍手のかわりにそっと母の背に手を添えてくれた。施設に通うようになってから、母の安海さんへの信頼はゆるがないものになった。

そのころ毎月、母の脳を診てもらうために通っていた大学病院の待ち時間は、毎回三時間を超えていた。ここ数年で待合室の人数が増えたと感じる。それだけ高齢化社会が加速し、病の人も増えているということだ。病院の窓から見える青空はいつも四角く切り取られていたが、そうして病院からゆっくり空でも眺めない限り、自分がいる日常の社会がどれだけ速いループで回転しているかということに気づかない。一度そのループから抜け出すと、スピードの速い社会にもう二度と戻れないような気がしてくる。私たちのいる社会は、健康な人が健康に働けることしか前提になっていない。死や病気と向き合う準備ができているだろうか。私たちは死も生もともに足りない、生の起源を忘れた社会を生きているという実感があった。

弱い身体をもつ人のこと、この社会に生きることに違和感をおぼえる多くの人のことを考えている自分に気づいた。そして日常的に弱い身体に寄り添っている人、ケアラーの声を聴きたいと思っていたのだ。

他者に開かれた手
——安海賢司さんのこと——

二〇一三年秋、ドキュメンタリーの取材の日にあらわれた安海さんは、いつもより少し疲れて暗い顔をしていた。午前十時ごろだったと記憶している。そのころ安海さんは、デイサービス施設を辞め、特別養護老人ホームで働いていて、週に二度は夜勤があるということだった。この日も夜勤明けだった。

「今朝、一人の男性の入居者を看取ってきたところなんです……」

唇を真一文字に結んでどこか緊張が抜けない面持ちでありながらも、なにか大きなことを終えた達成感のようなものを安海さんはまとっていた。特別養護老人ホームでは、人を看取ることが日常の仕事だ。頭ではわかっていたつもりだったが、人ひとりの生の終焉《しゅうえん》を見守り、その時間を引き受けてきたような安海さんから発せられる厳かな空気に、私はひるんだ。

「何度体験しても、やはりつらいです」

そう話したあと、亡くなったあとの家族の方への連絡、引き取りなどの手順について具体的に聞いているうちに、現代社会では、親の看取りという大仕事を職業人にまかせ、生と死をともにアウトソーシングしているのだという思いにかられた。誰しもがいつか直面する現実、親の看取りだけでない、自分もいつか必ず看取られる日がくる。誰しもが朽ちていく身体という運命の舟に乗っているが、みな来たるべき死を自分のこととしては考えず、どこか他人事《ひとごと》だ。しかしケアラーたちは、朽ちつつある存在を相手にしているという意味で、多かれ少なかれみなターミナルケアを担っている。

話すうちに、安海さんはふと何気なく、ご両親を東日本大震災の津波で亡くされたということを話した。突然、静かな声でそう告げた安海さんの声が忘れられない。

「僕は、親に対してできなかったことをしているのかもしれないです。利用者の方に両親の姿を見てしまうんです。たとえば認知症の方の場合、病気のために本人が言えないこと、伝えられないことを、代弁するのが自分たちの仕事だと思っています」

私はそこでそっと、安海さんの手を見た。白くて繊細な印象だが、指の節が意外なほど骨太で、しっかりとした手だった。この手が、昨夜おじいさんのおむつを替え、手を握り、朝になって息があるかと確認し、そうして身体を清拭《せいしき》したのかと、しばらく見つめていた。その手には、生と死に触れつづけている重さがあった。

安海さんは、前年に結婚したと話していた。介護職の待遇は十分でなく、同僚はみな辞めていくが、自分は仕事を続ける意志は強いと安海さんは語った。もう七年も前の話である。元気だろうか。安海さんの存在を、いまふと間近に感じたのは、私が育児を通して、ケアの本質に触れたからだろう。撫で、さすり、汚いものをぬぐい、清潔になった手でもう一度安心させるために赤ちゃんの身体に触れる。手は、他者のためにつねに開かれてある。

脆弱性と親密圏

近代が掲げてきた、「それぞれが対等な個人であれ」という個人主義の観点からすれば、老人や病人と、介護人の関係は、圧倒的に非対称だ。老人や病人は絶対的に他者に依存してしか生きられない。一方、介護人は自分の欲望を滅し、弱き人々から放たれる絶対の依存を全身で受け入れざるを得ない。その関係は、一方が被傷性をおびており、徹底的に受動的である。これは介護者や看護師などケアラー全般がそうであるし、赤ちゃんと母親との関係にもあてはまる。だからこそ、ケアする人間の自己犠牲は、個人主義の視点からは批判され、乗り越えられるべきものとして、介護者の人権やアウトソーシングのシステムが練られてきた。

しかしケアする人間の、弱き身体への献身がなければ、人間を病や苦しさから救い、生命を維持する力は生まれてこない。そのことを、倫理学とフェミニズムの往復運動のなかに、あらたな女性の哲学を打ちたてる金井淑子《かないよしこ》の著作から私は学んだ。

人間は本質的に他者と、「不可避の依存関係」を結ばねばならない存在であると金井は言う。幼児、病人、死に臨む存在——。人の弱い身体は、他者への依存を必要とする。その依存を免れ得ない状態を金井は、「ヴァルネラビリティ＝脆弱性《ぜいじやく》」と呼んだ。脆弱でない身体などない。そして脆弱性は安心して他者に寄りかかることのできる「親密圏」を求める。しかし「親密圏」の役割は、近代以降私たちの社会では「家族」が担い、一方で家庭は支配と従属関係を誘引し、暴力の温床ともなってきた。この「親密圏」をいかに脱暴力化するか、ということに金井は心をくだいていた（『依存と自立の倫理――〈女／母《わたし》〉の身体性から――』）。

それは言葉をかえれば、抑圧を生み出してしまう家庭内の性規範から解放されながら、他者と寄りかかりあう親密な関係をいかに守るかということだ。ケアの完全なアウトソーシングでもなければ、個人主義のまっとうとも異なる、「不可避の依存関係」のなかで生命を癒す場所とは？

胎児を宿し他者の生に直接的に応答する母親だけでなく、男性も若い人も、いかなる人も母になることができる。そうして他者に「手」を差しのべることが、近代以降の世界の限界のなかでの、人間の使命なのではないかと感じていた。そして、血縁関係にない他者の生命を引き受け、育てようとする養子縁組は一つの「親密圏」であると思えた。

養子あっせんの団体に電話をしてから十五年、さまざまな偶然が重なり子どもを育てているいま、あらためて、養子を迎えた親たちの声を聴きたいと思った。

後輩が作ったテレビドキュメンタリー「リアル×ワールド『養子を迎えることにしました。』」に、特別養子縁組で子どもを迎えることを決めた二組の養親が出演していた。番組は、子どもを引き取った養親の戸惑いや試行錯誤を描きながら、家族になっていくとはどういうことかについて考えさせた。そして後輩に、番組の後半に映っていた上川舞さん（仮名）家族を紹介してもらった。番組では、二歳の娘さんをお風呂に入れながら、時間をかけて養子であることを伝えている父親の誠実なまなざしと、布団の上を転げ回る娘さんに声をかける母親のすこし戸惑ったような顔が印象的だった。彼らはいま北海道に住んでいるという。

——上川舞さんのこと——

白い光

二〇一八年十月、羽田八時発の飛行機だった。皆がまだ寝ている時間に家を出た。実は舞さんとの面会は、その前の月に起こった北海道胆振《いぶり》東部地震で延期になっていた。さいわい、ご家族は皆さん無事だったのだが、地震の当日から始まった舞さんとのショートメールでのやりとりはとてもこまやかで、それでも取材を予定どおり受け入れても良いと言ってくださる生真面目さに、彼女の純真で一生懸命な人柄が伝わってきた。

札幌から少し離れた駅で、待ち合わせをした。改札の向こうに、めがねをかけた、小柄な女性が立っているのが見える。あごくらいで切りそろえられた髪に、控えめに塗られたマットなレッドリップが白い肌に映えていて、日本人形のようだった。「はじめまして」、私に向けてくれたまなざしに、なにかすごく一途《いちず》な印象を受けた。ただ待っていてくれたというだけでなく、私の姿やこれからの会話を想像し、懸命にそこにいたというような、時間の重みを感じたのだ。駅舎の壁の、彼女の肩よりすこし高い位置に窓が開いていて、その日の灰色がかった白い光が、彼女の姿を照らしていたからかもしれない。

「地震は午前三時ごろだったので、その日以来子どもが布団に入るのを怖がってしまうんです」

あまり口を開けないで話す、低いけれどよく通る独特な声だなと、隣を歩きながら思う。千葉で生まれ、子どもをもってからも実家にほど近いところに住んでいた彼女は、夫の転勤で、初めて北海道の地を踏んだ。子ども二人を連れて、舞さんはどんな目でこの地を見たのだろうか。車窓の風景を少し思い出しながら、想像する。

駅の階段を下りたとき、舞さんが足をひきずって歩いていることに気づいた。映像を見ていたので知ってはいたが、その歩き方はとても自然で、もしかしたら、小さなころから悪かったのかもしれない。彼女の住んでいる団地の階段をあがるとき、舞さんは「どうぞお先に」と、慣れた様子で促してくれた。先を行った私は、スピードはこれで良いだろうか？　逆に遅すぎるか？　と考えすぎて、むしろ足早になっている自分に気づいた。

舞さんはこういう他人の戸惑いや感情を、長いあいだ受け止めたり、受け流してきたりしたのだなあと、彼女の顔をちらと見ながら思った。

五階の部屋に入ると、玄関を入るとき、生活の品々はきれいに片付けられて、子どものおもちゃが片隅にきちんと整えられていた。ベランダには几帳面《きちょうめん》に並べて布団が干してあり、差しこむ光がひんやりとした部屋の空気を温めていた。生活のなかに秩序があることがわかった。

不妊治療の果てに

「娘はいま六歳で、来年は小学校に入ります。生後十三日で引き取ったんです」

特別養子縁組支援の組織にも、それぞれのシステムがあるが、舞さん夫妻は、東京のアクロスジャパンという民間団体から養子を受け入れている。この団体は生後まもない時期での引き取りと、養親は養子についての要望を、性別を含めいっさい出せないことを条件としている。

「なかなか子どもができなくて、不妊治療を三、四年続けていたんですが、二度初期の稽留《けいりゅう》流産をしてしまったんです。自分としては、このまま不妊治療を続けて、また同じことがあったらと、もう怖くなってしまって、一回止めたいと思いました。それで二人で話し合って、気持ちが前向きになったらまた治療をはじめようとしていたんです」

ドキュメンタリーを思い出した。目尻が下がった、実直そうなお父さんだった。病院の受付事務として働いていた舞さんは、知人に誘われたキャンプで彼に出会い、二十八歳で結婚。二年間子どもができなかったので、三十歳のとき病院に行き検査をし、その後不妊治療がはじまった。その過程のなかで、二人は血縁ではない家族についても、話し合っていたという。

「主人はもともと子どもが好きで、子どもが欲しいと思っていました。そこには私も反対はなかったので、もしできなかったら、血のつながりというのはあまり気にしないで、というのが二人の意見としてはあったので。養子縁組を考えようかという話は二人のあいだで、すんなりと進んだことでした」

毎月毎月、今度は着床するか、今度はどうかと、期待して待ち、それが裏切られる苦痛は相当のものだ。自分の身体のなかで起こることなので、感じなくてもいい責任まで感じる。ふたたび流産するかもしれないという恐れもはかりしれない。月一回の排卵日という絶対的な一日のために、命の生成を徹底的に管理されるつらさ。舞さんの、もう不妊治療には戻りたくないという気持ちはとても理解できた。

しかし、不妊治療をやめるとなったときに、子どもをもたない人生を選ぶなど、他にも選択肢はある。夫の尚也さん（仮名）の子どもが欲しいという気持ちを舞さんが受け止めたのはわかったのだが、彼女自身はどういう感情をもっていたのだろうか。

「正直言うと、ええと……」

しばらく押し黙り、言葉を探している舞さんがいた。

「妊娠してしまうと子どもを好きとか嫌いなどにかかわらず、縛られてしまうというのがあったので、自分としては子どもができなくてもいいのかな、というのがあったんです。でも主人の気持ちというのもわかっていたし、まわりが、子どもはまだかと聞いてくるプレッシャーもありました」

三十歳で不妊治療を始めて、三十代半ばにさしかかっていた。やがて、舞さんは子どもの写真が載っている年賀状をもらうのがつらくなっていった。

「自分が勝手に感じているプレッシャーなんですが、子どもをもたないと一人前の女性として見られないという、そう感じているのは自分だけかもしれないのですが、そのときはそういう気持ちがあって……」

自分自身を追い立て、家族とはこうあるべきという固定観念や、理想にも縛られる。その苦しさを想像するのもつらいが、舞さんはそれ以上、言葉にはしなかった。彼女はあまり自分の感情を言葉にしてストックする人ではないかもしれないとも思った。最初に会った印象——懸命で一途な想いでまわりの人々のことを感じとることができる——が、自分のこととなると、感情そのままを保存しているのではなく、覆いをかけて、心のうちにしまいこんでいるのではないかと。それは、人が人を守り、強く生きていくすべでもある。それでも、舞さんのやむにやまれぬ感情が伝わってきた。

彼女はどんな風に大人になっていったのだろうか。

「東京の世田谷《せたがや》で生まれたのですが、生まれつき両足に股関節脱臼があったんです。小学五年生ごろまでは痛みもあって、二十歳のとき手術をして、その後も二回の手術を経験しました。実は北海道でたまたま専門医を見つけて、去年、手術を受けたんです」

それは六年間のおんぶに抱っこ、二人の子育ての結果として、やはり足に負担がかかってしまったのだろうか。そう問うと、

「そうですね」

舞さんは、あっさりと答えた。自分のことより子ども二人に心を傾け続けた舞さんの日々が目の前をよぎる。

彼女のご両親ははじめ養子縁組には反対だった。

「子どもを育てるのは、金銭面でも精神的にも大変だから。それに夫の帰宅が遅いし、あなた一人にかかる負担が大きいと、両親は言っていて」

ご両親には、何をおいても娘である舞さんの身体への心配もあったのだろう。しかし生後間もない七海《ななみ》ちゃんに会ったら、一気にその不安は拭い去られ、目の前の新しい命に一緒に向き合ってくれたという。

こうのとりの声

それにしても、子どもができないというところから、養子縁組にすっと移行できるというのは、前もってその選択肢を頭に思い描いていないと、なかなかできないのではないか。尚也さんは前からそういうことに関心があったのだろうか。そう聞くと舞さんは、

「主人は血のつながりはあまり関係ないと、はじめから考えていました」

尚也さんの家族もまた、養子縁組に賛成ではなく、受け入れてもらえるまでさまざまな工夫と苦労を重ね、今もまだそこで生まれた齟齬《そご》は解消しきれていないという。背後には言葉にならない色とりどりの想いがある。そこには、尚也さんの血縁に頼らない家族観、親になることへの特別な願いのようなものも、あるのかもしれないと想像した。

二人は先述したアクロスジャパンの存在をインターネットで知って、面談を経て養親に認定された。引き取り時期を特定できないという特性上、それはもう、いつでも赤ちゃんを迎えられることを意味した。二人は、いつ赤ちゃんが来ても良いように、ベビーベッドや産着を用意した。男の子でも女の子でも良いように、黄色を選んだという。数年待つ養親も多いなか、舞さんには数ヶ月後のある日、連絡が来た。

「そのころジムに通っていて、その帰り道だったんですが、電話が鳴ったんです。出る

とアクロスジャパン代表の小川《おがわ》（多鶴《たづる》）さんで、〝今日生まれたよ、女の子です。名前を考えてね〟と言われたんです」

舞さんは電話をもらったその足で本屋さんに寄り、命名辞典を買った。その日は徹夜で夫と名前を考えたという。「七海」と名づけた。七月に生まれたこと、そして七つの海を渡っていくような人になってほしいという願いをこめたという。二人の想いが伝わってきた。

産みの母が名前を決める場合もあるが、舞さんたちは、名づけを一任されたという。

「それは、嬉しかったですね」という私の言葉に、

「ええ、とても、嬉しかったですね……」

そう言うと舞さんの目から、わあと涙が溢れ、声を詰まらせた。「七海」という名前を考えた夜のこと、きっとそのときに感じた、嬉しさと期待、「生まれたよ」という祝《しゅう》言《げん》のような響き、六年間の歳月……。去来したであろう感情の重みを想像した。

妊娠期間を経て出産し、親になっていくということは、否応なくお腹のなかの存在が発するまなざしに応対し、自然状態で親になっていくということだ。しかし、「今日生まれたよ」という声は、今日からあなたが親なのです、という言葉による受胎告知だ。それは生体的、身体的な声ではなく、理性の声だ。そのことの重みに、驚きとともに、深い敬畏《けいい》を抱いた。

私は想像した。夏の光が差すなか、電話を耳に当てて、「今日生まれたよ」という声を聞いている舞さんの白い顔を。さっき駅で会ったときも白い光が彼女を包んでいた。きっと舞さんは、電話の声に耳を澄まし、驚いた顔でまぶたの向こうに、生まれたての赤ちゃんの姿を浮かべている。私にはその声は、空から赤ちゃんを連れてくる、こうのとりの声のようだと思えた。

母親になる

生後十三日で小川さんが赤ちゃんを自宅に連れてきた。

「どんな子なんだろうと、ドキドキして待っていて、初めて会ったとき、こんなに小さいんだと思いました」

養親には、新生児研修がある。お風呂の入れ方、おむつの替え方などは、習っていた。それでもはじめは、おっかなびっくり。はれものに触るようだった。

最初のころの育児日記を見せてもらった。養親は、家庭裁判所での養子縁組許可の審判まで養育記録を求められることもあり、付けていたというが、ページをめくると、新しい命と格闘する日々の熱量がそのまま伝わってきた。

「昨夜から寝つかず、今朝になってようやく寝始める。しゃっくりが出るようになる。

寝る前にぐずり出すのを、覚える。夜に起きて、ミルク、白湯を飲む。飲んだあとうんちの回数が増える」

もっと、戸惑いが記載されているかと思ったら、引き取って初めての日からもう何年も前からお母さんだったような書きぶりである。舞さんの覚悟と、緊張の高さ、張りつめた真面目さを思った。そして強い意志の力を感じたのだ。弱みを見せないというような強い意志の力を。私は「家族に理性をもちこみたい」などと思ったが、それはそんな簡単なこと、きれいごとではない。打ち砕かれた気がして、自分ののんきな母としての旅立ちを恥ずかしく思い出していた。

次の日の記録はこうだ。

「七海、一日中寝てる。夜も、この日はけっこう寝てくれた。訳もなく泣くことはなく、ミルク、おむつ替え、眠いなど、泣き方が微妙に変化」

翌日、

「声に反応してか、音に反応してか、ニタア～と笑うようになる。何かを訴える時に、手を握ったり、服をつかんでくるようになった。本能だと思うが、ぐずるときに母乳を求める仕草をする」

こういう日々をくぐり抜けて、いま目の前にいる六歳と三歳のお母さんに、舞さんはなったのだ。

それでも舞さんには怖さもあった。お風呂に入れるのが怖くて、毎日夫の帰宅を待っていたという。夫は通信会社の技術者で現場に出ることも多く、帰りが遅くなる日もあった。それでも舞さんは夫の帰宅を、お風呂の準備をして待っていたという。弱みを見せない気丈な舞さんが、そういう恐れや不安を夫とは共有できるのだなと、少しほっとした。

生後半年を過ぎたころ、首にかけるウィルス除菌製品で薬剤によるやけどをさせてしまったことがあった。急いで病院に連れていき、そこで、

「私が母親でよかったのだろうか。もっとよい家があったのではないか。こういうめぐりあいを七海はしたのだけど、それでよかったのだろうかと泣けてきてしまったんです。でもそのとき七海が泣きながら、〝ママ、ママ〟と呼んでくれたんです。そのとき、ああ私は、母親として認めてもらえたんだって思って……」

人を育てるというのはほんとうに大変なことだ。どんなに苦しくても、逃げられない。私がいま逃げてしまったら、目の前のこの子の命はない。そういう責任を二十四時間背負っている。その逃げられない責任を一気に引き受けているあなたは、紛れもなく母親だと、そのときの舞さんに言いたかった。

海と山と

七海ちゃんには早い段階から、

「あなたにはお母さんのほかに、産んでくれたお母さんがいるんだよ。でも、お母さんはこれからもずっと変わらないからね」

となるべく自然なタイミングで説明しているという。だいぶわかってきたと思っていたある日、

「母さん、どこにも行かないで」

七海ちゃんが、大泣きした。小さな身体全身で、いま目の前にいるお母さんのその先に、何か大きな世界が広がっていることがわかってしまったのかもしれない。子どもは世界の果てしなさを感じないように、母親の身体にまとわりつき、それを壁のようにして、なんとか立てていると感じることがある。

それでも七海ちゃんの涙は、自らの生い立ちを理解していく上で、かぎりなく大切なものなのだ。もし何も知らず、自身の思考ができあがっている二十代などで告知をされたら……世界が一変するようなショックを受けるだろう。その子が養子であるということを知らせる「真実告知」という言葉がある。最近は、養子を受け入れる家庭の多くが、「真実告知」を早い段階から行っているという。徐々に徐々に、真実の手触りに慣れて

いく。小さな子どもだけでなく、親も一緒にその手触りに慣れていく、そのために必要な時間というものがある。

七海ちゃんが二歳になったとき、舞さんと夫は、兄弟がいた方が良いと思った。

「親でさえ、彼ら当事者の気持ちは想像することしかできない。大きくなったとき、産みのお母さんに会いたいと思うかもしれない。でもそのとき、一番近くに理解者がいれば、お互いに助けになるのではないか。両親抜きで、話ができるのではないかと思ったんです」

夫妻はもう一人子どもを育てることに決める。子どもを一人の人格として、自分とは違う人生を抱える人間として思い描き、尊重しているからこそできる決断だ。凄《すご》みを感じた。家族を作るということは、こういう凄みを、つまりしかるべき距離をもって、子どもの将来を眺め尽くすことができるということだ。

新たに家族に加わった子は男の子で、穂高《ほだか》くんと名づけた。七海ちゃんが海だったので、今度は山へ、想いを託した。穂高くんはもうすぐ四歳、七海ちゃんは六歳。壁には子どもたちの写真が飾られていた。二人の笑顔から、仲の良い姉弟《きようだい》であるのが伝わってくる。

七海ちゃんの興味はいま「出産」にあって、「赤ちゃんが生まれるとき痛いの？」と聞く。産みの親の存在を言い聞かせているからこその、早熟な興味かもしれない。これからもいろんな疑問が生まれるだろう。小さな身体で、大きな気持ちを、きっと抱えられなくなることだってあるだろう。

でもそんなときも、舞さんと尚也さん、このご夫婦なら子どもたちのどんな変化をも、また日々を刷新《さっしん》しながら乗り越えていくのだろう。あたたかい土に触れたら、その奥にある踏み固められた大地の確かさのようなものを感じる、そんなたのもしい気持ちで、空高い北海道の地をあとにした。

そして舞さんに「今日生まれたよ」と電話をした、小川さんの話をどうしても聞きたくなった。

――小川多鶴さんのこと――

ハードボイルドな風

アメリカと日本を行き来しながら働く小川さんとようやく電話でお話しできたとき、電話口の声からだけで、深い感情のようなものが伝わってきて、なぜか安心感を覚えたのを思い出す。産院に併設された建物にアクロスジャパンの事務所があるので、そこで会いましょうということになり、木場《きば》の駅にほどちかい場所を訪ねた。

エレベーターから降りると思いのほかシンプルで物がない、弁護士事務所の応接室のような空間が現れた。ここが養子縁組を仲介する場所だとわかるのは、壁一面の本棚に母子心理や家族社会学などの本が所狭しと並んでいるからだった。事情を抱えて子どもを育てられない女性たちの話を聞く場所、子どもが欲しくてもできず、養子を迎えたいと願う夫婦の話を聞く場所……あたたかみや、柔和さが演出された空間なのではないか。勝手にそんな部屋を想像していた安直な自分に気づいた。

いくつかの書類を前にして座っていた小川さんは、青いダウンのベストを着てダメージジーンズを穿《は》き、少し色を抜いたショートボブが、目元のキリッとした相貌によく似合っていた。「中村さんね」彼女は、さっぱりと挨拶をしてくれた。

私は、舞さんの話を聞き、小川さんの「生まれたよ」という声が神様からの受胎告知のようにも、こうのとりの声のようにも思えたということを伝えた。すると、小川さんはいともあっさりと、

「あ、そう？　そんなことないわよ」

と笑って切り返した。複雑な事情を抱えた人間たちに日常的に会わなくてはいけない人がもつ、風のような透明性と、ハードボイルドな荒々しさを同時に感じた。そして、またもや私の想像は吹き飛ばされ、そのことがまた痛快だった。

私にも二歳の子どもがいることを伝えると、

「こんなことしてないで、早く帰った方がいいよー」

と豪胆に言う。

「私にも中学生の息子がいてね、寮のある学校に入っていて、長い休みに帰ってくるだけなんだけど、いまでも帰省して寝ている息子の匂いを嗅ぎにいくんだよ。自分からその学校に行きたいと言ってね。小さいころから自立心を養うように育てた結果なんだけど、やはり寂しいものだよ」

小川さんの表情が和らぎ、母親の顔になった。彼女自身も息子さんを生後まもなく養子として引き取っている。

日系アメリカ人の夫と結婚してアメリカに移住。不妊治療を経て、夫と話し合って日本人の子どもを迎えようと決め、日本の養子あっせんの団体に連絡した。すると、「外国の人にはあげられない」と言われた。

衝撃だった。子どもは「あげたり、もらったり」するものなのだろうか。あらかじめ高額のあっせん料を示され、「外国の養親の場合は、この金額以上での取引です」と言われたこともある。アメリカの養子縁組では、相手の年収をはじめに聞くなどということも、あり得なかった。

そこで、小川さんは領事館に勤めていた経験から、カリフォルニアの州法を持ち出し、厚労省や外務省に直接交渉したりするなかで、ある日本の民間団体から日本人の男の子を養子に迎えることとなった。

そうして養子を迎えてからというもの、小川さんには、外国に住む人から「日本人の養子を迎えたい」と願う相談が来るようになり、そのたびにサポートした。やがてアメリカの養子あっせん団体から声をかけられ、そこで働くことになる。

アメリカでは、州によって法律が異なるが、ソーシャルワーカーが家庭訪問し作成する養育報告書の提出義務があり、希望すれば子どもを託した親も閲覧可能であることが多い。子どもを手放した母親は、そこですっぱり気持ちが切り替わるなどということはあり得ない。望まない妊娠だったり、金銭的な余裕がなかったり、学生同士での幼すぎる妊娠だったり、理由はさまざまだが、手放すときは悲しみでパニックになるし、本当に別れて良いのか迷うし、不安に駆られる。日本ではあまり産みの母をケアしない実態に触れ、彼女たちをサポートすることが必要だと感じたという。

そしてもう一言、小川さんは言葉を継いだ。

「子どもを育てられないのもエゴだし、どうしても子どもが欲しいというのもエゴ。子どもを大人のエゴの犠牲にしてはいけない」

日本に戻った小川さんは、アクロスジャパンを結成した。いまはカウンセラーと助産師を配置し、産院の隣で、育てられない事情のあるお母さんの相談に乗る。一つの選択肢としてお母さんに養子縁組という制度を伝え、ケアを行っている。

自分らしくいる

産院や行政、インターネットを通じて、さまざまな事情で子どもを育てられない母親が小川さんのところへやってくる。そして、生まれてきた子と養親をつなげるのだが、養親からは望む子どもの条件を受け入れない。マッチングは主に小川さんがリードしている。

七海ちゃんと穂高くんを引き取った舞さん夫婦が最初に面談に訪れたとき、小川さんは舞さんの足を見て、

「あなたは足が悪いですが、もし横断歩道で子どもが危険な目にあったら、走って守ってあげられますか?」

そう、すぐに聞いたという。

「タブーに触れない日本社会のなかで、障害があることを初対面の人にのっけから切りこまれた経験は、たぶんそうなかっただろうと思うんです。だから舞さんは驚いたと思う」

けれど、それこそが重要だったという。ハンディキャップを抱えていると言うけれど、どんな人も皆それぞれに特殊で、ハンディを抱えているとも言える。強いところと弱いところがある。それを直視することが大事なのだと。養親から、本当に育てられるだろ

うかと悩みを打ち明けられたとき、小川さんは必ず言うことがある。

「あなたが、自分らしくいてください。自分らしくいられない人には、紹介はお断りしています」

養子を紹介してほしいからと、私に気を遣ったり、好かれようとするのではなく、ただ自分らしくいて、自分らしい家族をつくってくださいと。

ありのままでいるという価値観を、子どもにも同じように当てはめている。舞さんの家庭でも実践していた、「真実告知」もその一つだ。

「アメリカなどでは、当たり前に最初から、子どもに真実は告知するものなんです。でも日本にはまだ、真実告知はしない方がいい、真実は墓場まで持っていけ、なんていうおばけみたいな認識があるのが驚きです。ですがもし、告知をしない親がいたとしても、それは、その家族の自由でもあるし、それを行政や団体がとやかく言うことではないと思うんです」

アメリカでは一九六〇年代後半以降のウーマンリブ運動から、自分の出自を知ることは権利であるという社会の流れが生まれ、そのなかで養子の子にも真実を知る権利があるという土壌ができてきた。けれど、日本では養子の子の権利はおろか、産みの母の当事者としての権利も放っておかれ、「母乳をあげさせてみれば育てたい気持ちになるかもしれない」という母乳神話など、価値観の強要がある。それが耐えられないと、小川さんは語気を強めた。彼女は、自分たち団体の役割は、なぜ子どもを育てられないのか、相談者が納得するまでの過程を手伝うことだけだと明言した。

たくさんの手のなかで

小川さんは九〇年代にアメリカに移住している。そこで不動産業の事業を興し成功したころ、ソーシャルワーカーになるために大学に入り直し、卒業してから聾《ろう》学校で働き始めた。夫とのあいだにはなかなか子どもができなかった。不妊治療をしたが、やがて養子縁組を考えるようになる。夫の親族には、養子縁組で家族になったメンバーが多かった。実際、夫はいとこと血がつながっていない。そんなことは話題にのぼらないほど、自然なこととして皆が受け入れていた。アメリカには、養子であることは名誉、自慢できることだという考えもある。つまりそれは、いろんな人の力を与えられ、助けられて、多くの人に祝福されてきたということだから。

アメリカが作り出す懐が深い文化のなかでも、こういうホスピタリティ、助け合いの精神の清々《すがすが》しさには、いつも学ぶところが多いと感じる。人と助け合って生きる、それが前提になった社会なのだと。

二人は日本から養子を迎えることにする。そうして、日本では養子を「外国の人にはあげられない」と言われた、最初に伺った話に戻っていくのだ。アメリカにいながら日本人の養子を迎えた小川さんは、他の養親から頼られるようになり、それがいまの活動につながっていく。

「人は人でなくては、救えないことがあるんです」

そう語った小川さんの言葉がこだまする。

小川さんの物語を聞いた私は、深く納得していた。良い部分も悪い部分も、現実を受け止めたところからすべてがはじまる。それは養子である子どもたち皆にも届けたいメッセージだし、育てる中で困難につきあたるすべての親へのメッセージでもある。

私の「理性でつながった家族を作りたい」という想いは、当事者たちの圧倒的な声に、かき消された。現実をありのままに受け入れることは覚悟とも気構えとも違う、淡々とした日常の果ての強靭な思考だった。

自分がたくさんの人の手のなかで、たくさんの力と愛情を受けて、いまここにいる、と誇りをもって言える社会を、ほんとうはすべての人が望んでいる。それを支える人々は、自分の姿も、相手の姿も、ただ黙ってありのままを引き受けていた。

第九章　父から見たマザリング

母とは誰か？

前章で、実の親が育てられない事情を抱えた赤ちゃんを養子として引き取り、自らの意思で親となった方々のことを書いた。その一人の舞さんは、娘さんが薬剤やけどで入院し「ママ、ママ」と呼んでくれたとき、「ああ私は、母親として認めてもらえたんだ」と思ったと語った。自分は母親になれるのかと、ただならぬ緊張感のなかで過ごしていたはずの舞さんにとって、その瞬間はかけがえのない体験だったろうと胸がいっぱいになる。

と同時に、いつもそばで見守ってくれている舞さんに向かって伸びた娘さんの小さな手は、ヒリヒリとした痛みのなかで、何を求め、何にすがっていたのだろうか。人はなぜ「母」を必要とするときがあるのか。このとき子どもが泣きながら求める「母」は、きっと生得的な女性に限定されるのでもない、弱い状態の自分をそばで引き受けてくれる存在の力というものではなかろうか。

哲学者ハンナ・アーレントは『過去と未来の間』で子どもについてこう書いている。「植物の生命に限らず、生命あるものはすべて、暗がりから出現する。そして、どれほど自らを光のなかへと押しやる自然的傾向が強かろうと、成長するためには何としても暗がりの安全を必要とする」

生が前に進むためには、「暗がり」が必要である。生を育む「暗がり」のあたたかさ、おぼろな、まどろむような眠りを、かつて私も味わったのだろう。世界に躍り出る一歩手前の、暗い、まだ存在もさだかでない、ありとあらゆるものの声が聴こえるその場所は、制度とも固着とも無縁の、永遠に生々流転する場所だ。光のなかに出立する手前のその感触を、今度は提供する側になって、私は懸命に想像していた。

新生児もまた、そんな風に世界を感じているのだろうか。母から伝えられてくる記憶も未来も渾然一体となった想いのようなものを、吸ったり吐いたりして、自分がどこにいるのかを考えることもなく、ただ世界そのものとなっているのだろうか。

自分ではない何者かに、自分の時間をさしだし、ただ生命の流れにひれ伏して、生まれたての者におとずれている嵐のような変化や、喜びや苦しみといった直接的で強い感覚に同化する時間。そのなかで突き動かされる得体の知れない感情こそが、かつて

「母」と呼ばれていたものなのかもしれない。もしそこに「母」がいなかったら、どんな力が、どんな役割が、子どもを生かし育てるのか。それを「マザリング」と呼び、生物学的な母だけの役割から解放したとき、「母」がこれまで聴きとってきた、なにかが生まれてくる過程の、生成に伴う均衡と不均衡のせめぎあいを「マザリング」は受けとめるだろう。

生の感触も死の気配も遠くに置くことで成り立つような現代において、この生の起源の場所こそが、自分の、そして他人の痛みを引きうける場所になるといま私は思う。

自ら命を落とす人が年間二万人を超え、児童相談所によせられる虐待の相談が十六万件に迫る（二〇一八年当時）この国に、必要とされているものは何だろう。生きていてほしいとただ願うこと、その生命を弱さも混沌も含め、成り立たせようとする人がそばにいること。他者の存在を抱え、生と死をもふくむ、生命のもっともそばにいることが「母を行う＝マザリング」なのだとしたら、いま社会に「マザリング」をと、そう言いたい自分を私はおさえることができない。凪のように、空気のように、この都市全体を「母」で覆ってしまいたいという、夢のような不分明なイメージが浮かぶ。

この明白すぎる世界に、ぼんやりとした覆いをかけて、見えすぎているありようを見えなくしてしまうこと。そうして、霞がかった世界のなかで、ただ息を吸い吐くような、ひそやかなリズムを守るのが「マザリング」だとしたら……。いま世界に「マザリング」が足りない。私にも足りない。あの人にもあの人にも。それは生が足りないだけではなく死もまた足りないのだ。生命の姿が見えないのだ。

ここまで書いてきて、もうこれは論考なのか、エッセイなのか、文学なのか、願いなのか、祈りなのか、わからなくなってゆく。そしてもう、この論考を、女性の声を聴きとるだけで進めていて良いのだろうかという想いが去来する。足りない「マザリング」を誰がおぎなうのか。何がおぎなうのか。

この議論を男性はどう捉えるだろうか、端的に聞いてみたい気持ちも起こる。

そんなことを考えていたとき、新潮社『考える人』Ｗｅｂ版ではじまった、情報学研究者でありＩＴ起業家のドミニク・チェンさんの連載「未来を思い出すために」を読んだ。彼は娘が誕生した瞬間をこう記述している。

「彼女の身体がはじめて自律的に作動したその時、わたしの中からあらゆる言葉が喪《うしな》われ、いつかおとずれる自分の死が完全に予祝されたように感じた。自分という円が一度閉じて、その轍《わだち》を小さな新しい輪が回り始める感覚」

娘の生のはじまりにおいて、自分の死を予告し、受け入れた。彼は娘の誕生を前に、自分の円が閉じたと感じている。しかし私の感覚は逆で、円が閉じない自分の身体の最終形態が出産だった。続きが聞いてみたかった。

ドミニクさんといえば、『インターネットを生命化する　プロクロニズムの思想と実践』をはじめ、情報技術と人間はどう共生するのか、人間の心はネットをどう捉えるのかを絶えず問う、思考者という印象をもっていた。そしてNHKの深夜のニュース番組で週一回のコメンテーターを務めていたこともあり、時事問題への発言もやわらかく、マスと関わるバランス感覚をもっている人という印象もまたあった。男性の話を聞くとすれば、ぴったりなのではないか。出産や子どもの誕生という体験を、男性としてどう見ているのか聞いてみたい、そう思ったのだった。

――ドミニク・チェンさんのこと――

四秒間の「死の予祝」

この連載第一回の原稿を送り、お話をしたいとメールをすると、ドミニクさんは、こう返信をくれた。

「中村さんの身体的知覚から始まる抽象的な考察という構造も僕が試みようとしていることと似ているように思いました。同時に、妻が抱いていた母親になる過程での期待や不安が入り交じった情動の正体を教えてもらったように感じます」

痛いほどの日差しが照りつけていた二〇一八年の夏の午後、ドミニクさんと会った。待ち合わせをしていた集英社のビルの、一つ裏のビルの前ですでに待っていた彼は、白い麻のシャツを太陽の光に輝かせながら現れた。ベトナム人と台湾人を両親にもつ父と日本人の母をもち、日本のフランス語学校から、フランスの高等学院、アメリカの大学へと移り学んで行ったコスモポリタンであるドミニクさんは、私たちを見つけるとすぐにはじけるような笑顔を見せてくれた。少年のように笑う人だな、と思った。共通の友人がいたりするが、プライベートでも仕事でもニアミスばかりで、この日が初めての対面だった。

「連載では自らの〝死の予祝〟と書いてらしたけど、まずは出産のとき、どんな風に感じたのか、言葉にしてもらえますか」そう尋ねると、ドミニクさんは、「いま思い出してます……」とまばゆい夏日の下から急に閉じこめられた出版社の応接室の、翳《かげ》りの濃さに目を慣らすかのように、少し時間を置いた。

「とにかく、まず妻はすごい痛みを抱えていて、それを外に出そうという叫びとかうめきとかがすごい力で、僕でもほんとうに全力で押さえつけないといけない感じが衝撃的でした。その経験自体が、やはり身体性の違いを強烈に体感することになりましたし、赤ちゃんは、最初はすごく無機質で物質的なのに、一瞬にしてこう、赤くなって。生きていないものがいきなり生き始めるみたいな……」

赤ん坊はいわば仮死状態で産道を通ってくる。そもそも子宮のなかで、母親とへその緒でつながり酸素をもらい、胎盤から栄養をもらっている胎児は、自発的な生命活動をしているというよりは生と死の境界領域にいて、生命を自発性という定義で考えた場合には、死に近い状態にいるようなものだ。

「そう。生まれた直後の赤ん坊は、仮死状態みたいでした。死んでいるというのはちょっと強すぎる言葉かもしれないけれど、まるで彫刻作品のように、生きる予兆しかない物体のように見えました。そこから一気にばっと色が出て。すごい可愛らしい泣き声をあげて。そのとき、〝あ、何て可愛いんだろう〟と思った。この三秒とか四秒とかですよね。その四秒間というのが、やっぱりその以前と以降で、自分という人間の世界の見え方が明らかに変わったんだなということを、五、六年たってようやく思い出せたんです」

ドミニクさんの娘は、五歳になると、一人でベッドに行けるようになったり、自立的になって手がかからなくなった。そこで初めて彼は、当時のことを振り返る余裕みたいなものが出てきたという。

「妊娠してから、産んで育てるということ全体の、すごい長いプロセスの中では、ほんとに出産の体験というのは一瞬の特異点だったんですね。でも、その一瞬がエピファニー、天啓のような体験だった気がします。子どもが母親の身体から出てくる光景を目撃して、自分自身の出自を身体で理解した気もする。男性って、やっぱり女性のように定期的な身体の変調が起こらないので、想像の上でしか父親としての実感を受容できないのかなと思っていましたけど、一気に実感が湧いてきました」

それが「死の予祝」という言葉につながるのだろう。自分の生命が一つ閉じるような経験。それも死は怖いものではなく、祝福として立ち現れた。それは娘へ、自分の存在を遺伝的に引き継げるという安心感なのだろうか。

私が授乳期に赤ちゃんの知覚に自分を寄せるように生きていたころ、死がとても優しいものに感じられたことと、どこかでつながっている気もした。

男の子が生まれるはずだ

ドミニクさんは意外なことを口にした。

「連載には書いていないのですが、エコーを撮ったときに性別がわかって、あ、女の子です、おめでとうございますと言われたときのことをすごくよく覚えているんです。そのとき、実は愕然《がくぜん》としてしまったんですよね。

女の子を育てるって、まったく見当がつかないし、自分が男である分、つまり男と接する娘というものを想像したときに、どうしたら良いのかわからなかった。すごく簡単に言うと、アホな男が世の中には多いので（笑）、大変だなぁという思いですよね。どうやったら、このアホな男たちがひしめく世の中で、女の子をちゃんと育てられるんだろう、みたいな。その途方もなさみたいなものでクラクラッときて、膝からぱたーんと落ちるぐらいショックを受けたんですよね」

私も娘をもっていて、確かにいまの世で女性として生きる大変さは実感しているけれど、私は逆に女性として生きる嬉しさ楽しさ喜びも、一緒にたくさん味わいたいと思った。それに、男の子だって生きていくのは大変だ。この子の前途にはたくさん良きことが待っているという圧倒的な希望や願いのようなものしか、妊娠出産時にはなかった私は、とても驚いた。

「もともと何か思いこみで、絶対男の子が生まれるという風に期待もしていたんですね。これはいま考えるとすごいふしぎなバイアスだったと思うし、娘を育ててきたいまは、逆に男の子をどう育てたらいいのかまったくわからない（笑）。何でそんなに強く思いこんでいたんでしょうね。これはいま考えたことですが、男親にとっての男の子って、自分のコピーのように思いこんでいたのかもしれない。だから、男の子を育てるというシミュレーションの方が、実感がもてていたのかもしれない」

ここでハッと、ドミニクさんが書いていた、ある文章が思い出された。それは子どものころ、もともと日本語話者であったドミニクさんがフランス語を学ぶ過程を記した文章で、とにかく文法構造のおもしろさに打たれ、その後に単語を学習し、フランス語を習得していく。「構造」を意識し、先に全体像を把握してから言語を学習していくドミニクさんの脳の癖や、思考の分岐の仕方がわかるかのような論考だった。そして私は尋ねた。

「全体の理論を理解してから、そこに自分が遊ぶということにおもしろみを見出しているドミニクさんの思考の順番と、子どもが生まれるとなったときに、〝自分のコピー〟というイメージをもち、それからシミュレーションをしていったという流れは、響きあっているのではないでしょうか」

するとドミニクさんは、

「ある種のゲームの延長戦として子どもが生まれるというイベントを想定していたところもたしかにあったかもしれないです。いや、男だろうみたいな。男である自分は、何ていうか、自分で子どもを産めない分、ミームで生きている気がするんですね。だから、子どものこともミームの延長だと思っていたのかもしれません。自分のコピーとして、さらに自分のミームを受け継いで、俺より広く、高く行ってくれ、みたいな」

なるほど、と思った。ドミニクさんは少年時代ゲームに夢中になり、その延長線上で、UCLA（カリフォルニア大学ロサンゼルス校）でメディアアートを学び、会社を設立してからはゲームを開発しているという一面がある。そんなドミニクさんが、子どもを授かったことがわかったときに、なにかとても自然なこととして男の子を想像していたのは、たとえばロールプレイングゲームを想定したときに、キャラクターとして自然に自分の分身を置く、そういう感覚に近いのかな、と。

「そうなんです。ゲームでも女の子のキャラって、僕使わないんですよね。逆に女子のキャラしか使わない男も結構いますが。僕なんかは、自分の分身とか、自分がちょっと憧れていた人とか、男性として共感できる、感情移入できる対象をゲーム世界の中でつくるみたいなことをいまだにやっている気がします」

ミーム、遺伝子外の遺伝

そのときの私にはなんというか、彼の脳の分岐《ぶんき》構造のようなものが、黒い背景に青い光をともなって見えたような気がした。それはとにもかくにも、この論考でいまだかつて聞いてこなかった論理で言葉が展開してきた、その刺激を受けてのことだったかもしれない。これまで主に女性たちに言葉にならない内的体験に向き合ってもらい、母になった体験を言葉にしてもらってきた私には、子どもの誕生の話にゲームという概念、「ミーム」という、人類の文化を進化させる遺伝子以外の遺伝のことを指す、テクニカルな概念言語が出てきたこともまた、新鮮だったのだ。

私はドミニクさんの言葉を聞きながら、子どもは「ミーム」であるということを、あまり実感できずにいた。朝、娘を抱っこして起きたときの重みを、腕のなかに思い出した。私にとって、娘はただひたすらに娘で、彼女が何かしら私と共通した、文化や歴史を継承するミームの乗り物であるとは、どうしても感じられなかったのだ。

それは言葉を換えれば、私は子どもの生というものを、私の存在とは別のものと捉え、彼女は彼女自身の存在の一回性のなかに身を投じている、そういう未知なる可能性全体が子どもという存在だと感じているということだった。それぞれの人は存在の一回性のなかで、不安も恐怖もその人が固有に一人きりで持ち、たとえば「死」についても、それは徹頭徹尾その人の死でしかなく、継承がその人の「死」を救えるものではない。子どもが、私や過去に紐づいた、何らかの文化や情報を継承するという、垂直的で広範な時間イメージがどうしてもわかない。母子カプセルの繭のなかは、垂直的な貫通が何もない世界だったからかもしれない。

しかし、一方で出産時に感じたことは、死んだ女の人たちが周りに集まってきているという感覚だった。この瞬間にいたるまでに、自分の親、そのまた親、そのまた母親にも母親がいる、という風に人類のはじめまでずっとたどれることを実感したというべきか。それがいま、この自分の目の前にいる子どもの顔に、すべてがふわっと降り立っている……改めてドミニクさんにそう話すと、

「子どもの顔にふわっと降り立つ、その感覚はすごくわかります。折り畳まれた時間の層がふわっと目の前の子どもに降り立つというのと、僕が自分の死を祝福された感じが

するというのは、多分同根な気もしますね」

と答えた。生の誕生という圧倒的な瞬間に、死を思うこと。たしかに分娩室では私のそばに死が横たわっていた。一種の臨死体験とも言えるのかもしれない。それも、なまあたたかい死の感触だった。それは赤ちゃんの、羊水のなかの生死の境にある時間感覚が、こちらに流入してきたところもあったかもしれない。出産後、嫌いだったホラー映画が観られるようになった。もうご先祖様とかお化けとか幽霊とか鬼でも、どんなものでもいいのだが、周りにいっぱいいるでしょうというような、生死の境界への親密な空気があった。いまではかなり薄れてしまった感覚なのだが。

胎児は羊水のなかで静かにしているように思えるが、実は生命は一つ一つが生死をかけた爆発なのだと。岡本太郎《おかもとたろう》ではないけれど。宇宙の誕生もきっとそうで、一つの爆発からはじまっている。そういうエネルギーが、一つ一つの生命にも個別に、毎時毎分起こっている。並行世界みたいに。

他者への共感

そこで思い出したのは、この論考を読んで、「子どもの誕生によって、これまでずっと怖かった〝死〟が、怖くなくなったことを思い出した」という感想をくれた母親が何人かいたことだ。

子どもの誕生によって、いつか自分は死ぬんだとすんなり受け入れられる感覚というのは、それこそ遺伝情報が渡されたことへの無意識的な反応なのかもしれないし、個を超えて共存するコミュニティの世界を、子どもの誕生をきっかけにほんとうにリアルに感じるという体験なのかもしれない。

ドミニクさんはこう言った。

「もし仮に自分が出産に立ち会っていなかったら、多分いまこういう話をしたり、書いたり感じたりということがなかっただろうなと思うぐらいなんです。この現代社会において、そんなイベントはないと思います。ある種イニシエーションみたいなものでした」

それは、これまで自分が構築してきた文明の言語的世界では表現しきれないなにか、ということなのだと思う。それを、実際に痛みを経験せず、赤ちゃんが誕生する瞬間を目撃しただけで感じられるドミニクさんもまた、文明生活によって失われていない野生を保持し、あるいは憧れ、生きてきたのだと思う。

「もともと僕は、けっこう他者への共感性が強いみたいで。もらい泣きなどしやすいタイプなんですけれど、はっきりとそこが過敏というか強くなったなと思ったのは、子どもがよく倒れそうになって、実際は倒れていないのに僕の膝に痛みが走るみたいな。何だこれは、もらい痛みだ、みたいな（笑）、ふしぎな感覚で。これってもう完全に子どもの身体に転移しているというかね。痛覚が転移しているような」

私はこれまで、主体が溶解する経験というものが親に起こるということを書いてきたのだが、母親だけではなく父親にも起こるのだという発見があった。子どもはそもそも自他の境界線があいまいで、私たち大人がもうすでに完成してきた感覚、知覚、認識の発展途上にいる。子どもに魂を移すように子育てしていると、子どもに引っぱられるように主体の溶解が起こりやすい。

私にも似たようなことがあった。赤ちゃんがうんちをしたりおしっこをしたりすると、自分のことのようにすっきりした。しかしそれはふしぎなことに、授乳をしているときだけの感覚で、いまはもうすっかりなくなってしまった。そう話すとドミニクさんが「それで思い出しました」と切り出した。

「子どもが生まれて一週間ぐらいしか持続しなかった感覚なんですけれど、当時オフィスが新橋《しんばし》にあって、子どもが生まれて、街角の喫煙コーナーでタバコを吸いながら、道行くおじさんたちを眺めたときに、しみじみと、ああ、このおじさんたちにも赤ちゃんのときがあったんだなぁと、えも言われぬ親愛の情が、目の前の疲れたおじさんたちに対して芽生えて（笑）、いまはその感情を抱くことはないですが、ときどき思い出したりします。ただ、瞬間的にそういう感覚が、自分の家族以外にも拡張されていたというのがおもしろい。多分そういう感覚を永続できるような特殊な知覚の持ち主というのが、ほんとうの博愛主義者なのかなと思ったりもしたんです」

母に包容力やあたたかさというレッテルを貼ってきたことと同様に、私たちは男性にも共感力に乏しいなどとレッテルを貼り、男性が弱さや傷と向きあう機会を奪ってきたのかもしれない。

男性はオプショナル？

妊娠中の十ヶ月間、母親は胎児と身体を共有する。そこでは、この文明と言語体系で考えてきたことの外側からすべての体験がやってくる。だからこそ、この体験を何かしらの言葉にして考えていくことが、逆にいまの文明の限界点やひずみを示すことにもなるのではないか……。この論考の目的を、ドミニクさんに熱心に説明している自分がいた。

「女の赤ちゃんは、一生分である二百万個あまりの卵子のもとを、あらかじめもって生まれてくるんです。やがて、他者を宿すこと、自分とは違う存在を孕むことを、毎月排卵し、準備し続けるようになる。生理になるということは、それが未遂に終わることで、毎月身体は準備しているんだけれど、未遂に終わる状態が何年も続き、いざ妊娠したら、事前に準備されてきたことが初めて実現される。そうすると身体は、もうほんとうに嬉々としてプログラムを自動的に進むんです。いそいそとへその緒を結び、胎盤をつくり、羊水をたくわえ、栄養を送り、お腹はどんどん大きくなっていく。身体にとっては潜在的にあったものが、ただ実現化しただけ。意識していなくても事前にプログラム化されている。そうか、生理がはじまってからというもの、もう身体のなかにいつでも他者を招き入れられる、その可能態が自分という存在であったんだと気づくわけです」

するとドミニクさんは、「オプショナル」という概念でご自身が捉える「男性性」について、こんなふうに説明をはじめた。

「男というものは、生命の進化史のなかで考えたときに後発なんだそうです。まずは最初の生命というものが始まって、そのなかでＤＮＡ、ＲＮＡの構造というのが生まれてから、おおざっぱにいえば多細胞生物、植物、哺乳類と進化したわけですが、そのなかで無性生殖、つまりは母体という存在が原初の生命のかたちなんですよね。原初のジェンダーというか、ジェンダーレスの状態というか。そこで、遺伝子を攪拌《かくはん》した方が環境変化を生き抜くのに適する、という自然淘汰《とうた》圧がかかって、たまたま遺伝子をかき回す役割として出てきたのがオスだというのが、発生学的にも推測されているそうです。だから男性というのは生命の観点から見たら、オプショナルな存在として発生したと考えられるんですよね。そのオプショナルなものが逆転して支配層になるみたいな倒錯というのが、人類社会というものを見たときにあるんじゃないかなと思っています。それは、自然の観点から見れば、異常な事態なのだと思います」

生命はアメーバのような無性生殖からはじまっている。無性生殖は、女性、男性と呼べるものではないが、「母体」という一つの性というか場所だけをもっている。哺乳類の生殖では、子どもの性別を決めるのは男性の精子で、Y染色体をもつ精子が受精すれば男性に、X染色体をもつ精子が受精すれば女性になる。しかし、最新の研究では、オスのY染色体は生命活動に必須なものではなく、いずれ脆弱になり消滅する可能性を有するという。生命活動を維持するために必須なX染色体に比べ、弱い因子なのだ。

ドミニクさんはそこから、現代文明の発展をある種男性的な能力に支えられるものとして論を展開した。

「いまの社会というのは、人間がみずから他律化されていくという運動なくして、客観的な科学的視座も生まれない。デカルトの二元論的な座標軸で社会を俯瞰《ふかん》するとか、物事を外側から観察するというような発想は、自然発生的には出てこないはずです。だから、人工的に他律化していくということを人間がみずからに課すことによって、現在の文明社会というものは成り立っていると思うんです。それで言うと、女性からしても、男がいたら種として生き延びられるから便利だよねっていう存在だったんじゃないか。男たちは、女性に命令されて、毎回マンモスを狩りにいくたび部隊が全滅するから、次はもうちょっと考えた方がいいんじゃないか……みたいなやりとりをしているうちに、いろんなテクノロジーを生み出していって、もしかしたらそのプロセスの中で自然言語が始まり、数学というものが起こり、農耕が発達したりといった一連の連関が始まったのかもしれない。逆に、女性からのオーダーがないと男はなにもできなかったのかもしれない。何をしたらいいかわからないという学生は、男の子が多いです（笑）。

だから、根源的に男性性というものが女性性に対してオプショナルなものだというところを身体的にまざまざと見せつけられたというか、教えこまれたというのが子どもの出産だったのかなと、いま思い起こされました。母親と父親には、簡単には飛び越えられない断絶があるんじゃないかなということですよね」

マンモスを狩っていた時代に、食糧の供給を支えていたのは、主に女性たちが森で集めてくる木の実や果実だったことは、従来の研究で定説とされている。男性たちの組織的運営は、ばくち的要素が多く、日常の安定した食糧供給にはなっていなかった可能性が高い。それこそオプショナルな生産土台だった。だからといって、女性たちは、男性にシステムの改良を促し、社会がみずからを俯瞰する能力、客観的な視座という能力を男性に託してきたと言えるかどうかは疑問だが、ドミニクさんの論を聞いていると、たまたま男性に「仮託《かたく》」した論理が、現在の科学の発達や、学問の体系化を生み、それをもって文明が発展し、世界を強化してきたのは男性であると認識してしまう恐ろしさをあらためて感じた。現在の男性優位社会は、ドミニクさんが言うように、オプショナルなものが覇権《はけん》を握るとか、支配層になるというような倒錯を起こしていて、その偶然性を〃必然〃として固定化してしまった結果である。

しかし、と私は立ち止まる。女性に身の回りのことを任せ、生活を成りたたせ、安定した食糧供給を任せ、いざ看病、子育て、介護など、人間の弱い状態へのケアが必要になると、その任務もすべて女性に託し、その分システムの抽象化に時間を割けたのが、男性ではなかったか。生命としての男性はオプショナルかもしれないが、人類史的には、女性は男性の添え物という意味での「オプショナル」な存在に押しこめられてきた。ソクラテスは古代ギリシャ社会のなかで、奴隷と女性や子どもたちに生活の一切を任せることによって、濡れたベトベトしたものとつきあわずに済み、その分抽象性の伽藍のなかで哲学的問答を繰り返した。

ドミニクさんとお話をすることでたどり着いた感覚は、世界は別のシステムを持ち得た可能性もあった、ということだった。

現代システムへの違和感

男性が、人類史的にどこかで支配的に女性を凌駕《りょうが》してしまった、あるポイントがあったのでしょうか、と私は聞いた。するとドミニクさんは、神話の話をした。

「古代シュメール神話に出てくる、イナンナという天地を統べる女神が、ある日、冥界にいる姉に会いにいって殺されてしまうのだけれども、彼女が死ぬと姉である冥界の女神も死んでしまうという、意味がよくわからない話があります。因果律がなく、客観的に分析するのは難しい世界。そういう話というのは、たとえば古事記の中にもあるし、古代中国の神話の時代から、殷周《いんしゅう》時代に移るときのさまざまな伝奇とか神話とかを紐解いてみても、反復して示唆されるのは、やっぱり母系社会がもとにあったことです。そしてその象徴として、やはり主神が女神なんですよね。その女神というのが、自由にふるまうんだけれども、あるときから男性神みたいなものに移行していくという過程が、いろいろな宗教の歴史の中で見られる。人工的に唯一神、しかも父なる神というものによって社会を統治した方が効率的であるという、そういう発見があったんじゃないかと。父なる神というのは人間を統べる存在であり、人間を他律化する、つまり制御の思想に基づいていますよね。システムを外部から観察して、制御しようとする。それは自然をまず対象にして行われたわけです。そこで自然と人間との対称性が破れてしまった」

人間は自然や動物と交信し、野生のものたちと自分自身がイコールである「対称性」の世界にいた。それは神話にもっとも深く現れるものである。それが、中沢新一《なかざわしんいち》が鮮やかに説いた『対称性人類学』だった。自然をコントロールしようとする西洋文明によって制御され、対称性が破れた世界がある。それが現代社会なのだと、科学文明の暴走に警鐘を鳴らしたのが中沢の仕事だったと思う。そのことへのシンパシーは私の中にも強く響いていた。

ドミニクさんの表現を借りると、父なる他律化の論理で作られた「制御の社会」にこそ、私がここ数十年、自分の身体に違和感をおぼえ悲鳴をあげ、「母」に新たな言葉を与えたいと思った最たる理由があった。性別や世代を超え、ケアが必要な傷ついた弱き者に手を差しのべるシステムの構築は、なぜ困難なのか。

都市の生活は居心地が悪い、スピードが速くてめまぐるしく、なにもかもがあからさまなのに、大事なことは隠されている……。そう感じていたところに妊娠出産が重なり、余計に感覚が研ぎすまされた自分がいた。そして、いざ子どもと街に出てみると、この文明生活のなかでは、子育てがやりにくい、子どもは文明時間に全然合っていないという実感があった。子どもは瞬間瞬間、新鮮な知覚の世界を、まったく止まらずに更新し続けている。ぐわんぐわんと世界認識が一秒ごとに変わっているような、めくるめく時間を過ごしている。それが生命なのだと。子どもが泥に興味をもって水たまりをゴロゴロしても、トイレトレーニング中に、突如すべてがめんどくさくなり、奇声を発してすべての衣服をなげ捨てて素っ裸になりたくなっても、いまのクリーンでリジッドな街や、公共交通機関のなかでは叶わない。それを許さぬ、文明人たちの目が痛い。

「すべてを制御下に置こうとする欲望というものは、宗教や、後には現在に至るテクノサイエンス主義、そこまで一貫している見方ですよね。単純化しないと回らない社会のイメージを築いてしまった。たとえば社会的役割の議論のなかで男らしさと女らしさが割り当てられ、文化の次元にしても印税のパーセンテージとか、著作権の保護期間まで、ありとあらゆる制度、規範というものが、自然の複雑さを捨象した単純化に根づいている。複雑さを捨てるというのは、本来的な豊かさを高い解像度のままで共有できていないということです。単純な良い話とか、単純な怖い話などというものの中間にあるリアリティを、価値として社会の中で共有するためにどうすればよいか。そのために、文学や哲学がいまだに力を失っていないと信じたいという思いがあるから、僕も文章を書いているし。おそらく中村さんもそれにちょっと近いモチベーションで書かれているんじゃないかなと思います」

男の人の場合でも、今日と明日が変わらない健やかな身体が持続することが社会の基本になっている。病とともに生きていたり、みんなと同じ速度でうまく歩けないなど、不測の行動をしてしまうことを許してくれない社会がある。体調が悪くて休みますというのが言い訳のように聞こえる、身体的なバグに対して許容力のない社会が、つらくてしかたがない。

するとドミニクさんは、先日、親しらずが腫れて激痛とともに一ヶ月ほどを過ごしたことで、女性の生理について思ったことをこう話した。

「制御できない痛みというものに毎月直面しているって、こういうことなんだな、と実感しました。そういう女性の痛みの共有が、今、社会の、それこそ電車内の空間設計にせよ、有休の取り方にせよ反映されていないって実感できたんです。痛みは主観的なものですが、痛みをめぐる男女間の制度は客観的に言って全然フェアじゃない。でも、悲しいかな、身体的な共感というのは、痛みの共有というところを一回通過しないといけない。僕も、子どもが生まれて初めてそういう女性の生きづらさとか、まさに例えばシングルマザーという存在への尊敬の念、助産師さんや保育士さんに対する感謝といった感情を抱けるようになった。それを忘れないために、経験したことをちゃんと言語化するということも、自分が書くことのモチベーションになっている気がします。いままで言語化されてこなかった事象に対する共通のボキャブラリーをつくって、社会の中で、関心を共有するということが男性側にこそ必要だと思うんです。これは、ポリティカルコレクトネスの見地から、男性も女性の立場になって理知的に考えてみましょうということではなくて、当事者としての共感が重要だと思うのです」

東浩紀と宮台真司《みやだいしんじ》の対談集『父として考える』には、東の父親としての非常に興味深い感覚の記述がある。対談中に先輩の宮台の論の展開に「いや、それは違うだろう」と指摘する必要を、学者として世代が下にあたる自分はやるべきだと感じた東だったが、すぐにそれは無意味だと思ったという。

「父として、つまりは子どもという他者の生に全的に責任を負う存在としてあらためて対峙してみると、もはや抽象的な思想や問題について言葉を交わすことそのものが空疎に感じられるようになった。皮肉でしかないが、それこそがもしかしたら、『父として考える』と題されたこの対談集の核心の結論なのかもしれない」

非常にリアルだと思った。取りとめなく、変化に変化を重ね、概念的に捉えられない子どもの時間のことを、そのまま放っておくこと。もしこの文明世界に比して、女性の周産期における感覚や、子どもの成長の時間を翻訳する表現があるとしたら、それは断片が永遠に続く散文なのだという気もしている。「それで、それで」が永遠につらなっていく、子どもの語りそのもののような。

そうした子どもの無軌道的な時空間を制御しようとせず、ただそのまま「放っておく」ことは、抽象的な思考に覆われた世界を、別の方法で感じることであり、システム化されることから永遠に逃げ続けるということではないだろうか。その感覚を「父」なる存在と共有できていることに、可能性を感じる自分がいる。

行灯から蛍光灯へ

私は素直な感想を口にした。

「ドミニクさんにインタビューをしてよかったと思ったのは、ずっと女性側から聞いていた同じ出産という体験について、いま、初めて鏡を見た人間みたいに、そうかと客観的にわかったことがたくさんあったことで、すごくふしぎな感じがしました」

するとドミニクさんはこう答えた。

「本当ですか、でも僕が男性代表というわけにはいかないし」

私はいつになく、自分の論考を明確に説明している自分がいることに気づいた。制御の思考ということなら、まさにドミニクさんが使っている言葉によって、この論考の流れが次第に制御されていく感覚があったのだ。

これまで女性たちとともに、女性の感覚のわからなさについて、必死に言葉を探してきた。暗闇のなか行灯《あんどん》の光でようよう進んできたものが、突然蛍光灯の白い光でパキーンと照らされたような心地だったこともたしかだ。その気持ちをドミニクさんに、こんな問いとしてぶつけてみた。

「子どもの誕生を通して感じた女性の感覚というのは、ドミニクさんにとって圧倒的にわからないことがわかったという認識なのか、どんなわからなさなのか……」

ドミニクさんは、漸近線《ぜんきんせん》という数学用語を引いて答えた。漸近線とは、無限の彼方にある点で曲線と接する直線のことだ。それが彼にとって「わかるとかわからないということのリアルなイメージ」だという。つまり男性だから女性のことはわからないと絶望するのではなく、なんとかわかろうとするという動きのようなものか……。

ふしぎとこうやって話していると、私も内的体験を忘れるというか、客観的に喋ろうとする自分に気づいていた。そう言うと、編集者が切りこんだ。

「今日の中村さんは、使っている言語がいつもの取材と違う気がします」

そうなのかもしれない。女性たちと話していると、内的な体験、たとえば「苦しい」だとしたら、苦しいという言葉の切っ先で何を感じ、そこで何が開かれたか、一つ一つの言葉を探索の目のようにして、微細な感覚を開いて進んでいくことに注力していた。言葉にははまりきれない感覚を、なんとか話すことで、言葉に閉じこめていたのだ。なのに、この日はすこんと構造的な話になっていった。

「母」を探りあてようとする論考への人類史的な位置づけや、構造を指摘してくれたドミニクさんへのありがたさを感じると同時に、では私が一年をかけて女性たちとともにしてきた、明確に言語化できない感覚、なにかをまさぐるようにして手に触れてきた内的な体験を、この社会にどう位置づけ、共有すればいいか考えあぐねている自分がいた。システムの言語の俎上《そじょう》には載らない女性たちの「言葉にならない実感」に、どんな場所を与えれば、この社会を照射する生の光をもたらすことができるだろうかと。

口唇的な母

現代の哲学はいまだにドゥルーズの亡霊を追っているのではないか、とも言うべき巨大な哲学者ジル・ドゥルーズの『ザッヘル＝マゾッホ紹介　冷淡なものと残酷なもの』に「口唇《こうしん》的な母」という言葉がある。

口唇期とは精神分析用語で、幼児の性欲の、発達の第一段階をさす。主に、乳首などを吸う行為によって、くちびるから快感を得る生後十八ヶ月（一歳半）くらいまでの時期である。一般的には口唇的な母とは母乳およびミルクを与え、そのことによって子どもに安心を超えた快楽を授けることのできる母である。乳児にとってはそれが全世界でもあり得る、乳白色に染まった「乳母＝フィーディング」の時間とも言える、私がこの論考で「母子カプセル」と呼んでいた、自他融解の膜の時代でもあるだろう。

ドゥルーズはこれを二つの女性像、性の対象となるような官能的な女性とも、エディプス的母――権力を行使する父に従属的な、父権を代理するような女性――とも峻別《しゅんべつ》し、両極の女性のあいだで、意味を宙づりにする存在であるとする。男性から見た女性しか問題になっていない論の導入に、すでに抵抗感をおぼえている人もいるかもしれない。しかしドゥルーズはそんな資本主義を下支えするような女性像をこそ、「口唇的な母」で破壊しようとしている。

ではドゥルーズはこの「口唇的な母」という女性に何を仮託しようとしているのか。それは、一つには人間のコントロールから離れた「自然」であるという。「冷淡さ、感情性、残酷さの三位一体」であるとする口唇的な母とは、「氷河期の天変地異《カタストロフ》に照応する神々しき潜伏」であるとされる。私は火山や津波など、世界のシステムを容赦なく破壊する猛々しい自然を想起した。人間がコントロールできない自然の冷淡さ、厳格さ、残酷さ。口唇的な母とは、そうして人間の秩序を生死の境にまで彷徨わせる存在である。彼は、口唇的な母を死との隣接として見ていた。

　私にも口唇的な母として生きていたときがあった。母子カプセルの繭のなかで行われているのは、峻厳《しゅんげん》な生の儀式だった。母の自己免疫システムは、自分に宿った他者性を、悪阻や体調不良として一度は否認し拒絶するが、やがてどんなものでも受け入れる「器」のような姿を作り出す。「器」の形は、開かれているようでも閉じられているようでもあり、開かれているからこそ中心はひずみ、内部にひそやかな空間を持つ。そのことにより「器」は媒質《メディウム》となり、そこで他者とのおぼろげな会話《コミュニケーション》が始まる。

　この繭のなかで行われる、その都度の段階の生命が、答えも理由もなく、ただ前に進んでいく、ナイフの切っ先のような生の行程。均衡と不均衡のなかで営まれる、形在るすべてのもののあやうさと美しさ。生に近づくことで死に隣接し、人間の秩序を攪乱する。それをこそ私は、「母なる」自分から受け取った。それはドゥルーズが破壊への希望として呼んだ「口唇的な母」に近かっただろう。

私たちは共振していた。生を引き受けざるを得ないということにおいて。中島敦《なかじまあつし》「山月記」で虎となった李徴《りちょう》が叫ぶ「理由も分らずに押付けられたものを大人しく受取って、理由も分らずに生きて行くのが、我々生きもののさだめだ」という言葉どおり、母体のなかで我々は得体の知れない運命を受け取り、それを維持しようとする生命の圧倒的な流れに身を委ねて生きる。その不条理も、神々しさも、すべてあの繭のなかでつくられ、それが生そのものの美しさだと。

私は夢中でまあたらしい存在を受け入れた。ただ受け入れるという行為を黙々とやった。何かを引き受けるということの、壮絶さ烈しさを、私は感じていた。他者性に自分を解放していたい。それを母である自分から学んだが、それは、ただそのときに初めて私が学んだだけで、生成の本質だったのだ。つくること、生み出すこと、何かが生み出されること。

生成は、いついかなるときも、世界のあらゆる次元において行われていることだ。その形がそうでなければいけなかったこと、その形がそうでしかあり得なかったことを受け取った。生が生自身の内からわき出していることの根拠を回復しようとする、熱病のような彷徨いだった。

高度資本主義社会と母

孤独と狂躁と汚辱にまみれた現代の風景のなかで、母子のカプセルは、一つの膜をかけて世界をいったん葬り去ってしまう。それはドゥルーズが「口唇的な母」を、死を連れてくるものであると表現し、世界の安定を転倒させ、価値を宙づりにしようとした、切迫感のある欲求とも響き合う。

私は世界に対して、やけどを起こしていると思うときがある。やけどをした肌は、その細胞一つ一つで大気を感じるかのようにヒリヒリ痛む。そこに薄くやわらかい膜を一枚のせると、痛みはすっと後ろに一歩しりぞく。

娘は、ときおりふしぎな遊びをする。ティッシュを薄い一枚一枚にはがして、その透けるようなやわらかい紙を、寝かせたお人形の顔にそっとのせていく。「こうすればおばけから守れるよ」。何かで覆うこと、それを守ること。生肌を剝かれた傷は、自らの内から自分を癒す透明な水を出しながら、膜のなかで自分自身を治していく。そんな治癒が必要な私は、世界の何に対して、やけどを起こしているのだろうか？

夜も煌々《こうこう》と明るい蛍光灯の下で、その人の目はどこもまなざしていない。まなざされてもいない。その人は次の朝もまた次の朝も、一人で布団から起き出して、電車に乗り、あからさまで冒瀆《ぼうとく》的な光の下に身体をセットする。冷えたお弁当を買って一人の部屋で口に運び、こうした幾重もの空白の夜が折り重なってゆく。人生ゲームのマスを一つ一つ、ボールペンで線を引いてつぶしていくような、噛《か》んでも味の出ないガムのような果てしない日常は、どこかの砂漠でやりとりされる見えないマーケットに黙してつながっている。私たちは見えない論理の歯車に過ぎない。自分と砂漠とがつながっている、そら恐ろしさのことなど、冷えた米を奥歯でつぶし、明日のために少しでも早く寝ようとしている人間には、もはやどうでもいいことだ。

ただ容易に逃げられない網目だけが、はり巡らされている。自分では選び取っていない生を、あたたかい羊水のなかで抱きとめ、狭い産道を通って、この光溢れる世界に降り立ったのは、こんな夜のためだったのだろうか。

経済合理性と数的優位で説明をさせられる世界と、生きることはどこで手を結ぶのか。それは永遠に手を取り合わないだろう。生きることが宙に浮いている。生命を守る媒質としての母、膜としての母。もう一度その膜の不安定さのなかで、この世界がどう見えるのか、支配したり、されたりするものではない関係として、まあたらしいものとして世界を想像してみたい。

第十章　虚無としての母

敗北の焼け跡

第四章で私は、境界を横断する女性の「無縁性」に注目した網野善彦に導かれ、私たちは無縁性の世界史的な敗北後の焼け跡を生きている、と書いた。

網野の定義する無縁の人々とは、「主従関係、親族関係等々の世俗の縁と切れている」人々であり、主人をもたず、所有されず、諸国を遍歴しながら境界を横断する職に従事した者たちのことをさす。職人をはじめ、鮎《あゆ》や、米、豆、心太《ところてん》などの食品や、炭、扇子、帯などを売り歩く商人には女性が多かった。また高利貸しや質屋等の金融業も女性が多かったという。そして巫女、産婆、遊女、白拍子《しらびょうし》という女性特有の遍歴の職業もある。市や橋などの祭神が女性神であること、近世にあらわれる幽霊、近世後期からあらわれる民間信仰の教祖の多くも女性であると指摘する。

では、そもそもなぜ境界を横断する職業に女性が多く就くのか、それを網野は『増補無縁・公界・楽　日本中世の自由と平和』のなかで「女性の性そのものの非権力的な特質、『自由』と『平和』との深い結びつきがかくされている」と言い、「すべて、このような女性の『性』そのものの『無縁性』、『聖』的な特質を考えることによって、ある解答を導き出すことが可能になるのではなかろうか」と述べている。「無縁」で「聖」で「自由」で「平和」な女性の性の特質とは何か、それ以上は考察されていないが、一つにはやはり女性の「性」がそもそも境界横断的、つまり自己同一性のゆらぎを孕んでいるからと考えられるだろう。

森の魔女たちの言葉

「『産むこと』を内在させた『わたし』」「単独者としての『わたし』」に内在している他者への可能性」。

初めて詩人の森崎和江《もりさきかずえ》の、「産むこと」というこの文章に接したときハッとした。胎児という他者を宿すことをプログラム化された身体をもつことが、自己同一性のゆらぎを生む、苦悩と悦びの入り混じった女性の感受性につながることを、この論考を通してずっと追いかけてきたからだ。もしかしたら、出産直後、失語症のような状態になっていた私が探しもとめていたのは、こうした言葉だったのかもしれない。

女性の身体は、潜在的に、他者に開かれた作りをしている。他者を宿す子宮という場所は、たとえ実際に他者を受け入れなくても、月経というかたちで毎月準備を整える。女性たちは身体の中心にある器官が繰り広げる毎月の変容を、毎秒毎秒こうむりながら生きている。本来身体は、自分の痛みを他人は感知することはできないという意味で知覚の連続性をもち、自分の記憶を反芻できるのは自分のみであるという心理的連続性をも有している。

こうした自己同一性の安定した壁が社会での責任能力とイコールであるような身体のなかに、胎児という他者が入り、栄養や血液を共有する。身体をいっとき他者に開放するのだから、助けを求める他者に想いが流れ出していくのは自然なことに思える。自他の境界を行き来する身体性が、実際に境界を越え、多様な価値観を行き来する「無縁」の職業に向いているというのは摂理なのかもしれない。

自己という「一」に閉じない多孔的な女性の身体は、生命の変容に敏感で、だからこそ現代の都市文明全体に対して、異議申し立てを行う主体としての身体であると思えた。

日本では、中世を境に国家が近代化し、封建主義が整えられ、資本主義の黎明《れいめい》期に至るにあたって、境界の浮遊は限定され、理性のもとで安定した自己同一性をもつ個人が、近代社会の基礎単位となっていく。西欧ではキリスト教社会が無縁性を排除し、日本では「『有主』『有縁』の世界を固めた大名たち」により、無縁の職業人たちは遍歴することなく定住していく。こうして「無縁の身体」は世界から失われ、敗北していったのだ。

　それとともに、女性の身体も近代社会に適合せざるを得なくなった。その端的な例は魔女狩りだろう。バーバラ・エーレンライク、ディアドリー・イングリッシュ著『魔女・産婆・看護婦――女性医療家の歴史』には、大学に医学部が整備され男性の資格保有者としての「医師」が社会に定着していくプロセスと、産婆や魔女などが排除され、女性が実際に医療を施す役回りから看護婦など医師を補助する役に変化させられていくプロセスが、完全に同期しているさまが描かれていた。その「医師」たちは、ほとんどの薬効の知識を魔女たちから学んでいたにもかかわらず。いや、かかわらずではないだろう。自分たちの力をおびやかす存在だからこそ、魔女がもつ経験的な医療や薬の知識は、脅威となったのだ。

　魔女や産婆たちが口伝えに知識を共有し、経験を蓄積してゆく「知」のあり方は、たしかな、安心できる手ざわりをもっていただろうと想像する。それは論理体系で身体をコントロールしようとする近代医学に逆行するものであろう。変容し続ける生命を全身で受けとめることとイコールである医療行為は、身体の内側から境界をたゆたう女性にこそ、敏感に行えるものであったかもしれない。

　マルグリット・デュラスは森に棲《す》む魔女に深く想いをはせながら映画を撮っていた。

「彼女たちの夫は、殆《ほと》んどいつも領主の戦争かあるいは十字軍に行っており、遠く離れていた。だから彼女たちは時には何カ月も森の中にある掘っ建て小屋の中で、ひとり夫の帰りを待っていた。このようにして、彼女たちは木々に、海に、森の動物たちに話しかけはじめた。彼女たちは魔女と呼ばれ、火あぶりにされた。／彼女たちのうちのひとりは、ヴェラ・バクステルという名だった」（『マルグリット・デュラスの世界』）

ヴェラ・バクステルとは、映画『ヴェラ・バクステル』の登場人物で、孤独の淵で自らの欲望のままに姦通《かんつう》を行うボヴァリー夫人を彷彿《ほうふつ》とさせる女性である。

彼女――魔女たち――が森のなかで動植物たちと話す言葉は、学校で学ぶような体系化された言葉ではなかった。

「それは女たちの言葉で、教え込まれたものではなかった。それが自由な言葉だったために、女は罰を受けた。この言葉ゆえに、女は、男に対する務め、家事に対する務めを放棄してきたのよ。それは自由の声。でもその声がひとを恐れさせるのは、当然ね」（同前）

女性の無縁の身体から発せられる「話し言葉」は、脅威と受け止められ、暴力的なまでに退けられてきた。

アフリカやアジアの辺境の女性たちの姿を、ポストコロニアリズムの視点から、詩的に物語ってきた映像作家トリン・T・ミンハは、『女性・ネイティヴ・他者』のなかで、

「女と水と言葉が相互に関係していること」についてアフリカのドゴン族の精霊（ヌモ）の言い伝えを引いて説明する。

「そのとき女のヌモは、男のヌモの声に伴われながら、自分自身と自分の性器にむかって語りかけていたのだ。『語られた《言葉》は彼女のなかに入り、彼女の子宮のなかを螺旋《らせん》状に八回くるくると回った……《言葉》の渦巻きは、子宮に再生の運動を与えた』

このとき、書き言葉となりたちが異なる「話し言葉」はアフリカの伝統のなかでは、「女／神の贈り物で、創造の力と考えられている」。

「『話し言葉』（ハーラ）という単語は、『力を授ける』という意味で、さらには『ものを作り出す』という意味にもなる。話し言葉は力の振動を具体化したもの、外面化したもの、内面化したものなのだ。（略）もしも話し言葉に力があるとすれば、それは運動とリズム――したがって生命と行動――を生みだす往復の絆《きずな》を作りだすからだ」

そんな女たちの言葉は、この論考を通して、妊娠出産期という言葉にならない体験を、記憶の淵にダイヴしながら言葉にしようとしてきた女性たちの言葉とも重なる。

森崎和江は自らが妊娠したときに、「胎児をはらんでいる女の一人称」を語る言葉の不在に思い当たったと語っている（「産むこと」）。その失語症のような状態は、私がこの論考をはじめたときの状態ともシンクロしている。これまで自分にしっかりとなじんできた文明世界内部の言葉では、到底たちうちできない、表現できない、たどり着けない言語以前の領域。他者を宿し、産み、腕に抱いていたころの私は、言葉を失っていた。かつて女性たちはもっと自由な言葉を話していたのかもしれない。森のなかで、部屋のなかで、闇のなかで。

魔法の時代

魔女を火あぶりにし、無縁の職業を無効化し、社会の中枢から排除してきた近代社会とは、女性にとっていかに生きにくい場所であったろうか。

周縁に追いやられた女性たちは、都会のコンクリートに閉じこめられ、自己同一性を前提にした理性のもと、効率的な動きを求められていった。生理が来る前後で体調も気分も失調し、ふだんのペースで歩くこともできない女性も多い。社会は生理休暇というものを付与し、異質な身体は、労働環境から外に出るべきものとされた。休暇を取れるような状況になく、自分の痛みをひた隠しにし、やむをえず部屋から這《は》い出る人も少なくない。

こうして近代の労働市場において異質となった身体は、日々何を感じるか。身体を抑圧しないものを探しもとめ、敏感になる。一瞬の風のそよぎ、季節の循環に自分のなかの変化との共振を得て、たのもしさを感じる。無縁の身体とは、より自然や動植物の原理に近い身体でもあったのだ。

　都会生活のなかで感じられる自然の息吹は、限られた大きさの空や木々、頬に感じる冷気や熱波、乏しい土に住まう小さな虫や生きものたちなど、ささやかな野生に限定されるが、だからこそ遠く遥かな自然との交歓が為され、自らの生命の動き——つまり病や癒え、気鬱や解放——そんな身体の声と同調するのだろう。

　自然破壊や環境問題にヴィヴィッドに反応する女性もまた、自分の身体がこうむった無縁性の敗北を、今度は地球全体が抱えることへの共苦を感じているのだと思う。

　宗教学者・江川純一《えがわじゅんいち》は、宗教（レリジョン）と魔法（マジック）を比較して、宗教は「自然の擬人化」であり「自然に何らかの人格を与えて、自分たちを超えた存在、自分たちより上位の存在だと捉える」と述べていた（「対談『アート・魔法／呪術』」）。

　人間は、空に憧れ神を、大地に憧れ地母神《ちぼしん》を生み、動物に憧れ神話を生み出した。そのなかで人間は動物や自然と、異なるもの同士の非対称な関係ではなく、交感できる対称な存在として生きた。そうした「自然の擬人化」たる宗教に比して、魔法を「人間の自然化」と、江川は呼んだ。「人間の営みや人間をもう一回、自然の網の目の中に投げ込むこと」。もし人間の自然化が魔法と呼ぶべきなにかであれば、環境問題にヴィヴィッドに反応する女性たちは、世界に魔法をかけようとしていると言えるのかもしれない。

　魔法は「予測不可能性へと投げ出される」ことと同義だ。古くから錬金術は、事物の予測不可能性の上になりたつ結晶にこそ挑むものだった。

そこでは魔法的な儀礼は何のために行われるかというと、「神話の状態、原初の理想的状態に戻るため」に行われる。宗教を興して、自然を信仰することによってむしろ自然を人間に引き寄せた結果、大きな社会を生み自然を切り離してしまった。その人間が、今度は自らを自然の予測不可能性へと投げ出そうとしている。それが魔法なのだと。

出産は、私にとってはまさに魔法的な儀礼、予測不可能性へ投げ出される、人間の自然化であった。あの日以来、私自身が近代化した身体をうたがい、社会のひずみに敏感になった。逆に言えばそれまでの私の身体が、どれだけ敗北し、抑圧され、非自然化していたかということだ。

世界に魔法をかけてしまいたい。それは、近代社会によって抑圧された人間の魂の叫びなのか。インターネット社会のバーチャル性と感情を浮遊させる力が、それをさらに助長させている。現代は魔女の、魔法の時代でもあると感じる。

私自身も長いあいだずっと、自由な予測不可能性へとダイヴさせてくれる「魔法」を探しつづけている。

虚無をかかえる母

女性の身体や言葉が近代に適合させられ、退けられてきた歴史の重みに、私の身体が敏感に反応し、会場で涙がこみあげてしかたがなかった展覧会があった。二〇一九年に国立新美術館で行われたイケムラレイコの大規模個展「土と星 Our Planet」だ。

この展覧会ではまず、一年の巡りを大きな円で描いた、曼荼羅《まんだら》のような〈生命の循環〉に出迎えられる。これは作家が二十代のとき制作した版画を、作家本人が久々に発見し、拡大したものだという。春夏秋冬のあいだに「どこへ向うべきか」「離別のかたみ」「気にいらない事」など二十代の彼女がもっていたであろう瑞々《みずみず》しい言葉がはさまれ、鳥や獣、魚が合体したようなハイブリッドな生物が愛らしく描かれる。自然と呼吸しながら生きていた、一人の少女の感性の躍動が感じられる。

そこから続く空間には、スカートをはいた女性の陶器像がいくつも並べられている。母親は赤ん坊を抱き、少女は猫を抱く。一見、たどたどしく成形された粘土に淡いパステルカラーの彩色があり、可愛らしさが伴う。しかし赤子を抱く母の首はなく、内部はぽっかりと空洞だ。なにか遠い昔につくった傷をえぐられるようなひっかかりを感じ、なかなかその場を去ることができなかった。マリアとキリストの母子像以来、西洋美術のなかでは母子像はタブー視されてきたという。展覧会のカタログで国立新美術館の長屋光枝《ながやみつえ》は、「キリスト教の教義そのものでもある慈愛に満ちた聖母子像はもとより、エゴン・シーレが描いた強すぎる愛情で息子を束縛する母、パウラ・モーダーゾーン＝ベッカーの大地に根差した生命讃歌としての母子、戦争という厄災から子を守る母を表したケーテ・コルヴィッツの痛ましい母子像、いずれも本質的にはまったくイケムラの着想とは異なっている」と書く（「イケムラレイコ論　イメージの生成をつかさどる」）。そのイケムラの特質を長屋は「イメージそれ自体に内在する『生成』、そこに内包される虚無の世界までをも含みこむ生成と変容の様相そのものであるとは考えられないだろうか」と結ぶ。これまで、母親も一人の不安な人間であり、母と子は世界から切り離され、孤絶し、無意識の領域をたゆたうということのリアリティは描かれてこなかったのだ。母子が「死」に近い場所にいるという虚無感を、イケムラの母子像の空洞が告げているように感じた。

つづいて展示を追いかけると、背景の地平線と境界があいまいになりながらゆらめくようにうつぶせになる少女の油彩画、そしてイケムラ作品のなかでたぶんもっとも有名かつキャッチーな作品である「うさぎ観音」にたどり着く。〈うさぎ観音Ⅱ〉は三メートルをこえる背丈のブロンズ像なのだが、少し微笑んだうさぎはスカートの前をあけており、内部が空洞になっている。まるで導かれるように素直になかに入ってみると、スカートには無数の孔《あな》が空いており、そこから光がもれてくる。なかにうずくまっていると、胎児が母親のなかで感じるであろう暗さと明るさの両方が体感される。

それぞれの部屋の大きな窓から隣の展示室が見渡せるように設置されており、一つの部屋がもう一つの部屋につながり、それそのものが循環のようで、少女、有機と無機、母……作家のなかで年代を追ってテーマが成長したり退行したりする様を追体験するようでもある。

そうして導かれた最後の部屋で息をのんだ。巨大なサイズの新作の風景画なのだが、絵の具がかすんでいて、雪舟《せっしゅう》などの水墨画の屏風《びょうぶ》を思わせる。荒れ果てた山河に、骸骨となった母親が浮かんで、巨大な新生児が横たわっている。どの人物が生き、どの人物が死んでいるのかわからない。すべてが漂白された荒野に夢のようにたゆたっている。

この展示を締めくくる作品群は、東日本大震災を、遠くドイツの地で見まもったイケムラの切迫感からもたらされたものだったという。福島の沿岸部では、地震や津波で犠牲になった人たちが、原発の爆発事故により捜索できなくなり、そのまま遺体が野ざらしになった。震災直後は生きていたかもしれないのに、数ヶ月たってから遺体を引き上げたときは白骨化していた。そんな悲痛な風景を想起する。しかし、生まれたての赤ん坊や山のように巨大な女性が荒野に浮かぶこの山水画に、新しい生への願いのような強さをも感じる。巨大な山水画三点の真ん中で鑑賞者はベンチに腰かけ、ゆっくりとその神話のような大地と対峙することができる。

自然も人間も同様にその存在の淵にもっている、世界がまだ形になる手前の未分化のエネルギー。自分の内にあるものと外界の一致。たとえば目をあげた先に吹く一瞬の風に、わけもなく自分の内なるエネルギーが動き出すような、「内界と外界との交歓」というものを、美術展で久しぶりに味わった。

三重県出身のイケムラは大学でスペイン語を学び、単身スペインに赴きアートスクールに通った。その後スイス、ドイツに移住し、独学でドイツ語を身につけヨーロッパのアート界で評価を築きあげた。ベルリン芸術大学絵画科の女性初の教授にも就任し、現在もドイツを拠点に活動している美術作家である。

私はイケムラに会ってみたいと思うようになった。

ある女性の涙

二〇一九年の頭に出版されたイケムラレイコの自伝的著作の名は『どこにも属さないわたし』という。イケムラはドイツの閉鎖的美術サークルと関わりながらも一定の距離を置き、自らの道を一人切り拓《ひら》いた。幼いころから、親戚の女性たちが土間でしか食事をとらないことにひどく傷つき、自分はああはならないと心に決めていたという。日本を出て異国で暮らして数十年。自伝に『どこにも属さないわたし』というタイトルをつけたことに膝を打つ説得力がある。「無縁」の時代から、所属のなさは、孤独を引きうける覚悟とともにあった。誰の門下にもならず、弟子にならず、派閥をつくらず、無所属性を耐え抜く勇敢さ。「寄らば大樹の陰」を、男性社会はなぜ、ああも好むのだろう。とくに美術界では日本だけでなく、ヨーロッパ社会でもその傾向が色濃くあるという。

小雨が降るなか、銀座の蔦屋《つたや》書店で行われた個展開催・出版記念トークイベントを訪れてみることにした。

イケムラは、ギャルソンのジャケットを着て、黒いパンツにつつまれた細長い足をすっすっと前に出し颯爽と壇上に現れた。肩までの黒髪をゆらし、光っている目は猫のようで、興味のおもむくものにしたがって、ころころと色を変える獣のような敏捷《びんしょう》性があった。もっとも目を奪われたのは手の細さだ。長い指先だけでなく、手の全体がか細く、柳の葉のようだった。あの細い手で絵筆をにぎるのだなと、敏感そうな感覚を想像した。

美術ジャーナリストの藤原《ふじわら》えりみに答えるかたちで進んだイケムラの話は、「あいまいさやゆらぎというものに、一つのクオリティ（価値）を見出したい」というもので、それは西洋の一神教的理性主義に裏打ちされた二元論の世界へのアンチテーゼとして、ゆらぎというものに価値を据えおく、闘いのようなトークだった。ゆらぎの振幅のなかに生まれるグレーゾーンを一つの美しさに変えていきたい……。長く海外に暮らしているイケムラは、ときおりドイツ語や英語の単語を交えながら、「それは一つの闘いなのだ」ゆっくりとそう話した。

それは、自分が妊娠して「母体」になったことで、生誕という出来事がもっている生命の振幅に触れ、そこに身を没するなかで、ゆらぎを排除するかのような文明生活に居場所がないと感じた、まさにこの文章を書いている自分の心情にあまりにもあてはまる話だった。聞きながら何度か、こみあげるものがあった。

すると、最後の聴衆との質疑応答の時間で、二十代とおぼしき一人の女性が手をあげた。「イケムラさんの言葉に勇気をもらいました、ありがとうございます」彼女はそう言ったところで声をつまらせ、溢れる涙になかなか先が続けられなかった。ようやく「グレーゾーン」について質問した彼女に、イケムラは言った。

「私は国にしても、所属にしても、どちらにも属さないでおきたいと思ってやってきて、それは結構ハンディキャップでもありました。でも最近はあいまいさを嫌うヨーロッパにあっても、〝振幅〟だとか〝響き〟だとか、私がずっとやっていることに対する理解の土台が出てきたのかなと感じています」

質問をした女性の晴れやかな顔が忘れられない。やわらかく消えてなくなりそうなもの、変化しつづけるものへの思慕は、なぜこうも女性たちから生まれいずるのだろうか。世界はいま、行きどまりの壁のまえで、数字に回収されない、「〇」と「一」とのあいだの不可知のゆれうごきにこそ、目を凝らすべきなのではないだろうか。私は取材を申しこんだ。

——イケムラレイコさんのこと——
生まれるということ

取材の当日は展覧会の最終日で、外国暮らしの長い彼女には日本滞在のあいだ面会や取材のオファーが殺到していた。その日の午前中も、旧知の横尾忠則《よこおただのり》氏に急遽《きゆうきよ》会うことになったということで、到着が遅れた。

待ち合わせをした国立新美術館の二階のカフェには、くねくねまがる窓からひんやりとした光が差しこんでいて、設計者の黒川紀章《くろかわきしよう》の思想である「中間領域の両義性」を、遺作として具現化しているようにも感じられた。イケムラさんと話をするにはぴったりだと思いながら待っていると「遅れてごめんなさい」、エネルギッシュな低い声でそう言って現れた彼女は、白いジャケットとスカートのツーピーススーツを着こなし、小粋だった。

私はさっそく、銀座でのトークイベントのことを話しはじめた。

「質問をした一人の女性がちょっと声をつまらせていたのが印象的で、西洋原理は、理性が精神をつかさどると考え、自然を支配しようとしてきました。けれどもその原理と闘うために、ゆらぎやずれにクオリティを見出すというのは、もしかしたら女性の身体をもった、この感覚のなかで考えていくことの可能性であるかもしれないとも思いました」

彼女は答えた。

「やはり振幅ということじゃないでしょうか。振幅というのはすべてだと思うんです。音でもそうだし、色でもそうだし、振幅のなかで私たち自身も振幅し、ふしぎなことにそのなかでやはり何かが生まれるんです。それがもう一つの原理だと思います。何か創造ということも、ルネサンスから来ている創造主であるというふうに神的なものととらえられがちだけれど、私には一神論的なものに対する反発がかなりあったので、どちらかというと、やはり身体と精神性が結びついているところに、母性的、女性的原理があるのではないかというふうに思います」

「振幅」は女性の身体に深く内在している。私は世界の創世神話のことを思い出していた。ユダヤ教、キリスト教等の一神教の創世神話は、神が「光あれ」と宣《のたま》うことにはじまり、神が思い描いた世界の設計図という青写真を現像するかのように大地と海、そして人間界という「世界」がつくられていく。しかし、多神教的とも母型神話とも言える神話では、もっとクリアーでないあいまいな領域から世界が生まれ出ずる。植朗子《うえあきこ》編著『はじまりが見える世界の神話』によれば、たとえば北欧神話では、はじめに巨大な「裂け目」があり、「冷たい風と熱い風が裂け目の上空でぶつかり合」うなかから山や火や神が生まれてくる。まさに振幅のなかの矛盾と衝突に創造がある。あるいは、女系神話が多く伝わる琉球諸島では、神のよりつく女性たちが死んだり生きかえったり、聖なる森で生死の境を自由自在に横断しながら、神や人間たちを守るのであった。そこには「光あれ」と宣言する神々しい理性の声への服従という、ここちよさはない。神のシステムにしたがうことで得られる安楽の感情こそが、現代のグローバリズムというものへの熱狂的信仰を裏打ちしているのではないか。一方、振幅のたゆたいのなかに世界を見守ることは、個々の人々にとっては時に厳しく、鍛錬《たんれん》がいることだ。しかしその多形のゆらぎのうちに、結晶のような世界が顕現するとしたら。

彼女はつづけた。

「生み出すということは何か〝空《くう》〟にいつも対峙しながら、非常にふしぎな、二元論を超えたところにあると思うんですね。我々はどこから来たのか、生きとし生けるものがどこから来たのかというときに、非常に深い闇みたいなものがあると思うんです。でも我々はそれについて無知である。その偉大なる空虚というようなものが、どこかでつながっているという感覚はみんなもっていると思うんです。そのとき、生むということは、ただ次の赤ちゃんを産むということだけでなく、〝創造〟であって、私たちの中にある非常に深い、何かをつくろうとする気持ちというのは、作品であっても、言葉であっても、いろんな形であると思うんです」

すっと気持ちが楽になるような話だった。生成という謎。ものが生まれてくる磁場には、何があるのか。それは果たして洋々とした朗らかなものではなく、一寸うしろで奈落と接しているような、そら恐ろしいものだという感覚は、子を産むときにも確かに感じた。母なる場所とは、ものを生み出す場所だが、それは何かあたたかみのあるものではなく、ノイズがたえず鳴り響き、轟音に満たされ、猛々しくもあるのだという感覚。それが生命の偽らざる姿であるし、生誕の現場で接している奈落というのは、死の淵へまっさかさまに落ちていく「空虚」でもあるのだろう。生と死の綱わたりのなかで、母体は必死に胎児を生の方へと送りこもうとする。女性は子宮という形で、死をはらんだ「空」を身体の中心に据えている。デュラスが、魔女の話のあと、こう述べていたことを思い出す。

「人殺しにいちばん近いと思うのは、子供を産むということよ。眠っている胎児が外に出ること。信じがたい至福の状態でぐっすり眠り込んでいる生命、それが目を覚ます。たぶん母性はどこかこんなふうに体験されてゆく。その点については、ほんのわずかなことしか知られていないと思う」（『マルグリット・デュラスの世界』）

そして生命の生誕だけではなく、何かを作り出そうとする、何か形が生まれ出ようとする力を殺《そ》がないようにすることは、あらゆる生成の場面で行われている。生も死も渾然一体となった空虚のなかから、ものは生まれてくる。宇宙は虚無から生まれ、美術にかぎらず音楽でも文学でも、なにか作品が生まれ出ようとしている生成の力を、作家が感じるとき、そこには虚無というものがぽっかりと口をあけている。

それは、イケムラレイコの生み出す母子像の母に首がなく、なかに空洞を抱えていることとも関わるのだろうと思われた。

「母体から頭部をなくして身体の内部を示したらどうなるんだろうと思ったんですね。首がないというより、そこに空洞を示す。〝うつろ〟の器が次のものを生み出すときに、それは人間でなくても、表現や創造行為でもあると思うのですが、その人がもっている〝うつろ〟が、次に自分の生み出すものになるという感覚です」

人は自分がイメージしたものを青写真どおりに作り出すのではなく、自分の空白が次のものへ「何か」を託すようにして創造を行う。その空白とは、自分自身にもわからない何かである。作ること、ものを生み出すことの深淵が、言葉としてここに現れていると思う。自らの空白が、その次のものへと託すことで受け渡される……。そう言うと、

「託す。そう、託すという言葉かな。でしょうね」

とすぐに応じた。

内部に空洞があり、死と近接しているからこそ、次に託すことができるということなのかもしれないと思った。空白が、他者に向かわせる。どこにも所属をもたず、空白を自分自身のなかに保つことが、焼き直しや自己のコピーではない創造や、生成のダイナミズムを生むのではないかと。

あいまいさのなかに美しさを見出し、空洞のなかに生成を見ている彼女の考えは、少女を多く描くことにもつながっていると感じられた。

少女は生殖活動を行う女性という意味では未分化であるが、すでに生まれたときからその身体に一生分の卵子のもとをかかえ、あらかじめ他者化を予期された可能態だからこそ、その存在自体が生成の過程そのものであると言えるだろう。

うつぶせの少女

イケムラさんの少女は、みな大地にうつぶせになり、地平線の淡い輪郭と溶けあうようにしている。この「うつぶせ」のポーズは非常に印象的だ。彼女は、少女のことをときおり「母性的少女」と呼んでいた。そのことがすごく気になると告げると、

「少女は、私たちの社会の中では、非常に短い期間許された、あいまいな期間だと思うんですね。そのあいまいさのなかには性的なものもあれば、母性的なものも、全部入っているんじゃないかなって」

彼女にとって、少女とは「あいまいさ」のなかに、性も母性も含むさまざまな要素が入っている存在と捉えられているのであれば、少女もまた二元論の克服として存在しているのだろう。そう問うてみると、

「幼児が描いたドローイングはみんなおもしろいと言うけど、幼児性がもつ天才的なひらめきに気がついたとき、それを一つの〝マイナーなもの〟としか取りあつかわないんですね。結局、コロニアリズムなんです。たとえば少女のなかの内的な性を大人が発見できないから、外から使われるわけで。それはやはり大人が、幼児や子どもに対して人間性をまだ与えていないからじゃないですか」

現代アートでも少女像は多用されるが、オタク的に性的にあつかうにせよ、なにかの理想を投影してアイコンのようにあつかうにせよ、大人が少女を植民地化し、搾取しているとイケムラさんは見ていた。その反証として、性も母性もすべて内部にかかえてうつぶせになる少女を描くことで、彼女ははっきりと、美術における使命を体現していた。この人はこうして、ずっとしずかに闘ってきたのだと胸がつまる想いがした。キリストとマリア像以来ながらく続く母子像のレッテルとも、少女の搾取とも、西洋の一神教が要請する二元論とも、あいまいさのなかの「振幅」に自分の身を置いて表現するなかで、闘い続けてきた。その闘いは、とてもひっそりとしていながらも、粛然たる、端正なものであったと感じた。

ではなぜ少女は、うつぶせになる姿勢をとるのか。トークイベントで彼女はこう答えていた。

「立っていると、やはり世界に対して立っていると思いませんか。たとえ誰もいなくても、立像というのは何かに対して立っていると。ところが横になると、そういったことを全部なくして、もっとも自分自身であることのできる可能性があるんじゃないかと。仰向けになっていると、やはりどこか外に抜けている。ところがうつぶせになると、そこにはもう大地と自分としかなく、本当に自分のなかに入っていく。そういう身体の感覚にとても興味がありました」

うつぶせになる少女像を見たときに思い出したことを、私は吐露してしまった。イケムラさんにはふしぎなところがある。フランクというのとも違う、他者への否定性のないあたたかい存在感があるのだ。

「実は私、誰かと性的な関係になったあとに、必ず背中を向けて、こう……」

彼女は私に背を向けるようにして、膝を折りまげ、うずくまる姿勢をとって言った。

「こうやっちゃう?」

「はい……。そうしてしまうのが癖で、いつも〝何でこっちを向いてくれないんだ〞って言われて……。イケムラさんのうつぶせになる少女を見て、その経験をすごく思い出したんです。あれは何だったんだろうって。何か他者に開くというか、開ききったあとにすごく傷ついているところがあって、背中を向けてうずくまることで、いったん自分に戻らないと、ちょっと他者の前にもう一度向き直れない、すきな人であったとしてもその人との時間にすぐには戻れないというか」

私のとつぜんの告白に、彼女は遠いまなざしを向けて、言った。

「ありますよね」

そのあたたかい物言いに、私はもう一歩進んで、自分が少女時代に抱いていた恐れの感情を吐露した。

「少女がうつぶせになっているというのは、他者に対して開かれていく恐ろしさ、自分が将来子どもを産んだり、男の人を受け入れたりする、そういう大人の女性になることへの恐れに対して、いったんちょっとうつぶせになることで守る、ということを想起させました」

すると彼女は、

「何かね、両方だと思うんですよ。こうやって守りもするし、傷つけられやすくもあるという。女性の性はやはり一つは傷つけられることでもある。自分が性を欲していても、傷つけられる可能性があるということ。何ていうのかな、他者からの自己保持と、自分のなかで、自分で自分を抱きかかえるようなものと、いかに両極が結びついているか。そういう経験はないけれども、内的な、一つの本能的反応だと思います」

「自分で自分を抱きかかえる」という表現がわかりにくいかもしれないが、自分自身の内部で起こる性的なうずきからも自分を守る、ということだと思う。他者に開かざるを得ない身体の予感は、自分の欲望としても生まれてくるものだ。自分だけのために閉じていた身体が、内からも外からも開かれていく脅威。少女の「私」は、その恐れをも、自分自身で「抱きかかえる」。私の「うずくまり」も、自分だけのために閉じていた、かつてもっていた身体の聖性のようなものを思い出すしぐさだったのかと思えて、とても切なくなってしまった。

イケムラさんはこんな詩を書いている。

「少女たちよ、大地に触れなさい／からだを横たえると／こちらの世界とあのよを／いききできるのです」（『イケムラレイコ うつりゆくもの』展覧会カタログ）

こちらの世界に背中を向けると、もっと多くのものたち、形あるものとも形なきものとも自由に会話をしていた、私が私だけでいられたあのころへの郷愁が溢れ出す。

世界の痛み

イケムラさん自身の少女時代はどのようなものだったのだろうか。それは、「つらく寂しく、少女時代は存在せず、子どもから大人にぱっと飛んでしまった」と言う。「ぱっと飛ぶ」というのは、記憶に残したくないという心性がはたらいていた、ということなのだろう。

「何か少女時代は大人になりたくなかったんです。女になるのは絶対嫌《いや》って思っていました。私は母性だとか女性性というのを、実はすごく嫌ったんです」

そう感じる人は、自分の身体の成長を本能的に止めようとして、食事をやめたり、みずから吐いたりすることがある。それは具体的には拒食症などのことを指しているのかと聞くと、

「ありました。二十歳ぐらいになる前は自殺のことばかり考えていました。そういう点では自分の成長に対する拒否がすごくあったと思います。でもそれをある時点で、ほんとに飛び越えてしまって、ずっと後になって、そのころの気持ちの大切さというか、少しずつ対峙しようとする気持ちが起こったんです。現代アートでも、みんな少女を外から描いている状況があって、少女を内から描くということは、私だけにしかできないことだと感じたんです」

私が最初に感じた、指の繊細さ、手の全体のあまりの細さに通じるような、イケムラさんのふるえるような感受性を受けとったような気がした。少女時代の前は、どんな子ども時代だったのだろうか。

「たとえば両親がけんかした場合に、私はそれをすごく傷つけられてつらいと思うのに、うちの弟はどちらかというと、にこにこできた。もうそれは私にとっては世界が落ちるかもしれないことなのに、向こうの人たちはそこまで考えていない。すべてについてそういう感覚でした。両親だけでなくて、たとえば道に転がって血を流している老人を思

うと、もうそれで心がいっぱいになって忘れられない。そういうことにすごく傷つけられやすかった自分がいて、それを私は〝不幸〟と呼んでいました。あるいは、親戚のおばさんが、土間でしか食事をできずにいて、それがあまりに心が痛くて見ていられないけど、ほかの子どもたちは全然平気で遊んでいるわけです。だから、何か巨大な、大変なことが起こったから不幸というよりは、感覚の違い。それを私は〝人間の不幸〟だと思いました」

少女時代、近所にあったカソリックの教会をある日訪れ、しばらく通ったという。
「そう、そういう人間が背負う一つの傷、ドイツ語で言うとヴェルトシュメルツ（Weltschmerz）というんだけど、〝世界的苦悩〟というんです。個人だけではなくて、全人類のつらさ、痛さというのを子どものときにすごく感じた。それが〝不幸〟ということなのだと思って」

ヨーロッパに渡る前から、イケムラさんは聖書における原罪、世界の痛みを感じていたのだと感じ入った。しかし一方で、彼女の大判の油彩画には、水墨画を思わせる東洋の歴史軸を強く感じる。
「やはりいわゆる現実とかリアリティだとかに対するはっきりした信仰が、世界に、とくに西洋にはあると思うんです。しかし一方で、日本には私たちが生きているこの現実が〝はかない〟という言い方がありますよね。それは当たっていると思うんです。やはり現実は本当に〝うつろ〟で、私たちは確かなものと思っているがそうではない。じゃあ、何もないかというと、やはりどこか死というものとつながっている。それを神性、あるいは幽霊の世界など、何と呼ぼうが霊性の世界を指向する伝統は、日本ではすごく長くあったと思うんです。だから、東洋の感覚で死というのは一つの境目で、その後何もないというのではない、何か引き続いているというような感じがありますね」

うつぶせになったり、スカートのなかの空洞に導いたりすることで、鑑賞者を生死は引き続いているという感覚に没入させる。芸術の一つの力が、この現実に対する強烈なオルタナティブ、別の世界のあり方を見せることだとしたら、彼女の行おうとしていることは、見る人を積極的に境界に連れ出そうとすることだ。西洋社会の内部に入ることで、彼女は逆に、境界を行き来する東洋の感性を見出していったのだろう。少女の痛々しいほどの感性を保存したまま。

それは、西洋美術という理性や現実の「安定」に依拠した世界へ、東洋人の女性としてたった一人挑もうとする「闘い」に思えた。

女子学生に「尽くす」

彼女の痛みへの流入力は、公的な仕事でも発揮されていった。一九九〇年、ベルリン芸術大学で女子学生たちが大学宛に、ある要望書を出した。「女性の作家を教授に擁立してほしい。レイコを教授に任命してほしい……」

女子学生たちは、授業のボイコットというストライキの形で、大学側に要望した。時代はベルリンの壁が崩壊し、ヨーロッパに第二波フェミニズムの風が吹いているころだった。ドイツの芸術教育を牽引する、日本の東京芸大にあたる公立のベルリン芸術大学は、長らく男性の教授を擁立しつづけてきた。

「ドイツではアカデミーで教授をするということは、日本で教授に就くこと以上に、一人のアーティストとして真剣に認められるステップでもあるんです。社会的にも評価され自由だし、教授のポストをみんなが欲しがる。(ヨーゼフ・)ボイスだって、最後の最後までやったんだから」

しかし、男性のアーティストが権威をもつことは、女子学生にとって大きなダメージを与えた。

「女性たちは時代のなかで自分たちの可能性を探しているのに、彼らは彼女たちを愛人として利用するか、〝何だ、おまえのやっていることは。だめだ〟と簡単に言って、アーティストとして蹴飛ばしてしまうこともよくあったんです。女学生はもう自殺するぐらいの気持ちになっている。そういう場所で男性教授たちは自分についてくる生徒をアート界に投じて、自分の株を上げようともして、威張っていたということがよくありました」

　権威ある先生たちのあとについて、似たようなことをやる学生が多かったという。そこには憧れも、もちろんあっただろう。しかしそうした環境のなかで、女子学生たちは、なかなか自分を探すということができないでいた。その鬱屈が、「女性の作家を教授に」という叫びにつながった。この話は、日本の美術界の現況とあまりに相似形で驚く。美大の女子学生は多いし、美術館のキュレーターも女性が多いが、美術館の館長や美大の教授は圧倒的に男性が多い。国際的芸術祭でも選出される作家の数は、絶対的に男性アーティストが多い。しかしストライキやボイコットが起こったという話は、国内では、とんと聞かない。それが悲しみとともに心をよぎる。

　イケムラさんは女子学生の要望に後押しされ、絵画部門初の女性教授に就任する。三十九歳のときだった。そこで、イケムラさんは、興味深い言葉を使った。

「私は彼女たちに〝尽くした〟つもりなんです」

「尽くす」という言葉は非常に女性的な自己犠牲というか、ある種のスティグマをもたらす危険な言葉だけれど、あえて使ったのかと問うと、

「もちろん、あえて言いました。やはりそれぐらいしないと伝わらないと思ったんです。男性教授たちは〝尽くさない〟。その反対で、自分の仕事を認めさせるための道具として学生を使う。ヒエラルキーでいえば、学生というのは一番低い場所にあるわけです。

でも私は、学生を人格として認めたいと思いました。そこに引き上げるためには、私も低くならないと、尽くさないと学生たちもわかってくれない。価値は私も探しているから、一緒に探しましょうと」

「尽くす」ということへの彼女の覚悟の重みを、私は痛みをもって聞いた。

母性の拡張

この論考で「母」という言葉をあえて使い、そう呼ぶことでしか指し示せないもののことを考えてきたが、「母」という言葉を使うときに想起するのは、子の母としての「母」だけではない。ケア労働に従事している人たち、看護にせよ介護にせよ、相手の病や老いの終わらない時間に自分をさらけ出して、投げ出している人もまた「母」だった。他者の時間に身を委ねることを、もっと多くの人が始めないといけない時代なのではないかと。イケムラさんの言葉を聞いて、何か希望としての、「母の拡張」を思った。その想いを伝えようとした。

「尽くすという言葉であったり、彼女たちのなかから何かを引き出そうとすること、自分を低くすること……。いまの世界と逆行するような態度こそが、子どもを産むか、産まないかに関係なく、社会にとっての〝母〟であり、ケアなのではないかと、お話を聞いて心動かされました」

　そう切り出すと、彼女は答えた。

「なんというか、本当は引け目のようなものがあるんです。女性で、母親にならなかった人たちって、結構そういうものを抱えています。いま私はもうそういう時期は越えているんですけど、でも女性はみんな非常に迷った時代があったと思う。昔はお母さんになってアーティストになるということは不可能な時代だったんですね。私の生まれたときは、女の子として生まれること自体がもうだめだった。女の子は勉強しなくてもいい、そういう時代を越えて、いまの時代に至っているということを忘れてはいけないんですね」

「引け目」……。私自身、三十代の途中までは仕事に専念し、子どもをもたない自分の人生について真剣に考えていた。人が子どもを育てる時期に、私は何をすればよいだろうかと。

「未来への存在」である子どもをもたない選択をしたときに、自分の人生において「未来」にどう責任を果たせるか……。「迷った時代」の葛藤は、身に染むような苦しさだった。

　だからといって、イケムラさんの時代の女性たちの「引け目」について、理解できるとは簡単に言えない。女性に対して「子どもを産むべき」という圧力がいまより強かったころ、自分自身のための選択をした女性たちの孤高の営為の上に、私たちの選択の自由があることの尊さを思った。

彼女は続けた。

「〝尽くす〟などと言うと、ちょっと危険なんだけど、あえて言ったのは、それぐらいはっきり言わないとわからないんです。だって、女性もまた権力を悪用したら同じだから。尽くすということの嫌らしさというのはもちろんあるの。私の母なんかでも、〝子どものために私の人生を犠牲にした〟とか言われると、すごい暴力じゃないですか。だけど、そういうプレッシャーじゃない〝尽くし〟。自分を投げ出すということは、私自身にとっても大事なことだったんです。それは、自分を投げ出すことで、成長するために次の限界を超えていこうとする気持ちなんです」

尽くすという言葉の問題は、その日本語の印象にあるとも語った。

「dedicate yourself なんて言ったら、もっと違う響きがあると思う」

「dedicate yourself」。自身を捧げる、と言えばいいだろうか。神に身を捧げるように、頭を垂れて、状況に身を投じて、自分の変化を待つ。彼女はそれこそ言葉を「尽くして」、つねに「変容」について話しているような気がした。自分自身を一つの場所にとどめておくと、そこには「力」が働いてしまう。しかも「生成」も「創造」も、とどまっている自分のなかからは起こらない。「自分を投げ出すことで、成長するために次の限界を超えていこうとする気持ち」。自分を変容させようとするからこそ、他者に自分を投げ出すことができ、自らのうちに作った「空白」が、他者に託される。そうして循環していく人間のあり方は、一つのところにとどまることによって権力を醸成させてゆく、いまの世界のすべての覇権主義に抗う希望の在り処《ありか》だと感じた。

しかしこうしたイケムラさんのやり方は、教授となってからも、なかなか周りから理解されなかったという。しかし最近になって教え子の中で作家となり活躍し始めた人が、「レイコはよかった」と言ってくれるという。

「上から教育するのではなくて、その人から何か引き出せるよう導いていきたいという思いがあったのだけど、教授の職をまっとうすることを通じて、私の人生は、やっぱりそれはそれで大事だったんだと思えました」

母とならなかった代わりに、彼女たちに「dedicate herself」をしたイケムラさんは、社会のなかで「母」になった人とも見えた。私はインタビューをしているあいだじゅう、素直な自分の想いをイケムラさんにぶつけることができた。その壁のなさ、他者を許容する開かれた風、寒い朝に母の毛布に入っていくようなあたたかさが、彼女自身にも作品にも溢れていた。

インタビューを終え、席を立ったとき、ちょうど通りかかったらしい国立新美術館のある女性主任キュレーターが、イケムラさんに近寄ってハグをして、「すごい展覧会だった。〝ケア〟ということを感じた、いまの時代に求められる〝ケア〟というようなことを」と言った。

彼女は、いたずらな猫のような表情で、私の方に向き直り「ほらね」とウィンクした。

深い係累へ

私には二人の弟か妹がいたらしい。この世に生誕する前に、母の精神の病を理由に二度、堕ろすことになってしまったという。娘の出産直後、しばらく実家で生活していたときに、その事実を初めて聞いた。

母親になったばかりの私は不安で、母に頼りたかった。聞きたいことがたくさんあった。しかし、私が娘を産んだとき、母はまともなコミュニケーションのすべを失っていた。だから、それは子どもを産んだばかりの私に、母が絞りだすように発した唯一の言葉だった。

「いくら両親にそう言われたとはいえ、その手術を許した私がいけないの」

十年前、母は前頭葉の萎縮という病か、長いうつ病の結果か、統合失調症か……。精神科医でも医師ごとに診断が分かれる不可解な状態に陥り、全身の硬直と昏迷《こんめい》を伴う数週間の「無動」状態を経て、精神障害者手帳を受給するようになった。かつての人格も判断も言葉も失った。

「母」は目の前にいるけれど、母になったばかりで不安な私が問いたいこと――産んだときどんな気持ちだったか、母親であることをどんな風に感じていたか――を聞いてみても、もう答えはない。だから、私は赤ちゃんを抱いて、よく母によりそった。理解できる言葉の出ない母に猫のようにくっついて、その感情を読み取ろうとした。

だから、一瞬正気に戻ったように、その言葉を母が発したとき本当に驚いたし、彼女が意を決して、それだけは言わなくてはいけないと思って私に告げたことがわかった。その事実をずっと一人黙って抱えていた母の孤独とかなしみを思って、私は泣いた。しばらく泣き、そして腕のなかで私を見上げている赤ちゃんを見て、それでも私はこの世に生まれてきたのだと思い、涙を拭いた。

あれからというもの、私はときどき目に見えぬその弟、妹たちに語りかける。ずっと彼らの存在を身近に感じていたいと思う。そういう気持ちを、あらたに出会った若者や、後輩に感じることもある。彼らを、まだ見ぬ弟や妹のように感じて、つい世話を焼きたくなる。それは私にとっては、母が一人胸のなかでずっと抱えていたであろう罪の意識と、失われた生命に対しての、祈りに似た行為なのだと思う。

傷つきながら、死のうとしながら、必死に生きようとした一人の母親がいたこと。この世界で生きたかったかもしれないし、生きたくなかったかもしれない、その意思にかかわらず、世界の土をその小さな足で踏む前に命を弊えさせられた子どもたちがいたこと。彼らとともにいたいということ。そうした渦のような感情のなかで、「母」とは何かを考え続けてきた。

どうして「母」をいまの時代に求めるのか。人に手を差しのべる母の滅私性、犠牲性は、女性を社会的に貶《おとし》めるとして、「母性神話の解体」をこそ目標にかかげてきたフェミニズムの風が吹く時代のなかで、なぜあえて「母」なのか。そう問われたとしたら、私は「母」を知りたいから、と答えるべきだったのかもしれない。母のもつ死との近しさ、母の虚無性をこそ知りたいのだと。

それを詳しく述べる前に、「母」の招喚に対するフェミニズムからの批判に答えた人に、第八章でも紹介した金井淑子がいることを確認しておきたい。

金井はフェミニズム運動の内部にいながら、「女／母」に「わたし」という読み仮名を振るなど、女性を考えるにあたって「母」を手放さず、まっすぐに女性性とケアをむすびつける危険な橋をわざわざ渡る。家父長制暴力の温床となる「家族」の共依存性に逃げ場を与えようとするフェミニズムのなかに、なぜわざわざ「母」を招き入れるのか。性差を所与の本性と捉える「本質主義」だという批判を一身に受けていたことを最近になって知った。

母親世代にあたる金井とほとんど同じプロセスを、何も知らずに自分も経ていたことに驚く。私が女性論を書くにあたって「母」を招喚したのは、妊娠出産期を通してこれまで培ってきた言語では歯が立たないと感じ、その闇のような虚無的経験の前で、立ち尽くしていたからだった。妊娠出産期における女性当事者たちの言葉が足りない、話しながら彼女たちの言葉を集め、確かめあわなくてはいけない……私自身の切迫した願望でもあった。

　金井は、自身の論の展開に影響を与えたものとして、アメリカの詩人アドリエンヌ・リッチをあげる。

「私のこうした感じ取り方の根拠には、アドリエンヌ・リッチが『女から生まれる——経験と制度としての母性』において、制度としての母性と自らが経験した『母であること』の乖離と、そこから生ずる苦悩・葛藤について、怒りを持って、つまりこれまでのフェミニズムの母性批判がある意味でまったく死角に置いてきた『母であること』の経験の女個人にとってののっぴきならなさについて、それがきちんと語られるべきだと強く主張していることを思い出すだけだ」（『依存と自立の倫理——〈女／母《わたし》〉の身体性から——』）

「のっぴきならなさ」のうちに、金井は赤ちゃんという「ヴァルネラビリティ＝脆弱性」に、一身にかかわらなければいけない女性のあり方を見たのであろう。

　幼児期だけでなく、人間は本質的に脆弱な存在である。傷つけ傷つけられて、それを治癒しながら人は生きる。脆弱でない身体などない。どんなにいまは若く健康だとしても、病や老い、痛みという弱さへの可能性を生きることが生命の宿命である。ヴァルネラビリティの観点から見たら、その弱さを受け止める「家族」は早々には手放せない。しかし、そこでの家族像は、現政権がもとめるような近代家族の回復ではない。金井は、むしろ家族のなかの共依存という暴力に疲れ、傷つき、その限界性を痛いほど感じた個々人が、あらたに人と築こうとする、自助グループやシェルターなどの「新たな親密圏」を、思い描いている。その「親密圏」がまた共依存という暴力の温床となる、ループの可能性をも引き受けながら。

そう考えると、アドリエンヌ・リッチの言う「『母であること』の経験」の「のっぴきならなさ」は、私自身にとっては、死への近接、虚無への親しさということだったのだと思い返している。「ゆりかごから墓場まで」。墓場になりうる場所が「母」であることを、墓場である自分を引き受けることをも含む存在が「母」であることを、私は感じていた。

それは、言語がたちどまる場所でもあった。

第十一章　私たちの母へ

虚としての母

二回堕胎した女性が母だったと、前章で初めて書いた。

いや、「書いた」のかはわからない、「書いてしまっていた」が、正しいのだろう。これまで、映画を撮っていても、文章を書いていても、いつも「見えない母」を追いかけていた。追いかけながらも、明瞭に母について書くことは、なぜかできなかった。カメラでも、正面から撮ったことは一度もない。精神の病を抱えていた母は、私のなかでどこかタブーになっていた。

長いうつ病の結果か、統合失調症か、はたまた向精神薬の薬害か、医師にもわからないと言われながら、一時は前頭葉や側頭葉が萎縮する難病「ピック病」の診断を受け、余命五年を宣告された。その診断は医師が代わればまた撤回されるのだが、突然のことにうろたえると同時に、これまで慣れ親しんできたうつではなく、なにか決定的にちがう病であることを直感していた私は、長年の苦しみの果てに母が連れていかれた場所の悲しみを思った。

あらためて母を思ったとき、巨《おお》きな空洞のような、茫漠たる拡《ひろ》がりが目の前に現れ、自分のなかに「虚」という言葉が浮かぶことに気づく。それは私が、幼いころに娘として母を見ていた風景に帰するのだろう。

二駅離れた幼稚園に手をつないで行くときも、四歳のとき肺炎で入院したときも、いつも母と別れるのがつらかった。自殺企図があり、私を置いて一人絶望のなかに閉じこもり、孤独に死んでいこうとする母を理解することは、幼い私には難しかった。

小学校にあがり、電車で通学していた私は母が家にいたにもかかわらず鍵っ子だった。学校から帰ってきて玄関のドアを開けるとき、いつも深呼吸をした。扉を開けてみて、部屋が暗く静まりかえっていれば、朝、私をベッドのなかから送り出したままの格好で、母は、死んだように横たわっている可能性が高かった。扉を薄く開けて、テレビでも音楽でも、台所から何かしら音がしていれば、少なくともベッドから起きあがって、何か活動をしている証拠だ。音がすると安堵した。

彼女は十代のころ離人症になり、その後はうつ病という診断だったが、私たち家族の観察によると、数ヶ月単位で躁状態がやってくるともいえ、躁うつ病だったのだろう。

とにかく母は鋭敏な神経とともに、太陽の翳りや、雨の予兆などの微細な変化、家族や友人とのちょっとした会合を終えただけでも、気分が浮き沈んだ。

うつ状態になると家事と呼ばれる活動はすべてストップする。月曜から金曜まで、お蕎麦《そば》、中華、お寿司《すし》、うなぎと店屋物を順番にとった。とるものがなくなると、できたばかりのコンビニでお弁当を買ってきた。私は料理をするには幼すぎ、父は忙しすぎた。口にするものが侘《わび》しかったともいえるが、そもそも私は母乳も一滴も飲んでいない。産後、母には投薬の必要があったからだろう。それでも健康に育っているのだから、どんな方法であれ栄養がとれたら大丈夫であると、私は確信をもって言える。

そうして数週間寝たきりのうつがあけると、今度は突然、懐石料理や手のこんだフレンチを作りはじめた。茶碗蒸《ちゃわんむ》しや土瓶蒸し、ミートローフに、手作りのミートソースで作る茄子《なす》グラタン。いまでは私の得意料理となった心躍るレシピの数々。その食卓の風景は、一瞬のあたたかさをもって記憶の淵から立ち上がってくるけれども、すぐに暗い風景にまっさかさまに落ちてゆく。ジェットコースターのような日々だった。

突然、家出をすることもあった。学校から帰宅すると母がおらず、夜になっても帰ってこない。父の会社に電話をし、急いで帰宅した父が車を飛ばす。どこか戦友のように思っていた父の顔を見て、ほっとして助手席に座った私は、車のウィンドウ越しに黒々とした木々が駆け抜けていくのを眺めながら、次の暗い道を曲がったらいるだろうか、もう一つ先の角だろうかと、ただ母に会いたい気持ちをつのらせていた。あなたを産んで初めて生きている意味がわかった、ときつく抱きしめながらも、私を置いて死のうとする母を理解しようとすれど、いびつな物体をそのまま飲みこむようで、いつも息苦しかった。

母が、私の下にできた子どもを二人堕ろしたという事実を、産後の私に絞りだすように話したことを前章で書いたが、それは祖母が、一人でも限界なのに、もう一人子どもを育てるのは無理だと判断したからだった。その話を聞いて、私は、祖母の独断と、それに唯々諾々と従った父母に怒りをおぼえた。しかし幼少のころの私の生活を思い出すと、祖母の判断は、一つの冷厳な決断であったかもしれない。

母は弱かった。それでも私は、直感的で繊細、かつ大胆な母が大好きだった。幼いころ過ごしたマンションで、ショパンの「英雄」を弾く母のうしろすがたを、その白い指を、寝っころがって飽かず眺めた。いまでも「英雄」を聴くと、深い緑色の絨毯《じゅうたん》が午後の光をあびて、けむったような匂いを放つのを思い出すとともに、母を見つめていた幼い私の、寂しい想いも去来する。

私はいつも、母の「やまい」の上がり下がりを観察していた。観察という言葉は適切ではないかもしれない。全身が感覚装置にでもなったように、一緒に部屋のなかで呼吸した。病とは、表立ってその症状が現れてくる時期もあるが、ほとんどは薄いパラフィン紙が後ろの模様を透かしだすように、ぼんやりと、病の方へと倒れこんでいくようなものだ。見えない靄のなかへ、落ちてゆく。

失われた言葉

こうして書くということのあたたかい海に浮かびながら、傷を癒しでもするかのように、私は初めて母のことをいつわりなく描写する力をたくわえたのだろう。それは、この論考のはじめの動機とも、きっとつながっているはずだ。

妊娠出産を通して、私は自分が経験したことをあらわす言葉が、これまで身につけてきた言語のなかになく、「私は、私たちは、どこにいるの？　まるで文明の外側にいるみたい」と感じ、言語を喪失したような状態に陥っていた。

連載時、編集者に、自分が「引き裂かれている」とよく訴えていたことを思い出す。出産前と変わらず仕事にむかう自分と、娘と過ごす「私」の隔たりが大きく、両者が乖離して引き裂かれたと感じた。社会的な自我と私的な自我との裂け目で、苦しんでいたのだろう。自分をあらわす言葉が、なかなか見つからなかった。

それは詩人の森崎和江が、妊娠五ヶ月のときに友人と話していて訪れたという感覚に似ている。

「笑いながら話していた私は、ふいに、『わたしはね……』と、いいかけて、『わたし』という一人称がいえなくなったのです」「出産という母体の働きと、生誕という胎児の働きとを、妊婦の私が統一的に感じるように、分離させずにとらえることばは、どこにもなく、そのことをあらためて気づかせられるばかりでした」（「産むこと」）

共通の言語としての「わたし」では、胎児をはらんで二重化した自分を表現できない……。一九八九年に彼女が書いた、この感覚とほとんど同じ事態を、二〇一九年の私が「言語喪失の状態」と言っている、この符合に新鮮な驚きを感じるとともに、私の場合、この言語喪失の状態が産んでなおしばらく続いたことを思い出す。

産後、私は赤ちゃんの生命を成り立たせるすべてのケアを担いながら、部屋のなかに閉じこめられていた。それは、後産《あとざん》によって一度は外に出したはずの羊膜に赤ちゃんとともにすっぽりと包まれ、自他未分の繭のなかでまどろむような、奇妙な時間だった。赤ちゃんが感じていることと、私がそれを想像している時間はほぼイコールであると思えた。そして、この時期の女性たちが自分のことをどう表現しているのか、羅針盤を探すように、切実に言葉を必要としていた。しかし見渡せど、赤ちゃんとの自他未分の状態のなかでの女性のアイデンティティの在り処や、言葉の喪失についての記述を、なかなか探し出せなかった。産後、女性は書く時間を物理的に奪われるし、ふしぎと、過ぎてしまうとすべてが忘却の彼方へさらわれるような、魔術的な時間を生きるものだ。他の女性たちもみな、こんなことを一人で黙って経験してきたのか？　母親になった女性たちの声に耳を傾けるという行為は、こうして自然と始まった。

このときの気持ちにもまた、森崎の言葉が符合した。

「はじめて私は女たちの孤独を知ったのでした。それは百年二百年の孤独ではありませんでした。また私の死ののちにもつづくものと思われました。ことばの海の中の孤独です」（同前）

いま使っている言語のなかに、女性が経験する事態をあらわす言葉がない。これは、とても決定的な発見であり、大きな落胆であった。私たちはあらかじめ、この言語から避けられている存在なのかと。考えれば考えるほど、疎外されているのは「言語」だけでなく、私たちが暮らしている文明生活の原理そのものが、妊娠出産期の、「生成」を担う女性の身体には、不適合であると感じはじめた。

妊娠期の女性は、自分の中心にあいた空隙を、胎児という他者にゆだねる。自分とは別の鼓動を刻む別の個体と、身体を共有する驚き。自分のものだと思っていた身体のなかで他者に出会うことは、自らの他者化だった。そのことに戸惑いつつ、それでも私の身体は、他者の生命のために、嬉々として改造プログラムを突き進む。腰骨は可能なかぎり開き、お腹は突き出て、もとの形をとどめない。そもそも性行為でさえ、女性は他者が自分の身体のなかに流入してくる特異な体験をするのに、妊娠期の他者の私への介入と、身体の可変性は、人智の及ばないものだった。哲学者たちは「他者」「語り得ぬもの」「物自体」……つねに理性や言語の果ての参照点を、さまざまな形で逆説的に指し示すが、捉えられないとされているXがこの私の身体の中にはある、確かにあるんだ、と言いたかった。

そして出産は、あらゆるレベルで「死」を感じる体験だった。陣痛は自分の存在が「痛み」だけとなり、理性も感情も剥奪された。それは一見「生」そのもののようであるのだが、「死」の時間でもある。胎児は、羊水のなかで生死の境におり、産道をとおりぬけるとき、初めての酸素呼吸のために、肺のなかの水分を絞りだされ、仮死状態のようになって光にむかって押しだされるという。母親は胎児の、この存在の時空間にひっぱられる。産後、分娩室の周りに死んだ女たちが集まってくるような錯覚を覚えた私は、「死」の世界の入り口に、すこしだけ佇んでいたのかもしれない。

濡れた生活

そのころの私は、母になるとはどのような事態なのだろうかと、よく考えた。「母性」とはよく言うけれど、私に起こった母なる経験は、「母は強し」「海のような包容力」「子を愛する母の自己犠牲」など、よくある安直なイメージで切り売りされるような、あたたかで安定感のあるものではなかった。もっとラディカルで、不安定で、生の裏側から「この生」を眺めるような、自分がこれまでいた場所が夢かなにかだったのではないかと、世界が崩れ去るような経験だった。

民俗学の本を開くと、似たような感覚が記述されていることに気づく。民俗学者の宮田登《みやたのぼる》は、『ヒメの民俗学』で「産小屋《うぶごや》」についてこう書きとめる。

「出産という行為は、たしかに、別の世界から、生命をこの世に生ぜしめるものであり、赤子そのものが二つの世界の境界をさまようのである。そして同時に、母となる女性自身も、この世とあの世を出たり入ったりするいわば難行苦行の連続なのである」

だから、民俗学的世界では、産小屋を「生と死の彷徨《ほうこう》する空間」と捉え、日常から隔離し、男性を近づかせなかったという。女性たちは橋を渡って産小屋に入り、「別の世界」へ移動して、産後しばらくはそこで過ごした。

私が出産したのは、近代的でクリーンな分娩室だったが、たしかにあの場所は、あたたかい生命がやってくる場所としては、冷たすぎた。産んだあとの冷えた身体に手術がほどこされていたときの、あの固く冷厳なステンレス台の、所在なさを思い出す。「産小屋」には幾重にもお古の衣服がしかれ、真ん中に「火」があったという。

もちろん、古代式出産をとりもどせという原理主義者では、私はない。かつてはどれほど死産や母体死が多かったか、近代的出産術によってどれだけ安全にお産ができるようになったか、恩恵ははかりしれない。

ただ、生死の境に身を置いた、私と赤ちゃんとの奇妙な世界、私が体験した、女性の身体に否応なく起こる事態は、現代の言葉で記されているのだろうか。まだ見ぬ、語られぬ「女性性」があるのではないか。それは一つの問いだった。

そして、この強烈な「言葉にならなさ」については、思い当たる節がほかにもあった。月経の波にさらされた少女のときのとまどいだ。

少女時代、水に触れると、よく涙が出た。なぜだろう。私のなかの水と、外の水が呼応する。体液なのか、血液なのか。私のなかに孔が空いている。その孔から血が流れ、そこに性行為として他者が介入し、やがてその結果として別の他者を宿す可能性をもつ。その準備を月経という形で、月ごとに変化させる多孔性の身体。そこから具体的な粘液だけでなく、感情や感覚など、さまざまなものが流れ出していくからこそ、涙が出る。少女時代からもっていたこうした感覚と、母親になった身体がつぎつぎに実装化していく波はイコールだった。

母になることは、女性の一つの様態に過ぎないが、この産む性である身体の予兆が、潜在的に女性たちのなかに眠っていることは、言葉や感受性、世界の見方に、深く刻印づけられているのではないか。

隠されている「母」の一様態が顕現する妊娠出産は、私にとっては、文明が忘れ去ったことにもう一度出会いなおす、イニシエーションのような儀式だったのだと思う。現代が疎外しているものとは何か。見失っているものとは何か。それに気づいたとき、話を聞きたいと思う相手が、母親たちだけではなく、次第に変化していった。

将来にわたって決して母にはなるまいと決めている人、養子縁組をして産まずに母になった人、父親、そして結果的に母にならずに歳を重ねた女性にも、取材は広がっていった。

それは同時に、娘の成長により変化していく私自身を発見していく過程でもあった。授乳期が終わり、娘が自分で歩いてトイレに行くようになったころから、私自身が赤ちゃんとともにあった羊膜の外に出た、と感じるようになった。お乳やよだれにまみれ、排泄物《はいせつぶつ》とともにあった、濡れた生活を脱したのだ、と。

濡れた生活の時期には、現代の都市に強烈な違和感をおぼえていた。よだれや排泄物の側から世界を見ると、健康な人間が生きている都市と労働空間は、圧倒的に管理され、暴力的なほどクリーンだった。満員電車やオフィスの磨き上げられたガラスのなかで、おむつにぬるぬるうんちがぴーっと出て、それが強烈な匂いを発するなんて、考えるだけで禁秘に触れている。しかしそれは病気の人や、介護をうけている人にとってもそうだということに気づく。排泄物と濡れた粘液を、この都市は許容しない。むしろ排除し、こぼれ落ちたものが、いっとき身を休ませる場所もない。

なにかおかしいと身体が叫んでいた。都市における身体が機械化しすぎている。妊娠出産期の女性の身体や子どもたちの野生の身体が、安心して自由にのびのびと身を置ける場所が、現代社会のなかにない。

それは、生きにくさを感じている人々の存在を無効化する、この社会の澱《おり》に目をこらすことでもあった。言葉にできず、言葉にならず、社会の一線から退いて、ベッドのなかで、一人膝を抱えて、押し黙っている人たちがいる。資本の論理だけが指標となり、世界が文明生活の醜悪な部分を拡張させているいま、人は何を見失っているのか。こうして「母」をめぐる議論が、より広範なものとなっていくのと同時に、私は娘を腕に抱いて、言葉を失っている母の隣に座る。

次第に私は、母の人格をうばったのもまた、この文明社会の原理であると感じるようになっていた。この社会を築き上げてきたのは、強い管理の思考である。精神の乱れを薬で管理する。濡れた、ぬるぬるとした未知なるものを許容できず管理する。精神医学は人間というブラックボックスを抑圧する、歴史の浅い、たまたまそうなっているに過ぎない、一つの思考形式だと思えた。

抑圧や管理への怒り、それは静かだが、とても強い怒りだった。

私が妊娠出産を通してそれを表現する言葉を失ったのも、母が病を管理された果てにたどり着いた先も、この社会の鋼鉄の論理が源泉であると思えた。身体の声を聴きいれず、経済的功利性のなかでのみ築きあげた抽象と分離の思考が排除してきた者たちの声は、どこまでも浮遊する。そこに浮かんだ言葉たちを、たぐり寄せ、息を吹きかけ、ともに生きようとすること。その試みを行っていった先にたどり着いた場所、それは思いがけず、病を抱えた私の母であったのだ。

女性と病

母が全身の硬直と昏迷をともなう「無動」状態になったとき、二十四時間の家族付き添いが必要となり、私は会社の介護休業をフルに使って、一ヶ月あまり、母の病室にベッドを並べて寝泊まりした。そこは内村鑑三《うちむらかんぞう》の子息が開いた、すべての部屋が開放病棟の精神科病院だった。女性病棟に寝泊まりしながら、周囲の理解を得られず長いあいだ、いやほぼすべての人生を病院で暮らしている、多くの女性たちに出会った。ある人は母親で、何十年も子どもたちに会っていなかった。そして彼女たちには、何十年も会いに来ない、あるいは来られない、彼女たちの母親がいた。

ある人は長年病院に暮らしながら創作活動を行い、ある人は短期外泊で、実家や自分の家庭に帰っては、病院に戻ってきて体調が悪化し、特別室に入るということを繰り返していた。病院は逃げ場であり、救われる場所である一方で、彼女たちはいつも退院を目指していた。私は彼女たちと話すたびに、いつでもその複雑な矛盾のなかで、引きちぎられるようだった。

彼女たちのことを思い出すとき、シャーロット・ジョーンズの戯曲『エアスイミング』の会話を想起する。実話を元に、一九二〇年代のイギリスで精神科病院に収容されている二人の女性を描いたこの戯曲には、上流階級の出身で、入院する前はダンスパーティーに通っていたというペルセポネーという女性が登場する。

「ペルセポネー（略）帽子は手に入らなかったけれど、今はきれいな帽子なんて持ち込めないようなところにいるわけだし、かえってよかったかもしれない。ああ、でもここを出る時には要るわね。それまでじっと待ってる。だからってわたしがずっとここにいるって勘違いしないでね。だってずっといるわけじゃないんだから。ママとパパがすぐに迎えに来るわ。今週末だわね、きっと。遅くても二週間後。（声が次第に小さくなる）」

彼女たちは病院のなかで、いつか迎えがくるという、永遠の待機の時間を生きている。しかし決して迎えはこない。病院のなかで、彼女たちが老婆になるまでを、この芝居は描くのだ。

生理の前に乱れてしまったり、出産を経て産後うつになったり、ホルモンの上がり下がりにともなう混乱……。いまだ百年あまりの歴史しかない精神医学においては、ＰＭ

Sや、更年期の過分な怒りを、「ヒステリー」や「精神錯乱」という病名で呼び、病院に収容したり、電気ショックをくわえてきた事実がある。頭蓋骨に穴をあけるなど、暴力的な治療がなされていた精神医学に、無意識の概念を見出し、「精神分析」を発展させたフロイトでさえ、自らの女性患者・ドーラに対しては、「彼女のヒステリーの症状は自慰的幻想、父親への近親相姦的欲望、バイセクシュアルな願望から生じている」という極端な解釈に固執したが、ドーラは徹底的にその解釈を否定し、治療を途中で拒否している（『エアスイミング』訳者解題）。こうした女性の精神的な乱れへの誤解に基づく治療は、ヨーロッパだけでなく日本でも同様にあったと思われる。

私の母もある意味そうだったのだろう。思春期特有の、ほんの数年間で終わる「不安定」だったはずだ。ただ何もしない自由な時間が彼女を癒しただろう。しかし医師であった両親は西洋医学を信奉し、彼女を救えるのは精神医学しかないと信じていた。母は大学一年のとき休学し、精神科病院に長期入院した。

そこから彼女の苦しみがはじまった。時代の、文化の、犠牲者ともいえる。女性の精神が乱れることへの世間の目、女性が怒りを抱えることへの不寛容の犠牲者。

『エアスイミング』に登場する二人の女性は、病院という現実と、もう一つ別の世界、二人が生み出す幻想の物語を生きている。この虚構のなかの夢が、エアスイミング——空気のなかを泳ぐこと——なのだが、二人の幻想を追っていくと、次第に彼女たちが病院に収容された理由が見えてくる。

「私のお腹の中でぐるぐる泳ぎ回った。ちっちゃなグッピー」が無理矢理奪われていったというのだ。

「ペルセポネー　これ以上ないってくらい酷いことされたの。

ドーラ　何を？　誰が？　いったい誰がそんなこと。

ペルセポネー　わからないわ。あの子がどこなのかわからないの。どこかに置いたのは確かなの。（狂ったように探し始める）水はどこ？　お湯をたくさん用意しなきゃ。彼はここのどこかにいる。ドーラ、お願い。探すの手伝って」

この時代、婚外子を産んだ女性は、赤ちゃんを奪われた上、精神科病院に入れられることがあったという。

「もう彼女の生命《いのち》を抱きしめることができない」

そう肩を落とすポルフ（ペルセポネー）に対してドルフ（ドーラ）は、

「できるさ。今のあんたは強いんだから。彼女の生命《いのち》を抱きしめられる。今回はきっと大丈夫だ。彼女は幸せで、健康で、アップルパイみたいなアメリカ人になるよ」

と慰める。

生命を抱きしめられるくらい、あなたはいま強いんだから。私もそう、彼女たちの手をとって言ってあげたい気持ちに駆られる。かつての母の手をとって言ってあげたいと思う。

謎を赦す

私のなかに、女性の身体や精神が歴史上、奪われてきたことへの怒りが横たわってい る。その想いが、私に筆をとらせる。なぜ世界は女性の不安定と爆発を許容しないのか。病院に閉じこめてきたのか。わからないものとして不可触な領域に据え置いてきたのか。

一人の女性のことが思い出される。彼女は出産後、過剰に仕事を再開させてうつ病をわずらい、苦しみながら再起のチャンスをはかっていると人づてに聞いた。話すことで少しでも彼女が気持ちを吐き出せれば。うつの投薬について多少の知識があった私は、現在の病状について、彼女が気軽に話ができればという気持ちで会いにいった。そういう話し相手というのは、なかなか見つけられないものだから。

少しでも話すのが楽なところでと場所の希望を聞き、田園調布《でんえんちょうふ》駅前のカフェの、日の当たる二階で待ち合わせをした。もともと白磁の壺《つぼ》を思わせる、色白で美しい顔立ちをした彼女が階段をのぼってきたとき、その白さはさらに磨きがかかり、午後の光のなかでほとんど青みを帯びていた。

彼女は、訥々《とつとつ》と事実を述べていった。母親が重い統合失調症で、自分が小学生のときから入院し、その後一度も会っていないという。その告白の重さに、私は押し黙った。母親が入院した日のことを覚えているという。外に干してあった洗濯物が小雨で濡れていき、それを取りこんでから、これからは自分が父と兄の分の食事を作るのだと思ったという。彼女の気骨ある仕事ぶりと、可憐な美しい姿からは、想像のできない少女時代だった。地方都市の名のある家で、母親は地域の目から隠されるように、別の県の病院に入れられていたという。

彼女は、自分もいま家のなかで寝てばかりいて、娘と夫とは別の時間を生きていると笑ったが、三十年あまり一度も会っていない母のことは、もう雲の彼方に消えていった鳥のことのように、淡白な口ぶりで話した。それが自分を守るすべだったのかもしれない。彼女の母親への感情は井戸の深淵を覗きこむようにほの暗かった。母親は謎のまま、ただそこに、ごろりと横たわったままのようだった。

彼女はいまも苦しんでいる。母親が家族と引き離されることなく、ともに生きていく方法はあったのだろうか。社会や、社会を動かす人々に蔓延《まんえん》する価値観が、それを拒絶してはいなかっただろうか。

彼女が長い時間をかけて、どんな風に自分を守り、そしてその城壁をいま崩してしまったのか。私はどうだろうか。私は、私をどんな風に守ってきたのだろうか。

私にとっても母は長らく謎だった。そのエアーポケットのような空白が、幼児のときは、ただただ母が恋しい気持ちとしてつのったが、思春期になると、その謎は私を苦しめた。しかし私は、死への欲動をもってしまった母のことを、恨んだり怒ったりするよりは、赦《ゆる》したいとずっと思ってきた。母を憎み、反発したり逃亡したりして「母殺し」をするくらいなら、遠い親戚に縁《ゆかり》のある京都の寺院に出家したい、あるいは夜あてどなく散歩をしていたらたどり着いた緑深い修道院に、いつかは入ろうと心に決めていた。怒りや恨みを抱えて生きるくらいなら、自分や自分のまわりの人生をそのまま残存させて立ち去りたいと、ずっと願っていた。抱えきれない怒りを抱えても、できることなら赦して歩いていきたい。もしそれができないのなら、一方通行の正しさの磁場から、一歩しりぞきたいと。

私のなかにも乱れがある。そして、その乱れは、子どもを得ることで身体的に拡張し、子どもとの生活それ自体の、まだ社会化されない野生の生活に、まっすぐつながっていることを知った。

母はどんな風に、幼い私を見つめていたのだろうか。自分が娘を産んで、よりいっそう、赤ちゃんだった私に注がれた、母の視線がどんなものだったのか、その姿を想像することが切実なものとなっている。失われた母の言葉を、言葉を失っていた私がその身を重ねるように探し求めること。それは私のもがきから生まれた、内なる叫びなのだろう。

こうして自分の記憶のなかの母を探していると、ふとあることに気づく。私は、「母」になったあとの母のことしか知らないのだ。私が知りえない、母が母になる前の、一人の少女だった彼女のことを、私は知らない。母は目の前にいるけれど、そこに透けて見える少女を、ためつすがめつ眺めようとしてみても、見えない母にはたどり着けそうになかった。私はある人に連絡をとってみることにした。

——横関伸子さんのこと——
フランスデモ、べ平連、清水谷公園

これまで取材した相手の名前を冠して「……さんのこと」と記してきた、本書のルールを崩すことをおことわりしておきたい。今回はここに、旧姓の母の名をいれた。話を伺ったのは、母の女子中高時代の友人、曽根裕子《そねゆうこ》さんである。東京のはずれにある私立の女子中高一貫校は、付属の小学校を二つ備えていた。母と曽根さんはそれぞれ別々の内部小学校から、中学にあがった。私も母と同じ学校に通ったので、曽根さんは私の中高の先輩にあたる。母が彼女のことを「オヤマ」と呼んでいたので、私が小さいころから「オヤマおばちゃん」と呼んでいた方だ。

曽根さんの話を聞きたいんです。若いときの母のことを教えてください。そう相談したとき、彼女は、もしかしたらそんなことになるのではないかと思っていたと言った。私の論考を読んでいてくれた彼女の、直感が働いていたのだ。

二〇一九年、まだ秋というには早いある日、吉祥寺のホテルのラウンジで待ち合わせをした。いまも現役の編集者で、仕事と老親の介護を両立させている曽根さんはとても忙しく、この日の午後がピンポイントの指定だった。私は聞きたいことを、心のなかで反芻した。私の知らない母の姿。私を産む前の母と、産んでからの不安定だった母の姿に連続性はあるのかと。

ホテルの廊下に現れた曽根さんは、いまにもランニングへ出かけていけそうな、軽快でスポーティーないでたちで、なんとなくその姿に慣れず、一瞬緊張で身体が固くなった。しかし「ああ、ゆうこちゃん」そう言われた瞬間、声はやわらかく空気に溶けこんで、私が「母の無二の友人」として認識していた、変わらぬなつかしい響きがそこにあった。

曽根さんに、まずは母との出会いを聞いた。少女時代の母は、意外なほど活発な女性だった。

「ヨコは水泳部の平泳ぎ選手としてインターハイにも出場するし、一方で、学校の作文コンテストで準優勝したりして、とにかく文武両道という感じだったの。とにかく目立っていたのよ」

文武両道のヨコ……、ヨコとは母の旧姓をもとにした中高時代の呼び名である。たしかに中高時代の母は、学校生活のほかに、茶道の師範になるための免状の級上げを着々と進め、ピアノも音大を目指すところまで修練したと聞いている。この突き動かされるようなエネルギーはどこから来ていたのだろう。

二人が高校一年生だったとき、母は体育系の部活を統括する体育部長、曽根さんは放送部に所属し、文化系の部活を統括する文化部長だった。二人は両極の長同士だったわけだ。一九六八年の春、二人は学校側に新しい催しを開催するよう提案した。プレイデイと名づけたそのイベントは、パン食い競走やみんなが参加できる遊びなど、体育祭とは別に、生徒同士の交流を目指すものだった。突然の生徒からの提案を、学校も受け入れたという。

「お互い行動的で、人脈もあったんだと思う。その公的な話し合いのなかで、初めてヨコを深く知ったんだ」

曽根さんは、一瞬高校生に戻ったかのような、清々しい顔をした。

「ヨコは私のなかでは眩しい人で、劣等感を抱かせるようなところがあった。生まれながらに文化に接してこられた、感性の鋭い人、尖《とが》ったものを発信する人で、いつも、ものの見方の深さに驚かされた。そして書くこと、話すこと、言葉をとても大切にする人だったの」

曽根さんは女子校を卒業して大学に入ってから、やはり大学生になっていた母を、六月のべ平連のデモに誘った。一九七〇年、全共闘の風が吹き荒れ、大学の授業もそこそこに、若者たちが街へ飛び出し、この国が不安と混沌に覆われていた時代だ。デモの集合場所、赤坂の清水谷《しみずだに》公園に着いたとき、曽根さんの胸には、なにかあたたかく灯る炎があったのだろう。しかし横を見ると、涼しい顔をした母がいた。

「そのあとも特段、盛り上がることもなく、フランスデモも淡々と終わって、新橋の改札で解散したの」

白々としたきまずい空気が、五十年近くの時を経て、私にもありありと伝わってきた。学生運動については、母から漏れ聞いていた。しかしそこにはまったく具象性がなく、学生運動に憧れる私に「あなたも、あの時代に生まれていたら、きっと何か違うって思ったはず」と話すだけだった。「べ平連」「フランスデモ」「清水谷公園」……。曽根さんの具体的で詳細な話に、急に母たちが生きた時代の空気がありありと現前した。曽根さんは、はじめは教育系出版社で編集に携わり、後年独立し、フリーの編集者としていまも仕事をしている。曽根さんの、たしかな情報性が、私のぼんやりとした想像に、鮮やかな色を与えはじめた。

『ノルウェイの森』の時代

母が運動の何を「違う」と思ったのか、想像してみる。怒りというものの過剰さなのか、闘うということのナイーブさなのかはわからない。けれども、当時母にとっては、何かがひっかかり、心を燃やすものにはならなかったのだろう。しかし曽根さんは違った。その後、彼女は一人でデモに参加したり、多くの学生と同様に迷いながらも学生運動に関わっていく。

学生運動の話題では特段盛り上がることもなかった曽根さんと母だったが、それでも二人は互いに大切な友だちだった。新宿で昼からビールをひっかけて、母の実家のある八王子《はちおうじ》に一緒に帰り、ほろ酔いの二人を祖父があたたかく迎え、食事に連れ出したということもあったという。

しかし二人が大学生のときのその場面で、曽根さんの母の記憶はいったんとぎれる。

「そのあとヨコがつらかったときは、少し距離があったかもしれない。ヨコは大学一年生のときに家出をして、金沢のジャズ喫茶でアルバイトをしていたのだと、あとから聞いたの。入院したあとで。あのころ、精神的に不安定な友人が他にも二人いて、時代の空気もあったのかもしれない」

私はあることに気づいた。一九七〇年に大学生で、精神のバランスを崩し、休学して病院に入る女性……。村上春樹《むらかみはるき》『ノルウェイの森』の直子《なおこ》が年代も含め、ぴたり符合している。あの時代が要請する集団の暴力と狂気。直子は恋人の自殺のあと、どこかずっと精神のバランスを崩している。直子の大学も、再会した高校の同級生・ワタナベの大学も、封鎖していて授業はない。二人のたましいは浮遊したまますれ違い、直子は最後、療養のために入った施設を抜け出し、森のなかで自死を選ぶ。

母が「あの時代に生まれていたら、きっと何か違うって思ったはず」と言ったのは、その闘いの、暴力の空気だったのかもしれない。きっと母は違うものと、違う仕方で闘っていたのだろう。あの時代の少女たちは、世界をどう見ていたのだろうか。

倉橋由美子《くらはしゆみこ》『パルタイ』には、六〇年安保闘争の学生運動内部の、「抽象的」で「人間的」なものから乖離したありさまが、少女の視点をもって不条理劇のように描かれる。やがて運動は「総括」にむかうが、自壊してゆく運動のリアルとはそんなところがあったのだろう。まさに学生運動こそ、少女らの敏感な感情を、社会から疎外するものだったのかもしれない。直子のように、私の母のように、あの不安な時代のなかで居場所をなくしていった女性たちが、数多くいたのだろうと思う。

曽根さんの話を聞きながら、私は母のことを時代のなかで捉える新鮮な驚きに満たされていた。母の病という私にとっての特殊な問いが、フラットに相対化され、少し楽な気持ちにもなる。その時代に苦しんだであろう、ほかの女性たちの姿が、突如私のなかで浮かびあがってくる。

気持ちに羽が生えたように、私はその後の母に起きたこと、二人の子どもを堕胎するまでに何があったのか、曽根さんはその事実を知っていたのか、つまり母は誰かに話をしたのか……。すこし深呼吸をしてから、私は尋ねてみた。

曽根さんは、一瞬、遠い目をしてから言った。

「知らなかった……。なんていうか、ヨコは具合が悪くなると窓をしめてしまって、連絡してはいけない時間がやってきたというか……。そういうときは、〝ヨコがお隠れになった〟と表現していたの」

隠れたあとの母は、誰とも話さず、ベッドのなかで生きているのか死んでいるのかわからない、仮死状態のような数週間を過ごすことを、いまの私は知っている。もし「ヨコ」と私が友だちだったら、強引にでも「ヨコ」のベッドサイドに行って、彼女の手を握ってあげたい。けれども、これは娘だからこそ想像できることで、友人というのは一定の距離があるものだし、逆にその距離が人を救うこともある。

「最初、ヨコがそういう風になったときは、〝なんで私はこんな風になっちゃうんだろう〟とつぶやいていたのを覚えてる」

「なんでこんな風になっちゃうんだろう」というのは、とても痛々しく、重たい言葉のように私には思えた。たぶん思春期のころだったろう、最初に暗いうつの影が落ちてきたのは。その影の分厚さとはかり知れなさを前に、恐怖と不安で、立ちすくんでいる少女の母が見えてくる。

「ヨコと私がいろいろ話すようになるのは、お互い子どもを産んでからだったかもしれない。ヨコが大学を休学したと聞いてから、一度八王子まで訪ねていったのだけどお母さまが出られて。伸子《のぶこ》もオヤマなら会いたいと思うだろうけど、いまはここにいないと言われて。結局その日は帰ってくださいということになったの。お母さまのガードがキツかった。ヨコは呪縛を抱えていたと思う。ごめんね、あなたのおばあちゃまなのに、こんな言い方して。でも、それで連絡が取れなかった。その後お母さまから〝そっちに行ってない？〟とお電話をもらったときもあった」

「呪縛」。そう曽根さんは表現した。母を抑圧していた、一つの強烈な命題であったことはたしかである祖母。旧姓・野中喜美子《のなかきみこ》。少女時代の母を知るには、祖母のことをまずは語らねばならないだろう。彼女は少女時代、オリンピックの代表選手だった。

——野中喜美子さんのこと——

金メダルのかわりに

一九三八年、十四歳の野中喜美子は平泳ぎがとても速く、将来を嘱望されていた。前回のベルリンオリンピックで前畑秀子《まえはたひでこ》が金メダルを取ったことで、「前畑二世」として、東京オリンピックでメダルを期待されていたのだ。「前畑二世」という見出しが躍る当時の新聞記事を見せてもらったことがある。しかし、日本は日中戦争に突入し、翌年、オリンピックの東京招致を辞退。世界的に孤立し軍事体制をひた走っていく。こうして一九四〇年の東京オリンピックは幻に終わる。

夢破れた野中喜美子は、エネルギーの預ける先を、当時女性が目指すものとしては非常にハードルの高かった医学の道へ向ける。水の中で発散していたすべての力を勉学に打ちこむごとく、国家試験を第一位で通過して医師になったと聞いた。祖母にとって、それはメダルという果たせぬ夢のかわりだったのかもしれない。そして一つのことに気がつく。「文武両道」とは、祖母のことではなかったか。私のなかで祖母と母の人生が、奇妙な相似形をなして重なっていく。

産婦人科医になった祖母は、八王子の駅前で、夫となった整形外科医とともに医院を開業し、多くの女性たちを診ていた。八王子に泊まりにいくと、祖母はいつも白衣をひるがえして「じゃあ行ってくるわね」と、エレベーターに乗って診察室の階に降りていく。その姿は、幼心にもクールだった。右手の薬指だけは、炊事をしていても絶対に使わなかった。3Dはおろか、2Dの超音波検査すらない時代、右手の薬指に中指を添えた指の腹で妊婦のお腹を触診し、胎児と女性たちの状態を診るのだと言った。「ここがすべてなの」と、冬に外出するときは、必ず手袋をつけて守っていた。

炊事と書いたが、祖母が台所に立っているのはあまり見たことがない。せっちゃんというお手伝いさんがいて、炊事も洗濯も掃除も任され、いつもこまやかにたち働いていた。颯爽と去っていく祖母を見送ると、私は間延びした朝をせっちゃんの後ろにくっついて過ごした。祖父母の家にいるときは、母は大抵なんらかの理由でダウンしていて、私一人で預けられていたか、母は奥の部屋で寝こんでいたか、どちらかだった。だいたいは、小学校も休みの土日か夏休みで、せっちゃんがお風呂場で洗濯をしたり、布団を畳んだりするのに、私はいつもひっついて回った。

初孫の私を心から愛してくれた祖母は、よく買い物に連れていってくれた。だいたいそれは銀座か日本橋のデパートで、焦げ茶のベルベットや、黒い毛皮の帽子をかぶった祖母と店内を歩くと、知らない女性に振り返られることがよくあった。そんなとき祖母は、はにかんだような微笑を私に向ける。祖母を想うとき、きまって浮かんでくるのはそんな姿だ。いまでも大切にしている祖母からの手紙がある。

「おばあちゃんがいつでもまもってあげますから

なんでもしっかりやってください

おぢいちゃんもいつもゆうちゃんをまもっています

またはちおうじへきてください……」

診療が終わり、その日の会計処理を済ませたダイニングテーブルでこの手紙を書いた祖母の、姿勢の良い几帳面な姿が思い浮かぶ。

祖母のたしかな愛情は、しかしなぜか心を許せるほどに甘くはなく、どこか鋼鉄の扉を備えていて、そこから先は決して覗いてはならないという固さがあった。皮膚の、身体のあたたかさをあまり感じなかった。祖母の身体で思い出すのは、私の膝を撫でてくれる手だが、その手は炊事をしないすべらかな白さを湛えていて、いつも少しひんやりしていた。

どこを触っても、どこに本音があるのかわからない、やわらかさの感じられない祖母の印象は、彼女の人生が積みあがっていき、キャリアへのなみなみならない自信が増すにつれ、固く強くなっていった。私には医師になれと強く推し、もし何も言われなければ、憧れとともに自然に医学の道を目指していたかもしれないのに、祖母の圧のかかった言葉は思春期の私を萎縮させ、反発させた。

強いコントロールが母にどれだけ作用していたかはわからない。高校時代までの、華々しく活躍していた母に、祖母は期待をかけていただろう。しかし、母が不安定になってからはどうだったか。それは世の母娘関係によくある、母親が抱いている暗黙の期待に応えられない娘が、自分への失望とあきらめをもちつつも、このままの私を愛して欲しいという願いから、また母親へと向かい、そのたびに夢破れて帰ってくるということの繰り返しであったと思う。母は祖母のことをけむたがりながらも、依存していると、私は感じていた。自分でない何者かになることを願われる抑圧から、精神の病という影のなかに隠れるようにして、自分を守ったとも感じられるのだった。

それでも祖母は、自らが深く根ざしている西洋医学を過度に信用することで、母に訪れた暗い影から、必死で母を脱出させようとした。「なんでこんな風になっちゃうんだろう」。うつの波の前で立ちすくむ少女には、その波を必死で阻止しようとする「母」がいた。祖母も必死だったのだと思う。二人の子どもを堕ろしなさいと言った祖母は、新しく生まれる命よりも、いま目の前にある娘の存在を守りたかったのかもしれない。

けれども思う。どんなに困難でも、新しい子どもが母を励まし、三人の子どもたちが母を支えることで、母はいまよりもっと泰然とした母親になれた可能性だってあるのに。娘の私が、二人の弟妹と手をとりあって、あなたの病を吹き飛ばす可能性だってあるのに、と。

反出生主義に抗して

曽根さんは、一つどうしても忘れられないという場面を語ってくれた。それは意外にも、幼い私を帯同していたころの、母の記憶だ。

「当時、私が住んでいた笹塚《ささづか》に、ヨコが訪ねてきてくれたの。あなたと一緒に。あなたは三歳くらいだったと思うのだけど、待ち合わせをしていたクラシカルな喫茶店に着くと、お母さんは本を読んでいて、その隣であなたも膝にちょこんと本を置いて静かに読んでいた。三歳かそこらなのに、喫茶店での読書というものにすでに慣れていて。信じられないと思った。その場面が一つの映像のようにこびりついて、忘れられないの。そのとき思った。あなたのお母さんはいろいろあったけれど、この世界を、この二人の世界を、待っていたのだろうなって。ヨコとあなたが一つの塊となって目の前にせまってきて、ああ、ヨコがしたかったのは、こういうことなのかもしれないって」

幼いときの自分のいる風景を、そんな風に表現されることの、こそばゆい驚きがあった。このとき母はどんな気持ちだったのだろう。いま、私には三歳の娘がいる。ちょうど同じように、喫茶店に二人で座っていることもあるけれども、私の娘は本を手に持っていたとしても、私に甘えて「ママ読んで」ときっと言っているはずだ。私は、かつて私ができなかったことを、娘にやすやすとさせてあげたいと思う。

曽根さんが目にした母と私の場面、世界がそこから始まるように見えたものは、一度は心を殺した母が、もう一度この世界に生まれなおす体験だったのかもしれないし、祖母の呪縛から自分を守る膜のようでもあったろう。

「反出生主義」という思想が、いま現代思想を席巻している。その思想は、人は生まれたら必ず苦しみを経験するのだから、すべての人が「生まれない方が良かった」と考える。しかしそれは「誰にとっての」苦しみなのだろうか。もし生まれたその子が、誰かの支えとなり、誰かの喜びとなるなら、その子がたとえ苦しみを経験する運命をもっていようとも、誰かの喜びが、その子の喜びとなる可能性もあるのではないだろうか。

もしかしたら私自身もそうだったのだ。私の下にいたという弟妹たちと同じように、「育てるのは無理だ」と判断されていたかもしれない。そのとき、私の生命は喜びも苦しみも知らず、ただ無の海を漂っていただろう。私の人生は実際、反出生主義がいうように、苦しみを免れ得なかった。しかし、私が生まれなければ、母はまかり間違えば、どこかで本当に命を落としていたかもしれない。そう思ったとき、私の存在とはなんだろうか。私は私の存在だけで閉じられておらず、母の生命までをも引き連れて前へ前へと走り続けている。その先に新しい生命があり、生まれなかった生命も漂っている。

いま、私の後ろには人々の声がし、目の前に広がる窓の外には、無防備に歩いたり話したりする、たくさんの人々がいる。私は私の存在を超えて、見えない生命ともつながっている。その厳然とした事実は、苦しみよりも喜びであると、いまの私にはわかる。

曽根さんはインタビューのあと、母のもとに寄ってくれた。なぜ佑子とオヤマが一緒にいるの？　と聞かれ、オヤマおばちゃんに話を聞いていたんだよ、としか言えなかったが、病がみせる寂しい風景の前で、いまも変わらず立ちすくんでいる母の彼方に、私と一緒に喫茶店の窓辺にいる、うちとけて安心しきった、若い母の姿が見えた。

私たちはここにいる

曽根さんのインタビューの数週間後、「もう何年も手紙を書いていませんでした」そんな風にはじまる手紙をもらった。母からの手紙だった。そこにはこうあった。

「きのうビンセンを買いました
佑子がれんちゃんのことで迷ったり心配していることがよくわかります
あと少しです
母としての自信をもってください
佑子の気持ちがれんちゃんに伝わっています
れんちゃんの存在は私にとってかけがえのないものです
また三人で買い物や食事を楽しみましょう」

驚きだった。そのたしかな筆跡に、奇跡が起こったのかと思った。数十年前の過去から、時を乗り越えてやってきた手紙のようだった。便箋を買いにいきたいと、父に告げたのだという。私が子育てについて悩んでいるのを察して、母の気持ちが大きく動き、病の靄を、一瞬吹き飛ばしたのだと思った。祖母から母へ、母から私へ、そして娘へと渡されたバトンのなかで言葉が生まれていく。たった八年前の私の結婚式で母は、自分の名前さえ書けなかったというのに。

あの年、台風が過ぎ去った直後、明治神宮の森のなかで私たちは結婚式を挙げた。台風で折れた枝や葉、木の実が散乱するなかを白無垢《しろむく》で歩いたら、風で袖が宙に舞ったのをおぼえている。家族と友人だけを呼んで、式と写真撮影のみの小さな式だった。神式を選んだのは、屋根もない空の下、木々のなかを歩くのなら、母が多少大きな声を出しても、風の音や鳥の声がかき消してくれ、列席者も気にならないだろうと思ってのことだった。小一時間もすれば終わってしまう、式の進行が早いのもよかった。

結婚式に出席してくれた大学の先輩は、医療介護専門サイトの記者で、「君の結婚式のことを新聞のコラムに書かせてもらったよ」と、後日、記事が送られてきた。

「彼女はお母さんが認知症（＊ピック病は広義の認知症）になり、ここ数年介護に追われていた。式場にはお母さんもいたが、時折不安そうな表情を浮かべる以外は、病気のことなど感じさせなかった。いざ、式を挙げる神殿へ移動するとき、『佑子、どこへ行くの』と声がした。白無垢姿の友人は、お母さんの手を取った。安心したのだろう。そのまま新婦は母親の手を引きながら、新郎と一緒に神殿に向かった。途中、外国人観光客が友人に何度もシャッターを切るので、お母さんも驚いていたが、式はつつがなく執り行われた。『お手引き』は、母親が娘の手を引くのが慣例のようだ。いままで見てきた式もそうだった。でも今回ほど心に残る『お手引き』には、立ち会えないかもしれない」

あの日、母の頼りない手を取ってから、この手紙をもらうまで八年。言葉を、ほとんどすべての、自分の気持ちをあらわす言葉を失っていた母が、「もう何年も手紙を書いていませんでした」と書き出せるほどの言葉を取り戻している。出産後、言語を失ったようだった私は、こうして母のことを書くことで、もういちど言葉を手もとにたぐり寄せている。

私たちに言葉を失わせた世界は、いまだそのまま強固な伽藍を成り立たせている。しかし、なにが失われ、なにが見えなくさせられ、なにが排除されているか。それは、こうしてぼんやりと、ほの明るく、その姿を灯らせはじめているように感じる。

それはただ、生命の否応ない時間というものなのだと思う。生死を彷徨い、多くのノイズを抱え、ときに逸脱し、人に寄りかかり、寄りかかられ、多くの他者が私のなかを通りぬけ、風が吹き、水を湛え、過剰にあるいはひっそりと、私が私の外に手を広げていく。

手紙を手渡してくれたとき、誰も気づかないほどの、ほんの小さな傷をつくった私の指を見て、「あ、傷、いたそう」と、母は言った。自分以外は到底気づきそうにないその切り傷は、小さいながらも水に触れるとゾッと痛んだ。目の前にある娘の傷が痛むであろうと想像し、微細な変化を一身に感じたのだろうと気づいたとき、私の「母」がそこにいると感じた。

巷《ちまた》で唱えられる「母」は、この社会における偏狭な概念に身を落としている。女性が自らの身体を否定し、男性と同じものであろうとする欲望も、ただ、いまある社会という一様態に過ぎないものへの過剰な適合のように、私には感じられる。「母」を社会的、政治的役割から解放してあげたとき、これまで見てきたように、「母」とは非常にラディカルな概念であるのではないか。

そして、それは男性のなかにも、子どもにも、少女にも老いた女性にも、あるはずだと思う。身体の波、微細な変化を捉えるもの。小さな傷から世界を見る。痛みから世界を感じること。傷ついたとき、身体には穴が空く。その身体に空いた穴こそが、他者の痛みを感じとるセンシティビティになる。それが力や権力を脱臼させる。それをあえて、人間のなかの「母」と呼んでも良いだろう。

いま世界には、個人が個人として、死ぬまでずっと個体として生き続けるモデルが敷かれているが、それはあまりに個人主義的すぎると感じる。もっと人は人に寄りかかって生きている。ここに存在するすべての人が、自分が未知なる者として生まれ、その生を絶対的に誰かにあずけることでしか成り立たなかった、その時空間を忘れている。

死ぬとき、多くの人はなんらかの病に倒れ、生まれたときと同じように、また人の手を借りなければ、死さえ容易に迎えられない社会を私たちは生きている。人が自ら死を選んだり、人が人を傷つけるニュースを見るたびに、この社会が、人間を、人間の生をどれだけ疎外しているのだろうと、胸がつぶれる。私たちはみな現代の犠牲者なのだという想いを強くする。

まだ語られていない身体性、あるいは現代社会がとりこぼし、忘却することで成り立ってきた「母」を思い出すこと、呼び戻すこと。現代が疎外しているものは、何かを感じとること。

弱い身体を抱えて、打ちつけてくる波に身体がたえずゆられている人たち。生きにくさを感じているのなら、死のうとするのなら、声をかけ続け、呼び戻し、こちら側に、世界がもう一つあることを知らせたい。

もうそれは「母性」という言葉ではないかもしれないが、それでも私は、「母」であることは、生きていて欲しいと願うことだと信じたい。生命のあらゆる姿形を受け入れるものだと。

「人間の体のどこかに不思議な湖がある」「命の根源みたいなものじゃないかな。その池が干上がってしまうと、たぶん命が尽きる時じゃないかと思って」（『ＥＴＶ特集　人知れず表現し続ける者たちⅡ』）

あるアールブリュットの美術作家が口にした言葉が思い出される。彼はそこへ手を入れるようにして描いているという。

私のなかにも湖があり、それはときに波を荒だてたり、澪《みお》をひいて静まったりするが、水を湛える生命の泉の感覚が、いま私を満たしている。

この「母」を経験してきた名もなき無数の女性たちの想いが、私を通して糸をつなぎ、結びめを作り、つないでつながれていった先に、この静かな地平までたどり着いた気がしている。

読者の前にも、そんな穏やかな泉が広がっていることを願う。私は、私たちはここにいると、私たちの場所はここにあると。

＊

私がこの世に生を与えられてから過ごした、あの虚無のようでいて、遥かに大きい時間が、いま私を生かしている。私は、この「母」をめぐる論考を、母に捧げたい。かつての私とは別の「私」になりながら、変わらず私の母である、彼女に。

あとがき

「母」をテーマにすると決めて、最初にお話を聞かせてくれたあやさんは、取材当時第二子を妊娠中だった。いまではその下に娘さんも生まれ、三人のお母さんとなって、より深く豊かに子どもたちに目をくばりながら、いまも変わらず春風のように笑っている。タバコの煙とともに青梅の山の香りを放っていたフェミニスト現象学者の宮原優さんは、いまは夫の仕事で京都に住まいを移しているが、私たちはあれから親友のようになって、すっかりくだけた言葉で喋りながら、京の街を飲み歩いたりした。相馬千秋さんのように、このインタビューがきっかけで、信頼する仕事上のパートナーとなった人もいる。連載をはじめたとき、娘は一歳七ヶ月で、授乳をしながらの執筆スタートだったが、いまではもう四歳となり、おしゃまにたのもしく成長している。

論考のはじめのころは、産後の母の虚無の感覚や孤絶感を抱えていたが、いまはよりのんびりと、むしろ子どもから学ぶことの多い日々を送っている。それだけ「母」の体験は、子どもの成長や、折々で流動する社会とともに変化するということだ。その意味では、総じて妊娠、出産、育児の場における女性の身体論の記録ともなっているのかもしれない。

皆それぞれに生々流転しながら、この三年あまりの時間に起こったあらたな水流を懸命に泳いでいる。しかし、あのときの言葉にしにくい感情や感覚をためつすがめつしながら、なんとか私たちに唯一のこっているこの不確かで、不便な「言葉」を再発見する現場に立ち会った時間は、いまも並行世界のように、どこかにぽっかり浮かんでいるような気がする。頼りない船頭の船に乗り、インタビューを受けてくださった方々に、ここであらためて深い感謝の気持ちをお伝えしたい。

第五章で、ある女性に、二度堕胎したことを告げられたと書いた。連載執筆当時は、それが自分の母の話だと書くことができなかった。しかし最後に近づくにしたがって、これは私の母の話なのだ、一人の女性の物語だったのだ、と書く胆力をたずさえていった。

失われた人のことを言葉にし、誰かに渡すということは、生命の再生のようだ。私は母から渡された生命を、他の人とも共有したいと思ったのだと思う。子どもを産んだり、堕ろしたり、亡くしたり、あるいは子どもをもたないと決断せざるを得なかったり……あらゆる局面で女性たちに訪れる喪失と孤独を、誰にも話さず内に抱えている彼女たちと共有したいと。そうして書き続けることで、たどり着いたのは、これまで自分自身も秘匿してきた事実だった。

最後に心身の病をかかえて苦しむ人たち、母になった人、ならなかった人もいる彼女たちの、それぞれの人生の深淵に流れる水に触れさせてもらうことで、一生を通じて書くことはなかったであろう、私自身の虚無に深く降り立つ力をいただいたのだと思う。


依頼のあった全十二回の連載は、普通であれば一年で終わらせられるものを、出産後まもなかったので、隔月の二年間にさせていただいた。そのことが、よりゆっくりと思考を深める時間にもなったのだと思う。映画や映像作品しか持たず、長い文章を形にしたことのなかった私に声をかけ、ともに駆け抜けてくださった集英社の岸優希さんの勇気と思いやりに、とくべつ深い感謝の念を感じている。書籍化するにあたり客観的な視点で導いてくださった書籍担当の谷口愛さん、おりおりで豊かなレファレンスのご教示をいただき、「マザリング」の語にも出会わせていただいた立命館大学の村上潔さん、哲学の専門用語の確認を引き受けてくださった宮原優さん、原稿を読んで的確な意見をくれた父にも謝意を表したい。ありがとうございました。

人間の社会がますます、非-人間との共生を求められる今、母と子のあいだに流れる時間について思考したこの本が、お読みいただく皆さんとともに、世界のオルタナティブな可能性へと開かれてゆくことを信じています。

二〇二〇年九月十六日　空高い秋の日に

中村佑子

引用資料・参考資料

【引用資料】
まえがき
P.13ほか 『オックスフォード現代英英辞典（第九版）』（オックスフォード大学出版局、旺文社、二〇一五年）
P.14 三好春樹「〈介護的人間〉の誕生　等価交換なんか知らないよ」（『ブリコラージュ　二〇二〇年 夏号』七七舎、二〇二〇年）
P.14 大田仁史／三好春樹監修『実用介護事典』（講談社、二〇〇五年）
第一章
P.23ほか　ジュリア・クリステヴァ『女の時間』（棚沢直子／天野千穂子訳、勁草書房、一九九一年）
P.42 シモーヌ・ド・ボーヴォワール『決定版　第二の性 I事実と神話』（『第二の性』を原文で読み直す会訳、新潮文庫、二〇〇一年）
P.44 メアリー・シェリー『フランケンシュタイン』（芹澤恵訳、新潮文庫、二〇一五年）
第二章
P.48　磯崎新「きみの母を犯し、父を刺せ」（『空間へ』河出文庫、二〇一七年）
P.49 よしもとばなな『イルカ』（文春文庫、二〇〇八年）

P.54　斉藤綾子「改訂版　アケルマン試論――女性／映画／身体」（『CineMagaziNet! no.1』一九九六年、http://www.cmn.hs.h.kyoto-u.ac.jp/NO1/SUBJECT2/ACKER_S.HTM）
P.73　池澤夏樹『スティル・ライフ』（中公文庫、一九九一年）
P.77　イワフチメグミ『泣きたい日のがんばりかた8』（ZINE、二〇一四年）
P.79　ジャン＝リュック・ゴダール監督『こんにちは、マリア』（『ゴダールのマリア』寺尾次郎訳、紀伊國屋書店、二〇〇三年DVD発売）

第三章

P.85　野村由芽「無数のなめらかな選択肢を選べるハッピーエンドへ」（ウェブマガジン『She is』二〇一七年、https://sheishere.jp/voice/201709-yumenomura/）
P.90　カーソン・マッカラーズ『結婚式のメンバー』（村上春樹訳、新潮文庫、二〇一六年）
P.94　吉原幸子「桃」（『吉原幸子全詩Ⅱ』思潮社、二〇一二年）
P.98　きくちゆみこ『(unintended.) LIARS #7』（ZINE、二〇一七年）

第四章

P.110ほか　網野善彦『増補　無縁・公界・楽　日本中世の自由と平和』（平凡社、一九九六年）
P.110　折口信夫「国文学の発生（第三稿）」（『折口信夫全集 1』中央公論社、一九九五年）
P.113　寺尾紗穂「私の好きな人」（『楕円の夢』Pヴァイン、二〇一五年）
P.123　ダニエル・ヘラー＝ローゼン『エコラリアス　言語の忘却について』（関口涼子訳、み

すず書房、二〇一八年）
P.124　クリス・マルケル監督『レベル5』（福崎裕子訳、紀伊國屋書店、二〇二〇年DVD発売）
P.128　寺尾紗穂「二つの彗星——父・寺尾次郎の死に寄せて」（『彗星の孤独』スタンド・ブックス、二〇一八年）
P.130　坂口恭平『cook』（晶文社、二〇一八年）
P.134　石牟礼道子『池澤夏樹＝個人編集 世界文学全集 Ⅲ－04　苦海浄土』（河出書房新社、二〇一一年）
P.135　永野三智『みな、やっとの思いで坂をのぼる　水俣病患者相談のいま』（ころから、二〇一八年）
P.136　マリア・ミース「自然を女たちの敵にしたのはだれか」、アネグレート・シュトプチェク「男文明から降りる」（マリーナ・ガムバロフほか『チェルノブイリは女たちを変えた』グルッペGAU訳、社会思想社、一九八九年）
P.138　村上潔「女の領地戦——始原の資源を取り戻す」（立命館大学生存学研究センター編『生存学 Vol.6』生活書院、二〇一三年）

第五章

P.147　今橋愛「そして」（川上未映子責任編集『早稲田文学増刊　女性号』早稲田文学会、二〇一七年）

P.148 ほか　今橋愛『O脚の膝』（北溟社、二〇〇三年）
P.156 ほか　今橋愛「めだまやき」「にじゅういちがつ」（『としごのおやこ』書肆侃侃房、二〇一八年）
P.165 ほか　大島弓子「ダリアの帯」（『ダリアの帯』白泉社文庫、一九九九年）
P.166　マルグリット・デュラス『戦争ノート』（田中倫郎訳、河出書房新社、二〇〇八年）

第六章

P.174 ほか　宮原優「妊娠する身体についての現象学的記述」（立命館大学フェミニズム研究会第10回講演論文、二〇一八年）

第七章

P.202　イ・ラン「待っていてください。わたしは新しい言語を学んでいます。」（ウェブマガジン『She is』二〇一八年、https://sheishere.jp/column/201807-langlee/）
P.208　ルピ・クーア「壊れること」（『ミルクとはちみつ』野中モモ訳、アダチプレス、二〇一七年）
P.214 ほか　イ・ラン「平凡な人」『神様ごっこ』清水博之訳、スウィート・ドリームス・プレス、二〇一六年
P.225　新村出編『広辞苑（第七版）』（岩波書店、二〇一八年）

第八章

P.239ほか　金井淑子『依存と自立の倫理――〈女《わたし》／母〉の身体性から――』（ナカニシヤ出版、二〇一一年）

第九章

P.263　ハンナ・アーレント『過去と未来の間　政治思想への8試論』（引田隆也／齋藤純一訳、みすず書房、一九九四年）

P.265　ドミニク・チェン「未来を思い出すために」（新潮社Webマガジン『考える人』、二〇二〇年に『未来をつくる言葉　わかりあえなさをつなぐために』として新潮社より刊行）

P.286　東浩紀／宮台真司『父として考える』（NHK出版、二〇一〇年）

P.289　ジル・ドゥルーズ『ザッヘル＝マゾッホ紹介　冷淡なものと残酷なもの』（堀千晶訳、河出文庫、二〇一八年）

P.291　中島敦「山月記」（『李陵・山月記』新潮文庫、二〇〇三年）

第十章

P.295ほか　森崎和江「産むこと」（森崎和江編『日本の名随筆77　産』作品社、一九八九年）

P.298ほか　マルグリット・デュラス／ミシェル・ポルト『マルグリット・デュラスの世界』（舛田かおり訳、青土社、一九九五年）

P.299　トリン・T・ミンハ『女性・ネイティヴ・他者』（竹村和子訳、岩波書店、一九九五年）

P.301　鴻池朋子／江川純一「対談「アート・魔法／呪術」」（『ニュクス 第5号』堀之内出版、二〇一八年）
P.303ほか　長屋光枝「イケムラレイコ論　イメージの生成をつかさどる」（国立新美術館監修『イケムラ レイコ　土と星 Our Planet』展覧会カタログ、求龍堂、二〇一九年）
P.311　横道誠「宇宙の木と九つの世界／北欧神話」、平井芽阿里「神々の降り立つ島／琉球神話」（植朗子編著『はじまりが見える世界の神話』、創元社、二〇一八年）
P.318　中村麗子／保坂健二朗／原舞子／毛利伊知郎編『イケムラレイコ うつりゆくもの』展覧会カタログ（東京国立近代美術館／三重県立美術館協力会、二〇一一年）

第十一章
P.341　宮田登『ヒメの民俗学』（青土社、一九八七年）
P.346ほか　シャーロット・ジョーンズ『エアスイミング』（小川公代訳、幻戯書房、二〇一九年）
P.370　伊勢朋矢演出『ＥＴＶ特集　人知れず表現し続ける者たちⅡ』（ＮＨＫ、二〇一八年）

【参考資料】
シャンタル・アケルマン監督『ジャンヌ・ディエルマン　ブリュッセル１０８０、コメルス河畔通り23番地』（一九七五年映画）

出光真子『Woman's House』（一九七二年映像作品）
出光真子『Something Within Me』（一九七五年映像作品）
ルートヴィヒ・ウィトゲンシュタイン『ウィトゲンシュタイン全集8　哲学探究』（藤本隆志訳、大修館書店、一九七六年）
バーバラ・エーレンライク／ディアドリー・イングリッシュ『魔女・産婆・看護婦――女性医療家の歴史』（長瀬久子訳、法政大学出版局、二〇一五年）
倉橋由美子『パルタイ』（新潮文庫、一九七八年）
ジュリア・クリステヴァ『恐怖の権力　〈アブジェクシオン〉試論』（枝川昌雄訳、法政大学出版局、一九八四年）
ジュリア・クリステヴァ／カトリーヌ・クレマン『〈母〉の根源を求めて――女性と聖なるもの』（永田共子訳、光芒社、二〇〇一年）
ジュリア・クリステヴァ『ハンナ・アーレント講義――新しい世界のために』（青木隆嘉訳、論創社、二〇一五年）
マルグリット・デュラス監督『ナタリー・グランジェ（女の館）』（一九七二年映画）
ジャック・デリダ『コーラ――プラトンの場』（守中高明訳、未來社、二〇〇四年）
中沢新一『対称性人類学』（講談社、二〇〇四年）
中村市子演出『リアル×ワールド　「養子を迎えることにしました。」』（日本テレビ／テレビマンユニオン、二〇一五年）

中村佑子監督『あえかなる部屋　内藤礼と、光たち』（二〇一五年映画）
西川直子『クリステヴァ――ポリロゴス』（講談社、一九九九年）
プラトン『プラトン全集12　ティマイオス　クリティアス』（種山恭子／田之頭安彦訳、岩波書店、一九七五年）
三木成夫『胎児の世界　人類の生命記憶』（中公新書、一九八三年）
宮原優「月経について語ることの困難――身体についての通念が女性の社会参画にもたらす問題点――」（『理想　第695号』理想社、二〇一五年）
宮原優「妊娠とは、お腹が大きくなることなのだろうか?」（稲原美苗／川崎唯史／中澤瞳／宮原優編『フェミニスト現象学入門　経験から「普通」を問い直す』ナカニシヤ出版、二〇二〇年）
村上潔「マザリング［Mothering］の現在――をめぐる議論と実践の動向」（立命館大学産業社会学部二〇一九年度秋学期科目《比較家族論〔S〕》）
村上春樹『ノルウェイの森』（上・下）（講談社文庫、二〇〇四年）
M・メルロー＝ポンティ『知覚の現象学2』（竹内芳郎／木田元／宮本忠雄訳、みすず書房、一九七四年）
『現代思想二〇一九年三月臨時増刊号　総特集＝ジュディス・バトラー』（青土社、二〇一九年）
Alexis Pauline Gumbs, China Martens and Mai'a Williams, eds., *Revolutionary Mothering: Love on the Front Lines*, PM Press, 2016.

解説──ケアの磁力

ブレイディみかこ

いまから半世紀ほど前、森進一《もりしんいち》という歌手の『おふくろさん』が日本で大ヒットした。それは流行歌にしては劇的で、おどろおどろしさを感じるほど迫力に満ちた歌だった。

おふくろさんよ、おふくろさん、という歌詞で始まるその歌は、おふくろさんは空を見上げりゃ空に存在し、雨が降る日は傘になるのだと言う。そして森進一は、お前もいつかは世おおの中のおおお、と怒濤《どとう》のように歌い上げ始め、人の世の傘になれと教えてくれた母親の真実を絶対に忘れないと、声をからしながら息も絶え絶えになって歌うのだ。

わたしはその歌が怖かった。おとっつぁんよ、おとっつぁん、と歌手が熱唱する演歌は滅多にない。あの歌は「おふくろさん」への信仰の告白にも似ていた。そもそも、空を見上げればあなたはいつもそこにいらっしゃる、なんてまるで神ではないか。そういえば、日本には「瞼《まぶた》の母」なんて言葉もある。目を閉じれば母がいつもそこにいるなんて、ジョージ・オーウェルのビッグ・ブラザー・イズ・ウォッチング・ユーならぬ、ユア・マザー・イズ・ウォッチング・ユーである。

それは昭和の、まだバブルという華やかな時代が来る前のヒット曲だった。田舎から都会に働きに出た若者たちや、（わたしの父のように）貧しい家の口減らしのため中卒で建設業者などに弟子入りさせられた若者たちがこうした歌に泣いたのだ。

実際にその時代の母親が聖なる人たちだったかどうかは関係ない。慣れない都会の生活で孤独を感じたり、仕事の現場で怒鳴られたりするとき、母親のイメージは若者たちを癒やし、寄り添い、モラルの指針にさえなった。作家の遠藤周作《えんどうしゅうさく》は、日本人は、人間たちを裁き罰する父なる神ではなく、優しく許す「母なるもの」を宗教に求める精神性を持っていると考察したが、どこの国であれ神様は大事にしなければならないものと相場は決まっている。だから、「瞼の母」を信仰する若者たちは、田舎の母に手紙を書き、仕送りをした。たった一人のおふくろにいつか楽をさせてやりたくてええ、みたいな歌詞の演歌を父と叔父がカラオケで涙ながらに歌うのを見るたびに、子どもの頃のわたしはちょっとゾッとした。

しかし、いま考えると、それは母親信仰に対する恐怖心というより、ケアというものの持つある側面への恐れだったのかもしれない。母にケアされた子が成長し、ケアの記憶があるゆえに離れても心情的にケアされ続け、そのケアを返すのだという義務感に生かされる。それは逃れようとして逃れられない磁力のようだ。ケアというと、人間同士の触れ合いみたいなほっこりしたイメージを抱かれがちだが、それは抗《あらが》うことのできない熾烈《しれつ》な引力を持っている。

本書の中には、相反し、対峙《たいじ》し得る二つの概念がよく出てくる。「線的時間」と「円環的時間」や、「英雄の自由」と「逃走の自由」、「無縁」なるものと「寄らば大樹の陰」なるものなどだ。個人的に、若い頃に考えていたことを鮮烈に思い出させてくれたのは、「濡《ぬ》れたぬるぬる」と「乾いている」ものの対比だった。

家族は腐っている、とわたしはよく考えていた（いまもそうである）からだ。腐っているものは、濡れてぬるぬるしている。そして、何よりもじんわりと温かい。そもそも、温かいから腐るのであって、冷凍庫で凍らせているものが腐ることはない。

腐るとは、科学的にいえば有機物が微生物の作用によって変質する現象だ。その変質によって味が変わったり、不快な臭いを発したり、有毒物質が発生したりするので、それを食べようとする人間にとっては不都合な現象である。が、腐ることそれ自体が悪とは言えない。生きている（あるいは、何かを生かしている）ってことでもある。温度が低ければ微生物も湧かないし、ぬるぬる溶けて変質もしないが、それは死んだ状態であり、生きてはいない（あるいは、何かを生かしてはいない）。

「濡れたぬるぬる」は、本書では妊娠出産期に女性がひたすらつきあわねばならぬものの総称として登場する。それは、体液や血、お乳やよだれなどである。こうしたきわめて身体的な人間の生のリアリティーは、現代都市の高度情報化の社会では、隠蔽され、忌避されていると著者は感じている。乾いているからこそモノは交換され、価値は数値化される。だが、濡れてぬるぬるしたものは、交換できない。バタイユは、濡れたぬるぬるを性欲と快楽という方向に解釈し、それは密《ひそ》かに資本主義を回していると指摘したそうだが、濡れたぬるぬるは育児と介護の場にもある。育児と介護が転がっている場とは、保育施設や介護施設を除けば、家庭である。やっぱり家族は腐っているのだ、と一人で納得しながら読んでいたのだが、「固定化された社会にゆらめきを見たい。高度に数値化され、意識化されすぎた社会に、無意識をもちこみたい。異相をもちこみ、ゆさぶりたい」という本書執筆の動機を読めば、『マザリング』は親子や家族についてのみ書いたものではないということがわかる。

現代社会の中で隠蔽され、忌避され、排除されているものは妊娠出産中の母親たちの「ぬるぬる」だけではない。周縁化されているすべての弱い者たちが「ぬるぬる」と同様の行き場のない虚無感を抱いているはずであり、そこには男性も、はっきり性を規定しない人も、子どもを産まなかった人、少女や老人、病を抱えている人も含まれていると著者は書く。これらすべての、同じように感じて苦しむ人々への「私信」を書きたいのだという記述は、より開かれた『マザリング』のあり方を探っていきたいという宣言だ。つまり、マザリングの概念それ自体を冷凍庫で固まった（死んだ）ものにせず、湿ってぬるぬるとした変質可能な（生きた）ものとして考えたいという意欲の表明でもあろう。

だからこそ著者は、フェミニズムや家父長制の文脈における「母親」の取り扱い、「自己犠牲」に対する固定観念など、トリッキーなところへずんずん踏み込んでいく。これはOK（あるいはいいとされている。または、どこかの学者がいいという説を書いている）、これはNG（あるいはよくないとされている。または、どこかの学者が警告を発している）という二元的な線引きではけっして語れないものを、わたしたちは効率よく（わかりやすいとか、注目されやすいとか）語るために単純化して分別しがちである。だが、こうした二元論による切り捨てこそ、物事がぬるぬるしながら変質しないように議論を冷やして固め、殺す行為なのだ。

そういえば、英国では学校の書類などからも、子どもとの間柄を示す選択肢に「マザー」「ファーザー」が無くなって久しい。あるのは「ペアレント」と「ケアラー」である。これもまた、里親などの少数派への配慮が足りないとして、「ケアラー」一択にすべきという人もいる。親は子をケアする存在という点でペアレントもケアラーに違いないが、そうなってくると、「ペアレンティング」という言葉も「ケアリング」という言葉で置き換えられる時代が来るのかもしれない。社会はそういう方向に進んでいるわけだが、その中で「マザー」という言葉へのスティグマを引き受ける覚悟をし、それを主体に語ろうとした著者の姿勢は、欧州の動向をそのまま受け売りする議論よりはるかにラディカルだと思う。

このラディカルさは、著者の次の作品である『わたしが誰かわからない　ヤングケアラーを探す旅』（医学書院）にも引き継がれていて、その中で著者は、本書にも出てくる「自己犠牲」の概念をさらに推し進め、自分をなくして相手に同化するケアの側面について掘り下げている。わたし自身も長く精神を患った母親を持っていたので興味深く読ませていただいた本だったが、ひときわ心に残ったのは、ケアする人の「両義性」について描写した箇所だった。自らの母と子どもをケアする経験を経た著者は、それは自己保存と自己崩壊の間を揺れ動く運動のようだとし、タクシーの窓についた水滴の姿と自己の姿を重ねて書く。車体が動くと水滴の輪郭は崩れ、つーっと動いて別の水滴と一つになる。そしてまた離れ、元の水滴に戻って落ちていく。

これは他者と一体となったり、また自分自身に戻ったりしている、つまり、自己の境界線を失《な》くして自己溶解を起こしている人間と、自分の境界を引き直して個人に戻っている人間の姿だ。ケアする行為とは、そして人間とは、かくも両義的であり流動的なのだ。これは、別の水滴と一緒になっているときは悪（または非理性的）で、また離れて自分に戻ったときが善（または理性的）みたいな机上の議論で割り切れることではない。

なぜなら、車が走り出せばわたしたちは否応《いやおう》なく流れ出し、移動して変容するからだ。その水滴の移動を引き起こしているのが、森進一の『おふくろさん』を聞いてわたしが感じた恐ろしさ——つまり、ケアの磁力だろう。自分の輪郭を失うほど誰かを愛し、一体化さえさせる力。おふくろさんでも、子どもでも、愛犬や愛猫でも、死んでもいいと思うぐらい好きになった誰かでもいい。わたしたちは自分の外側の磁力に引かれ、引き合う。「万有引力とは　ひき合う孤独の力である」と書いたのは谷川俊太郎《たにかわしゅんたろう》だが、万有引力とはひき合うケアの磁力かもしれない。

たぶんわたしたちが腐る原因もこれなのだろう。腐るとは有機物が変質する現象であり、くっついたり流れたりしながら形を変えていく水滴の発酵プロセスなのだ。

最後になったが、この揺れ動き、ついたり離れたりする水滴のイメージは、複数の概念の間を行き来しながら先へ先へと移動しようとする著者の執筆スタイルの比喩にもなっていると思う。それはわかりやすいものを提示して人を安心させようとするスタイルではない。しかし、生の複雑さから目をそらさない姿勢は、強い力で読む者を引き寄せる。そう、これもまた磁力なのである。

（ぶれいでぃ・みかこ　ライター）

本書は、二〇二〇年十二月、集英社より刊行された『マザリング　現代の母なる場所』を文庫化にあたり、『マザリング　性別を超えて〈他者〉をケアする』と改題したものです。

［初出］
「すばる」
二〇一八年二月号、四月号、六月号、八月号、十月号、十二月号、二〇一九年二月号、六月号、八月号、十月号、十二月号、二〇二〇年二月号
（連載タイトル「私たちはここにいる——現代の母なる場所」）

本文デザイン／田中久子
中扉写真／著者提供

集英社文庫

マザリング　性別《せいべつ》を超《こ》えて〈他者《たしゃ》〉をケアする

2024年7月25日　第1刷　　定価はカバーに表示してあります。

著　者　中村佑子《なかむらゆうこ》
発行者　樋口尚也
発行所　株式会社 集英社
東京都千代田区一ツ橋2-5-10　〒101-8050
電話　【編集部】03-3230-6095
【読者係】03-3230-6080
【販売部】03-3230-6393（書店専用）
印　刷　大日本印刷株式会社
製　本　大日本印刷株式会社

フォーマットデザイン　アリヤマデザインストア　　マークデザイン　居山浩二

ISBN978-4-08-744674-6 C0195